La cartographie des processus

Maîtriser les interfaces

Éditions d'Organisation
1, rue Thénard
75240 Paris cedex 05
Connectez-vous sur notre site :
www.editions-organisation.com

Yvon MOUGIN

La cartographie
des processus

Maîtriser les interfaces

La méthode de la voix du client

Préface de Olivier PEYRAT
Directeur Général du groupe AFAQ

Deuxième édition

Éditions
d'Organisation

A Isabelle et Fanny.

Remerciements

Aux clients qui m'ont fait confiance en appliquant la méthode de la voix du client.
GEP,
CCI de Mâcon,
CCI de Chalon-sur-Saône,
Le groupe DIAGER,
CD PLASTIQUE,
PLASTIVAL,
AL-KO SA,
La direction régionale de France TELECOM (Franche-Comté),
LEJAY- LAGOUTE,
OTOR VELIN,
BE LORIOT,
La concession Mercedes VI du garage Saint-LOUP,
MECASEM,
Intégra Neuro-Sciences,
OMN,
Besançon Formation,
Diléco,
Ondex,
Soplachim,
CFA du Bâtiment de Franche-Comté,
Centre technique du Comté,
Superfos,
JTD,
France Miel,
ADEC,
Medy services,
Amphénol Socapex,
Bourquin,
Perrin Vermot,
Flexico S2F,
EURODOUGH.

SOMMAIRE

Préface

L'entreprise, sans cesse en mouvement, cherche à optimiser en permanence le fonctionnement de ses rouages internes, ainsi que ses relations avec le monde extérieur : ses clients, ses fournisseurs et ses autres partenaires.

Cette structuration de l'entreprise passe par une approche, d'une part fondée sur les principaux processus de l'entreprise et, d'autre part, située dans une perspective d'amélioration continue.

Chaque acteur, chaque fonction, chaque processus et chaque interaction entre les diverses composantes de l'entreprise, gravitent autour des exigences du client, qui se transformeront, grâce à un système efficace de management de la qualité, en satisfaction du client.

L'approche processus et la satisfaction client sont des concepts qui inversent la tendance, et qui, plutôt que d'inciter les entreprises à adapter leur système de management à une norme, permettent aux normes de s'adapter à tout type d'organisation. Il pourra donc exister autant de systèmes de management de la qualité que d'organisations.

De même, le nombre et la complexité des processus varieront notablement en fonction des secteurs d'activité. Certains secteurs sont caractérisés par un processus dominant au profit duquel tous les autres processus de l'organisme sont asservis. Cette situation sera également fréquemment rencontrée dans les très petites structures. Avec le temps ou la croissance de l'organisme, d'autres processus seront progressivement amenés à grandir en importance, que ce soit par souci de différenciation ou pour augmenter la valeur ajoutée. Ceci augmentera la vitalité du dispositif.

Dans cet ouvrage, l'auteur décrit le concept de processus en l'illustrant avec des exemples concrets et des cas pratiques.

Il aide à identifier chacun des principaux processus de l'entreprise ainsi que les interactions qui en découlent. La logique dominante, à la base même de l'organisation et du système de management, est celle de la transmission des besoins du client. Cette même logique définit les règles de communication souple qui seront à l'origine de l'efficacité des échanges.

Enfin, et la conclusion a ici son importance, l'auteur nous révèle tout le potentiel d'une approche processus ainsi que les opportunités offertes par l'amélioration continue du système de management de la qualité.

Un ouvrage à lire... et à conserver près de soi !

Olivier PEYRAT
Directeur Général du groupe AFAQ

MISES À JOUR DANS LA NOUVELLE ÉDITION

Cette réédition profite des expériences acquises dans de nombreuses entreprises qui ont mis en place cette approche processus par l'aval. Les principes de cette approche demeurent les mêmes. Nous y avons ajouté des précisions et nous avons clarifié au mieux certains points de détails qui posaient problèmes aux entreprises. Nous avons ajouté un paragraphe comparant d'autres approches qui nous paraissent complexes et difficiles à mettre en œuvre et l'approche par l'aval selon la voix du client. Nous avons revu entièrement les schémas pour adopter un graphisme plus facile à comprendre. Nous avons proposé un exemple plus complet en fin d'ouvrage pour montrer les applications de la méthode dans un groupe qui fabrique des produits différents dans plusieurs sites de production éloignés géographiquement. Les contrats d'interfaces ont été plus développés encore car ils constituent la véritable valeur ajoutée de la méthode et la base d'une réelle amélioration de la communication et des interrelations entre les fonctions. Certains documents comme les cartes d'identité qui sont désormais inutiles en raison de la modification des contrats d'interfaces ont été supprimés. Nous avons surtout ajouté un chapitre complet dont les thèmes développés sous la forme de réponses à des questions concrètes peuvent être utilisés comme des règles pratiques. Nous avons cité plus d'une cinquantaine d'exemples issus du terrain.

Le contenu de cette édition devra permettre au lecteur de mettre en place une approche processus, un système de management par les processus, devrais-je dire plutôt, utile, simple, pragmatique et qui contribuera fortement à une plus grande efficacité de nos organismes par une communication interne plus performante.

AVANT-PROPOS

Évoquer la difficulté, pour les entreprises, de survivre dans un contexte de concurrence à l'échelle de la planète est aujourd'hui d'une banalité absolue.

Parler de l'exigence sans cesse croissante des marchés et des consommateurs ne surprend plus personne.

Conférer à propos de la nécessité d'accroître en permanence l'efficacité des organismes quels qu'ils soient devient un lieu commun.

Rappeler l'urgence à impliquer les femmes et les hommes dans le fonctionnement de leurs organisations est un cliché ordinaire.

Et cependant, tout ceci est d'une actualité sans conteste.

Le temps de travail diminue mais nous devons accroître le niveau de nos performances. Nous devons veiller à ce que les niveaux de salaire en vigueur dans nos contrées ne constituent pas un handicap concurrentiel. Nous devons intégrer les changements continus de notre environnement. Nous devons prendre en considération les exigences de la réglementation et des normes européennes et internationales. Nous devons gérer et maîtriser des organismes plus complexes. Nous devons être plus réactifs, plus innovants, plus proches de nos clients et de nos usagers. Nous devons tenir compte de l'évolution culturelle de nos sociétés. Nous devons nous approprier les nouvelles technologies. Nous devons être plus compétitifs ou rendre des comptes à nos organismes de tutelle sur l'usage efficace des deniers publics.

Or, sur un plan technique, les organisations d'aujourd'hui sont efficaces. Depuis toujours les hommes se penchent sur les problèmes de gestion et de management et proposent des solutions et des outils de plus en plus performants.

Le colbertisme, le déterminisme, le taylorisme, le fordisme autant de progrès que d'époques et de concepts nouveaux. Ces dernières années, nous avons connu les flux tendus, le reengineering et plus récemment les six sigma pour n'en citer que quelques-uns au hasard.

Les démarches d'assurance qualité et les normes ISO 9000 nous ont appris, si cela était encore nécessaire, à élaborer et à pérenniser des méthodes de travail.

Hélas, les progrès que nous réalisons chaque jour sont contrariés par l'évolution naturelle des entreprises et leur complexité grandissante. Ces dernières années, nous avons dû prendre en compte les NTIC (Nouvelles technologies de l'information et de la communication). L'accès à une masse d'informations sans limites ouvre des horizons nouveaux mais crée des difficultés dans la maîtrise de cette information.

Dans ce contexte, l'approche analytique des organisations trouve ses limites car les organismes modernes, qu'ils soient entreprises, administrations publiques ou parapubliques, associations ou commerces sont des systèmes complexes. Ils évoluent sans cesse et s'adaptent en permanence à leur environnement fluctuant.

Notre recherche constante de la performance et de l'efficacité se heurte à de nouveaux défis, à de nouveaux problèmes. Ces problèmes sont, dans leur grande majorité, relatifs à la communication entre les entités qui composent nos organismes.

Tous les dysfonctionnements que nous constatons tous les jours dans le cadre de nos activités professionnelles naissent de non-dits, de malentendus, d'incompréhensions, de responsabilités mal comprises ou mal définies. *Les gaspillages et les pertes de temps sont générés aux frontières entre les sous-systèmes de nos organisations. Aux interfaces entre les divers processus qui composent nos organismes.*

En conséquence, les problèmes de management doivent être abordés autrement. D'une façon globale et systémique, en incluant une dimension humaine de plus en plus importante.

Si nous souhaitons améliorer l'efficacité de nos organisations, nous devons maintenant réfléchir aux relations entre les personnes. Nos entreprises sont composées de sous-systèmes qui sont des fonctions, des bureaux, des ateliers, des services, des équipes, des chantiers et tout cela communique, travaille en interrelations étroites sur des prestations de plus en plus complexes elles aussi.

L'approche systémique, que la *norme ISO 9001 de la version 2000* nomme « *approche processus* », nous incite à nous pencher sur l'entreprise avec un regard différent. Nous ne devons plus considérer une organisation comme un ensemble disjoint d'activités mais comme *un ensemble de processus étroitement corrélés*. Nous devrons, bien entendu, nous préoccuper de la maîtrise de ces relations entre processus car là se trouve la solution à de nombreux problèmes.

Pour cela, nous devons dans un premier temps réaffirmer quelques évidences.
- par exemple que nos organismes travaillent pour l'extérieur, pour des clients et des usagers,
- par exemple que, pour cette raison, chacun d'entre nous se situe dans une chaîne qui relie tous les processus entre eux, laquelle chaîne aboutit au client,
- par exemple que les attentes et les exigences des clients pour qui nous travaillons constituent le point de départ de toutes nos activités quelles que soient nos compétences et notre position hiérarchique.
- par exemple que la logique qui unit les maillons de cette chaîne est aussi une logique de clients et de fournisseurs en interne,
- par exemple que, si chacun d'entre nous se comporte soit en client, soit en fournisseur selon sa position dans la chaîne, les dysfonctionnements vont diminuer.

Pour organiser nos entreprises sur la base d'une approche processus, nous devons d'abord bien entendu *identifier les processus* qui composent notre société ou notre organisme. Nous devons ensuite *lier ces sous-systèmes* dans une logique forte qui est celle de la transmission des attentes et des exigences des clients. C'est cette logique qui nous aidera à *constituer notre chaîne de processus*. Nous devons enfin, et c'est le plus important, *définir des règles de communications souples et réactives qui permettront des échanges efficaces entre les processus qui composent le tout.*

La cartographie des processus est une étape dans cette démarche mais ce n'est pas un aboutissement. Une cartographie permet de représenter notre organisme et d'en comprendre le fonctionnement ou tout au moins un élément de son fonctionnement. La cartographie que nous proposons d'élaborer est celle qui représente le passage de la voix du client (de ses attentes et de ses exigences) à travers tous les processus de l'entreprise. *La cartographie par la voix des clients* est une cartographie parmi d'autres possibles comme une carte routière est une représentation d'un territoire parmi d'autres représentations possibles. Mais *cette cartographie est*, à notre avis, *la plus importante car de la bonne transmission des exigences des clients dépend la bonne qualité et l'efficacité des travaux réalisés par chacun d'entre nous.*

Dans les pages qui suivent, nous évoquerons dans un premier temps le concept de processus et les malentendus qui tournent autour de ce terme.

Ensuite nous proposerons les principes de la méthode de la voix du client et les diverses phases de mise en œuvre de cette approche.

Enfin, nous montrerons quelques exemples d'application en abordant des cas concrets d'entreprises.

Nous conclurons sur les potentiels d'amélioration rendus possibles par la mise en œuvre de la méthode.

La maîtrise des interfaces dans nos organisations a pour effet une diminution sensible des litiges et des temps perdus. Elle permet de mesurer l'efficacité de chaque processus et de proposer des objectifs d'amélioration. Elle permet une approche positive pour régler les problèmes entre les personnes car elle élimine les rapports de forces et de savoir au profit de relations commerciales internes dont les règles sont faciles à mettre en œuvre. Elle clarifie les rôles et les missions de tous. Elle précise les limites des responsabilités des personnes et des services. Elle met l'accent sur les tâches importantes et permet ainsi de faire des choix. Elle favorise aussi le décloisonnement entre les fonctions et entre les hiérarchies. Elle permet de donner à tous un sens au travail, celui de satisfaire le client qu'il soit interne ou externe. Elle favorise la mise en œuvre de systèmes de management de la qualité (ISO 9001) efficaces et utiles, dimensionnés au juste nécessaire. Elle prépare l'organisation à l'excellence.

Ce n'est pas un système figé, une contrainte supplémentaire qui viendra s'ajouter aux organisations existantes mais une façon nouvelle de négocier en permanence avec les autres, ceux qui sont en relation avec nous. Les relations d'interfaces et les contrats qui seront passés dans le cadre des transactions internes et externes servent de base à la mise en place de réseaux plus ou moins formels selon la nécessité.

Clarté, réactivité, adaptabilité, responsabilité personnelle et collégiale, respect des autres, confiance, engagement, amélioration sont autant d'éléments qui participent à l'approche processus et à la maîtrise des organisations complexes dans lesquelles nous vivons et nous travaillons.

Le premier ouvrage sur les processus a permis de prendre en compte quelques principes importants comme l'approche systémique ou la relation client/fournisseur en interne et d'en proposer une application concrète et simple. Ce deuxième ouvrage poursuit cet objectif qui est de transposer des concepts théoriques et parfois un peu complexes en méthodes d'organisation pragmatiques et utiles pour l'efficacité de l'entreprise. Deux années et demie d'expériences et de mises en œuvre de cette approche processus un peu particulière ont permis de l'enrichir de manière conséquente.

Mais au-delà de cette expérimentation et des retours qu'elle a permis, il est capital de prendre conscience d'un postulat majeur qui est à la base du fonctionnement de tout organisme qui travaille pour les autres, celui de l'efficacité.

La volonté d'une entreprise, qu'elle soit industrielle, commerciale, associative, sportive ou de toute autre nature est de travailler efficacement. Cela signifie qu'elle doit utiliser ses ressources (son temps, ses moyens matériels, son argent) à bon escient, autrement dit de façon utile pour ceux qui bénéficient de ses prestations. Ceux-ci sont bien évidemment les usagers, les clients, les adhérents.

Or ceux qui, comme moi sans doute, ont une bonne connaissance des entreprises pour y avoir exercé durant quelque temps, ceux-là donc savent qu'une contre-culture s'est développée depuis une vingtaine d'années. Il s'agit en l'occurrence de celle de la qualité à tout prix et de l'intégrisme des référentiels.

Lorsque j'effectue des missions d'audit pour des clients ou pour l'AFAQ, à la question :
« Pourquoi faites-vous cela de telle façon ? », les personnes interrogées répondent parfois :
« C'est pour ISO ! »
Ou bien encore :
« C'est pour la qualité ! »
Cela n'est pas satisfaisant.

Où est le client dans cette réponse, où est l'efficacité ?

Dans les systèmes qualité qui ont été construits dans cet esprit, combien de paperasses inutiles, combien d'activités sans aucune valeur ajoutée, combien de procédures non lues ou non appliquées ?

Dans les années quatre-vingt dix, combien de chefs d'entreprises se sont lamentés en s'exclamant :
« Cette norme ISO nous coûte une fortune. Qui va payer ? Nos clients ne sont pas d'accord pour que nous leur répercutions ces dépenses en augmentant nos prix de ventes.»

Bien entendu ! Pourquoi le client aurait-il accepté de payer pour de la qualité qu'il devait en principe déjà obtenir par le prix défini au contrat ? Il n'achète pas un produit non conforme.

Aujourd'hui, il semble qu'un nouveau discours, plus raisonnable, se propage depuis l'apparition de la dernière version des normes ISO de la série 9000. D'abord parce que la conjoncture économique est plus difficile et que les gaspillages de ressources sont un peu moins tolérés et aussi parce que nous avons compris que les référentiels ont des exigences parfois apparemment obscures et ésotériques mais se révélant pleines de logique une fois traduites en langage de bon sens.

Profitons donc de l'arrivée de ces versions nouvelles et des changements qu'elles impliquent pour mettre en place des systèmes de management de la qualité efficaces, qui satisfassent à la fois les actionnaires et les clients (de manière durable bien évidemment) tout en respectant la réglementation.

Ce livre propose une approche processus qui ne se traduit pas uniquement par une couche supplémentaire de paperasses inutiles mais qui apporte une véritable valeur ajoutée aux organismes qui la mettront en application. Dans de nombreuses entreprises, l'approche processus adoptée ne dépasse pas le cercle d'initiés qui l'a concoctée. Les auditeurs qui s'intéressent au déploiement de l'approche processus posent souvent la question suivante à ceux qui font partie du cénacle :

« Pouvez-vous m'expliquer ce qui a changé, pour vous, dans votre travail avec cette nouvelle approche processus ? »

Ils entendent souvent la réponse suivante :

« C'est bien mieux qu'avant ».

Devant le manque de précision de cette réponse, les auditeurs expérimentés insisteront :

« Oui bien sûr, mais encore ? »

Ils s'entendront vraisemblablement répondre :

« Les gens comprennent mieux l'organisation et la manière dont elle fonctionne ! »

Là encore, l'auditeur chevronné, ne se contentera pas de cette réponse à caractère diplomatique et poursuivra :

« Je vous entends bien et concrètement, pouvez-vous me montrer quelque chose qui soit fait différemment aujourd'hui (en mieux si possible) suite au travail fait sur les processus ? »

En général, la réponse tarde à venir, quand il y en a une !

Et si par perversité pure, cet auditeur étend ses entretiens à des personnels (même d'encadrement) en dehors du groupe de pilotage sur les processus, les interviewés sont, la plupart du temps, incapables de lui expliquer en quoi consiste une organisation par les processus et encore bien moins la différence entre une procédure et un processus.

Nous devons absolument perdre l'habitude contractée dans les années quatre-vingt de faire des choses « pour la norme ». Ce qui n'est pas utile pour le client (c'est lui qui demande et qui souvent paye), pour l'actionnaire lorsqu'il y en a (la profitabilité) ou pour la réglementation, ne doit pas exister.

Dans certaines entreprises efficaces, lorsque des dispositions relatives à la qualité semblent par trop complexes, on fait appel au SBS ou bien aussi au BSP. Ces deux sigles proches l'un de l'autre représentent le « Solide Bon Sens » pratiqué plutôt par les citadins et le « bon sens paysan » des campagnards dont je fais partie.

N'hésitons pas à y recourir aussi souvent que nécessaire.

Souvent, lorsqu'un problème se pose à nous, il est utile de se demander quelle est la finalité de la chose qui nous préoccupe. Dans le cas de l'approche processus, il semblerait que tout le monde s'accorde à dire qu'elle doit améliorer les relations entre les fonctions de nos organisations. Cette organisation par fonction, quoi qu'en disent parfois certains experts, va durer encore longtemps puisqu'elle obéit à une logique d'attribution de ressources (humaines en préalable) par missions. Nous savons par expérience que la plupart des dysfonctionnements qui nous empoisonnent la vie quotidienne proviennent des relations entre les services et les fonctions. Notre organisation en fonction a généré des territoires avec des responsables qui, pour des raisons très humaines, (antipathie, concurrence, désaccord ou bêtise, etc.) ont des difficultés à communiquer.

Depuis des générations le travail en entreprise obéit à une autre logique que celle que nous pratiquons chaque jour dans notre environnement proche, avec les voisins, les amis, les commerçants, etc. En entreprise, c'est la logique du chacun pour soi qui domine. Je fais mon travail avec un minimum de conscience professionnelle, que les autres fassent pareil et se débrouillent. La notion de service interne n'existe pas partout, loin s'en faut. Le découpage en fonctions y est pour beaucoup ainsi que les espoirs de promotion qui rendent tout un chacun fortement individualiste. Pour faire carrière dans une entreprise, il faut travailler pour son propre intérêt. Or aujourd'hui, la vie est dure pour les organisations. Au nom de l'efficacité, nous ne pouvons plus nous permettre ce gaspillage d'énergie utilisé dans des luttes internes ou plus prosaïquement en raison de l'indifférence générale de chacun pour l'autre.

L'approche processus nous fait découvrir ou redécouvrir que nous vivons dans une chaîne d'activités et que le client, celui qui nous paye, est au bout de cette chaîne. Nous découvrons ou redécouvrons que notre intérêt commun est que notre organisme dure et qu'il nous procure du travail et une rémunération le plus longtemps possible à nous et à nos descendants. Nous devons inventer de nouvelles formes d'organisations qui apportent de l'efficacité en améliorant la communication entre les personnes et les fonctions. Nous devons trouver une autre logique de fonctionnement basée sur le service à l'autre parce que cela profitera à tous. L'efficacité d'un individu ou d'une fonction dans un organisme sera mesurée par sa capacité à aider les autres à travailler mieux.

L'approche processus proposée dans cet ouvrage apporte une autre façon de travailler. Elle fait d'abord découvrir que nous dépendons tous les uns des autres et que c'est le client, par ses exigences et ses attentes, qui nous fait travailler. Elle nous fait découvrir que nous devons être autonomes et réactifs, que nous devons privilégier des relations de type client/fournisseur en interne afin de favoriser le service aux autres. Elles nous fait découvrir que nous devons en permanence nous préoccuper de ceux qui œuvrent avec le résultat de notre propre travail et que nous devons les écouter et améliorer nos façons de faire pour qu'ils soient eux-mêmes plus efficaces.

L'approche processus exposée dans cet ouvrage veut être utile pour l'organisme et pour l'individu et veut surtout proposer des solutions pragmatiques, aisées, réalistes, commodes et faciles à mettre en œuvre.

Ce livre montre de nombreuses solutions concrètes et fait appel à de nombreux outils simples pour mettre en place l'organisation souhaitée.

CHAPITRE 1

L'APPROCHE CLASSIQUE DE L'ORGANISATION PAR LES PROCESSUS

DE QUOI PARLE-T-ON ?

L'association du travail des hommes, avec du matériel, des matières premières, de l'énergie, etc., permet à un organisme (une entreprise par exemple) de réaliser des prestations ou des produits.

Depuis que l'homme existe, le problème a toujours été d'organiser ses activités de façon à ce qu'elles soient rentables et efficaces. Or c'est une tâche des plus ardues car nous recherchons un idéal qui n'existe pas. Mais ce que nous pouvons tenter de faire, par contre, c'est de trouver l'optimum, c'est-à-dire le modèle d'organisation qui apporte le plus de valeur ajoutée à ceux pour qui nous travaillons.

L'analyse fonctionnelle des organisations existe depuis fort longtemps mais il demeure un certain nombre de problèmes générateurs de non-performance et ces dysfonctionnements apparaissent généralement aux interfaces entre les fonctions et les services. Il existe là des sortes de zones de non-responsabilités que l'approche processus doit contribuer à faire disparaître.

Qu'est-ce qu'un processus ?

Tous les organismes dans lesquels nous travaillons pour des raisons professionnelles ou extra-professionnelles répondent à la définition de « processus ». Nous produisons par notre activité, des objets ou des services à partir d'éléments matériels ou immatériels.

Une entreprise est un processus, autrement dit c'est un ensemble d'activités et de ressources liées qui transforment des éléments entrants en éléments sortants. Ceci est la définition normalisée d'un processus. Pour être plus clair, nous pourrions écrire que l'association du travail des hommes avec du matériel, des matières premières, de l'énergie, etc., permet à une entreprise de réaliser des prestations ou des produits. Il y a là des ressources (très sommairement des personnes, de l'argent et des machines) et des données d'entrée (des fournitures achetées) qui permettent de produire des biens matériels ou immatériels.

La production de biens ou de services est le but de toute entreprise et de toute entité qui travaille ou qui œuvre dans une finalité définie. Une association, un commerce, une administration, une agence de publicité, un cabinet d'avocats, une entreprise artisanale, une multinationale, tous ces organismes sont autant de processus de production. Ils produisent et ils vendent des objets matériels (comme des montres ou des automobiles) ou des biens immatériels (comme des services, du conseil, de la surveillance, de la garde d'enfants ou du savoir).

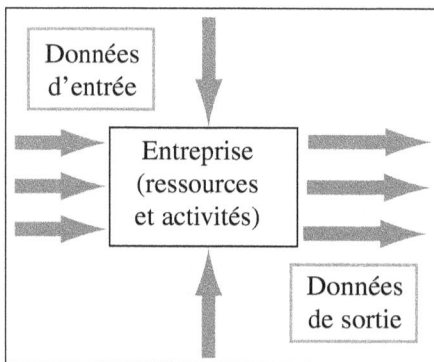

Tous ces organismes ont deux points communs :
- Ils produisent pour l'extérieur (pour des clients, des usagers).

- Ils mettent en œuvre des activités autrement dit, ils travaillent pour fournir les prestations attendues par ces bénéficiaires.

Les activités d'une entreprise ou d'un organisme peuvent être nombreuses. Il y a par exemple les activités de production comme la coupe de cheveux pour un coiffeur ou le fraisage pour un mécanicien. Il y a aussi les activités administratives et financières comme la comptabilité, la gestion des comptes bancaires ou la paie. Nous pouvons encore citer les activités commerciales comme la vente ou la publicité. Nous pouvons identifier aussi la qualité, la logistique ou la recherche et le développement. Il y a autant d'activités que de types d'organismes. Pour exercer ces activités, nous avons besoin de moyens, d'outillages, d'ordinateurs, de machines, de locaux et de personnes. Et puis, pour exercer notre travail, nous devons acheter de la matière première, du bois pour l'ébéniste, du shampoing pour le coiffeur, du papier pour l'imprimeur, de l'information pour le journaliste. Nous devons également acheter de l'énergie pour nous éclairer, pour nous chauffer ou pour faire fonctionner nos machines. Toute cette description de ces organismes dans lesquels nous travaillons et qui nous permettent de gagner notre vie répondent parfaitement à la définition d'un processus.

Règle

Un processus, c'est d'abord un ensemble de ressources qui attendent un déclencheur d'activité. Ces ressources sont de deux grandes catégories. Il y a les ressources matérielles comme les infrastructures, les machines, les outillages, les logiciels, etc. et les ressources humaines. Imaginons un endroit où il y a des machines et des personnes qui attendent. Ce n'est pas encore un processus car tout est immobile. Un donneur d'ordres arrive et tout à coup, ces machines et ces personnes se mettent en branle pour réaliser ce qui a été demandé par le client. Cet ensemble de ressources utilise de l'énergie, des matériaux et va travailler jusqu'à ce que la tâche demandée soit terminée et livrée à un utilisateur connu. Nous avons eu affaire à un processus.

Cette définition est intéressante car elle apporte une vision claire et mécanique de ce que peut être un organisme quelconque. Le terme « d'organisme » est vague et n'évoque pas grand-chose de précis dans nos esprits. Lorsque nous qualifions un organisme de « processus », nous comprenons qu'il y a alors une finalité concrète (les données de sortie), une vie interne (les ressources et les activités) et une ouverture vers l'extérieur (les données d'entrée).

Elle est, hélas, également équivoque car, sous le terme de « processus », nous pouvons qualifier toute entité qui produit un résultat. Une multinationale est un processus (gigantesque), un artisan est un processus (plus petit), la tonte d'une pelouse est un processus, l'écriture d'une lettre à un ami est un processus. En conséquence, une approche processus dans un organisme doit au préalable faire l'objet d'un certain nombre de conventions et de règles du jeu conceptuelles pour définir les principes de travail.

Qu'est-ce que l'efficacité ?

> La recherche de l'efficacité est un souci permanent des organisations. L'objectif est de produire des biens matériels ou immatériels avec un minimum de travail et de moyens.

Depuis que le monde existe, nous avons en nous le souci de l'efficacité. Il est fort probable que ce souci réponde à une obligation d'économie d'énergie. Le travail fatigue et, tout naturellement, nous essayons d'obtenir des résultats en nous dépensant le moins possible. Et puis, dans notre environnement économique, nous savons tous que ce que nous produisons doit avoir une valeur supérieure à ce que nous coûtons. Autrement dit, pour parler un langage de processus, la valeur des données de sortie doit être supérieure à la somme de la valeur des données d'entrée et de la valeur des ressources et des activités exercées.

> Achats (données d'entrée) + Valeur ajoutée (ressources)
> ≤ Ventes (données de sortie)

Cela signifie que, dans nos organismes (entreprises, commerces, administrations, etc.), nous devons nous organiser pour être rentables ou tout au moins efficaces. Lorsque notre entreprise est une société artisanale d'une personne, le problème de l'organisation n'est pas forcément facile mais il n'est pas d'une complexité insurmontable. En revanche, une multinationale ou une administration posent de véritables défis à l'organisateur. C'est dans l'industrie moderne que la recherche de l'organisation est devenue un souci permanent car l'objectif a toujours été de faire de la marge. Il faut organiser les activités de l'entreprise de façon à ce qu'elles soient le plus rentables possible. Or aujourd'hui, c'est devenu une tâche des plus ardues car nous recherchons un optimum, c'est-à-dire un modèle d'organisation qui apporte le plus de valeur ajoutée au client en échange de ce qu'il paye, tout en nous permettant de réaliser un bénéfice le plus substantiel possible.

Dans le concept d'efficacité, il y a toujours au moins deux parties concernées. Il y a nous, qui produisons et il y a les autres, les bénéficiaires de ce que nous produisons. Il se peut même parfois que les deux parties n'en fassent qu'une et c'est ce qui arrive par exemple lorsque je lave le bol de mon petit déjeuner. En ce qui concerne ce genre d'activité (lorsque nous travaillons pour nous-même), la question de l'efficacité n'est pas un souci majeur. Heureusement d'ailleurs car cela nous permet de vivre parfois sans stress particulier. La notion d'efficacité apparaît surtout lorsque les enjeux sont importants dans une transaction ou lorsque le temps se fait rare et que la somme de travail que nous avons à réaliser dépasse nos capacités de production.

Une définition de l'efficacité que nous trouvons dans le dictionnaire *Petit Larousse* nous propose :

« Qui produit l'effet attendu. »

Dans une organisation, puisque c'est ce contexte qui nous intéresse, il y a au moins deux attentes : celle du producteur et celle du consommateur. Être efficace supposera de produire les deux effets attendus. Juger de l'efficacité d'une organisation, c'est juger des effets produits par rapport aux effets attendus dans deux directions, celle du donneur et celle du receveur. Il arrive que nous oubliions cela lorsque nous mettons en place un système de management de la qualité. Il n'y a pas que la satisfaction du client qui compte. Il y a aussi, et c'est d'une égale importance, celle du fournisseur.

Le coût de revient

> Dans un monde où les règles de fonctionnement relèvent des principes de l'économie de marché, il faut savoir être rentable ou pour le moins efficace. Il convient donc de mesurer en permanence ce que nous coûtons et ce que nous rapportons.

Nous devons pour cela travailler utilement c'est-à-dire fournir des activités qui soient en relation la plus forte possible avec la prestation attendue par le client. N'oublions pas, lorsque nous réalisons un produit ou un service, qu'il est destiné à des clients ou à des usagers. Peu importe le terme utilisé, le problème de l'organisation se pose surtout lorsque nous avons des comptes à rendre soit à celui qui bénéficie de notre travail soit à celui qui nous paie.

La valeur (ou le prix) de notre activité est constituée par la somme des ressources utilisées et des données d'entrée. C'est le coût de revient. Le prix payé par le client (ou l'usager ou encore le bénéficiaire) est constitué du coût de revient augmenté de la marge.

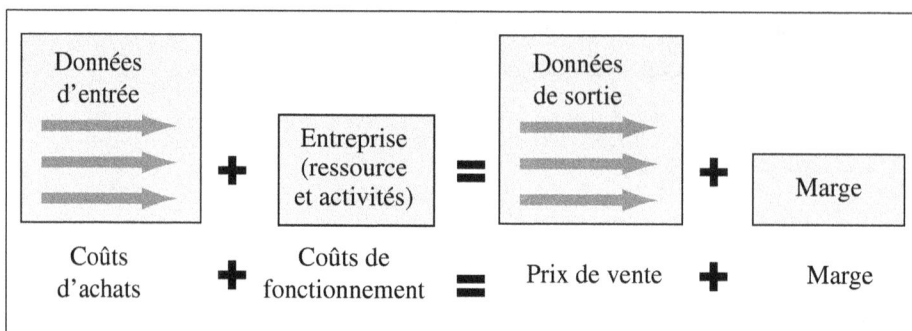

À ce propos, nous pouvons citer la devinette suivante (qui commence à être connue) :

De ces deux formules, qui sur un plan mathématique sont rigoureusement équivalentes, quelle est celle qui vous paraît la plus sensée ?

1- Coût de revient + marge = Prix de vente

2- Prix de vente − marge = Coût de revient

Il s'agit bien entendu de la deuxième car le prix de vente est souvent fixé par le marché et ne peut varier à la hausse que dans des limites généralement assez étroites. Cela signifie donc que, pour conserver une marge acceptable, il est nécessaire d'agir sur les coûts de revient pour les faire baisser sans nuire à la qualité de la prestation, c'est-à-dire à la satisfaction des clients.

La productivité

> Avec l'avènement de la société de consommation, avec la concurrence que se font les entreprises et les États, il faut en permanence améliorer l'efficacité des organisations afin de durer.

Le problème de la productivité d'un organisme s'est posé dès la naissance des organisations de type industriel. L'objectif étant de faire de la marge (les Anglo-Saxons l'expriment sans détour avec l'expression : make money, vulgairement « faire du fric »), il convient de faire en sorte d'augmenter les données de sortie tout en réduisant les données d'entrée et les ressources et activités. Chaque époque a généré ses propres théories et concepts, de la parcellisation du travail par l'américain Taylor aux nouveaux modèles comme Hoshin, les six sigmas ou comme le Reengineering.

Certains principes de base n'ont guère changé. Par exemple l'organisation en fonctions fait appel au principe de la spécialisation des compétences. La hiérarchie, même si elle s'est assouplie, obéit toujours au principe du chef unique. Il est vrai que d'autres modèles fondamentalement différents peuvent apparaître et fonctionner efficacement, mais ils ne sont généralement applicables que dans des cas de figure bien précis. On peut les rencontrer par exemple dans les créneaux de la haute technologie, dans des activités fortement orientées « recherche et développement » ou dans certaines start-up.

Aujourd'hui, le modèle qui continue de prévaloir dans nos organismes est donc le modèle fonctionnel. L'entreprise est découpée en fonctions ayant chacune une ou plusieurs missions, en principe bien définies. La fonction commerciale, la fonction production, la fonction financière, etc. Le découpage de l'entreprise est par conséquent vertical et arborescent, à l'image des organigrammes qui les présentent. Ces dernières années, d'autres modèles répondant à des besoins de souplesse et de réactivité des marchés ont fait leur apparition. Nous avons découvert par exemple des organisations par produits et par projets qui proposent des découpages horizontaux venant casser l'extrême rigidité hiérarchique des modèles verticaux.

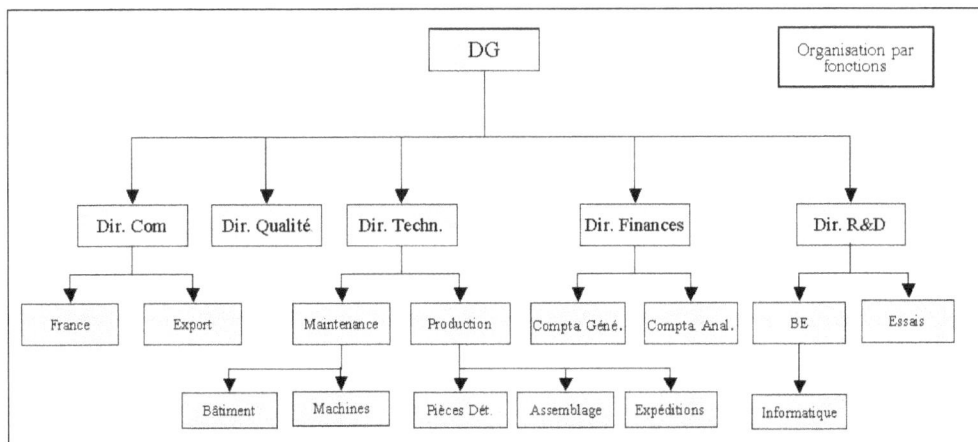

Ces modèles apportaient des ponts entre les fonctions et surtout des missions nouvelles de gestionnaires d'affaires ou de produits. Mais dans tous les cas de figure, nous continuons à devoir gérer des ensembles d'activités (de processus) qui doivent travailler dans un même but. L'approche processus n'est pas nouvelle car l'organisation en fonctions est déjà une ébauche d'organisation en processus et le terme même de « processus » date de plus d'un siècle. Cependant, ces organisations n'ont jamais été contraintes d'atteindre le niveau d'efficacité qui est exigé aujourd'hui. Dans notre recherche permanente d'amélioration, il nous faut revoir ces modèles avec un œil neuf afin de les rendre encore plus performants.

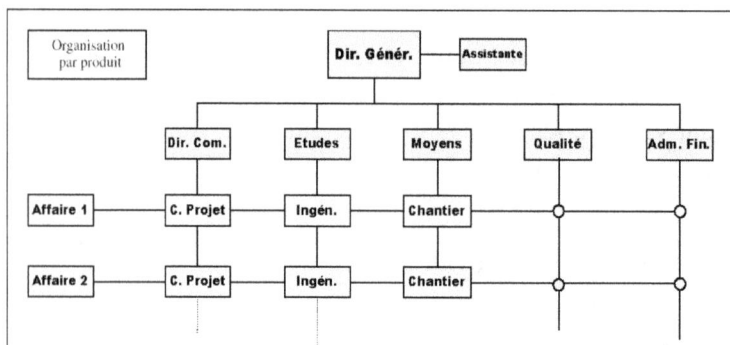

La recherche incessante de la performance industrielle et commerciale est à l'origine de nombreuses théories sur l'organisation. Nous parlons beaucoup de réseaux, de fonctions transversales, etc. Dans la réalité des entreprises, ces concepts restent souvent à l'état de vœux pieux ou de théories. Il y a à ce propos une phrase excellente (parmi des centaines d'autres toutes aussi géniales) dans un ouvrage d'Auguste DETŒUF, *Propos de O.L. Barenton confiseur*. Elle est la suivante : « Ce qui rend fausses beaucoup de théories économiques, c'est qu'elles sont fondées sur l'hypothèse que l'homme est un être raisonnable. »

Les fonctions transversales ne fonctionnent que si chacun développe une responsabilité hors du commun. Sinon, elles ne font qu'ajouter des hiérarchies supplémentaires. Nous avons encore en nous des modes de fonctionnement ancestraux qui ne changeront pas de sitôt. Cela explique que les modèles d'organisation fondés sur le découpage fonctionnel ont encore de beaux jours devant eux. Pour ces diverses raisons, une approche processus doit se fonder sur ce qui existe habituellement si nous avons le désir et le souhait d'améliorer un peu les performances de nos organismes.

Pour en revenir à la productivité, elle peut se caractériser par le terme « d'efficience ». Il est souvent difficile de distinguer une différence entre efficacité et efficience. Si nous retournons à la définition du *Petit Larousse*, nous apprenons que :

« Efficace, qui produit l'effet attendu. »

« Efficient, qui aboutit à de bons résultats. »

Effectivement, la différence n'est pas éclatante. Nous pourrions peut-être décider nous-même que c'est le concept d'amélioration permanente qui fait la différence. La maîtrise des processus s'évalue à travers un jugement d'efficacité. L'optimisation des processus (amélioration continue) s'évalue à travers un jugement d'efficience. Le point de vue des normes ISO est un peu différent. La norme 9001 propose le concept d'efficacité. Pour elle, produire l'effet attendu consiste à satisfaire les exigences des clients. La norme 9004 propose le concept d'efficience. Pour elle, il convient d'avoir des résultats chiffrés et substantiels (incluant l'aspect financier bien entendu). Cette dernière approche intègre donc implicitement l'esprit de progrès dans la lecture des résultats obtenus (bénéfices pour l'entreprise).

La comparaison des deux concepts d'efficacité et d'efficience peut conclure aussi sur une autre différence. L'efficacité implique la notion d'atteinte des objectifs (un système de management de la qualité est efficace lorsqu'il atteint les objectifs qualité) alors l'efficience implique la notion d'atteinte des objectifs avec une optimisation des ressources (un système de management de la qualité est efficient lorsqu'il atteint les objectifs qualité et que l'organisme montre des progrès en matière de résultats financiers ou autres). Pour ma part, ce distinguo entre efficacité et efficience est une subtilité d'experts pas très intéressante. Je ne pense pas qu'il existe des organismes qui se donnent des objectifs sans limite de ressources (sauf peut être dans des situations d'urgence où il faut atteindre un but coûte que coûte sous peine de problèmes gravissimes). En conséquence, nous confondrons sans état d'âme particulier l'efficacité avec l'efficience et c'est surtout ce dernier concept qui sera pris en compte quel que soit le mot utilisé pour le désigner.

Le management de la qualité est nécessaire dans un environnement concurrentiel

Les concepts d'assurance de la qualité puis de management de la qualité ont conduit les entreprises à déterminer des méthodes de travail et à les mettre en œuvre de façon maîtrisée. Ceci a introduit les principes de maîtrise des processus.

Dans notre société d'économie de marché, la recherche de la rentabilité est une constante mais la baisse forcenée des coûts de revient est tempérée par la nécessité de durer. Pour beaucoup d'entreprises, la pérennité est liée à la fidélisation des clients qui peuvent, quand ils en ont envie, changer de fournisseur. La concurrence qui existe sur la plupart des marchés, augmente l'exigence des consommateurs. Ils demandent plus pour moins cher et cela nécessite ainsi, de la part des entreprises, des trésors d'ingéniosité pour répondre à ces exigences croissantes tout en préservant leurs marges, voire en tentant de les élever.

C'est dans ce contexte et pour ces raisons que sont nés les concepts d'assurance de la qualité puis de management de la qualité. Ces éclosions se sont produites après la guerre et se sont développées à partir des années soixante-dix. Elles ont été favorisées par le passage d'une économie de production à une économie mondiale de marché.

Dans les années quatre-vingt, les normes ISO 9001, 9002 et 9003 ont formalisé des modèles. Elles nous ont sensibilisés à la nécessité de mettre en œuvre des bonnes pratiques de travail sur des activités à risques, susceptibles de générer de la non-qualité et donc de mécontenter les clients.

La notion de qualité, qui est un terme ambigu et assez flou, a concerné d'abord l'objet fabriqué par l'entreprise. En effet, celle-ci a dû faire des efforts considérables en matière de fiabilité, de réduction des défauts et des pannes pour conquérir des marchés et éviter la fuite des clients. Une recherche de la qualité de l'objet matériel était alors un facteur différenciateur qui justifiait pour le consommateur d'acheter telle marque plutôt que telle autre.

À l'image de cette période, les modèles ISO 9000 des versions 1987 (la première) et 1994 (la seconde) montraient surtout des exigences pour maîtriser la qualité des produits fabriqués.

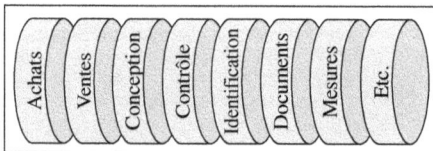

Pour cela, la norme ISO 9001 par exemple, présentait l'entreprise selon un découpage de vingt chapitres, chacun concernant une activité sensible qu'il fallait maîtriser en mettant par écrit une méthode de travail, une procédure. Nous devions décrire nos bonnes pratiques de vente, de production, de conception, de contrôle, d'identification, d'achats, etc. Cela nous a permis de progresser car réfléchir à une méthode de travail et la mettre en œuvre apporte plus d'efficacité que de faire n'importe quoi et n'importe comment.

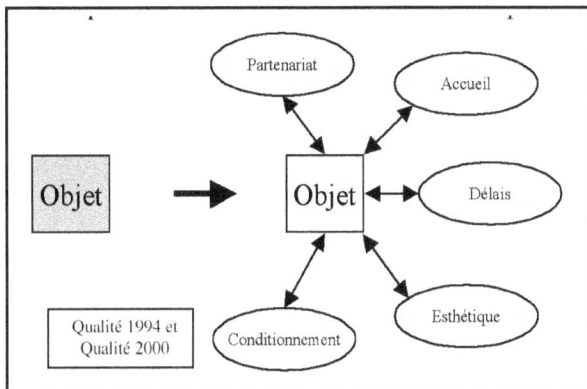

Aujourd'hui, la situation est différente. Nous sommes passés d'une époque de qualité « objet » à une époque de qualité « services ». Tous les efforts réalisés par les entreprises ont porté leurs fruits. La plupart des objets qui nous environnent et que nous achetons sont de bonne qualité. Les téléviseurs, les ordinateurs, les téléphones, les voitures, les vêtements, etc. sont, pour des niveaux de prix d'achats équivalents, de qualité égale et la marque ne fait plus vendre (sauf bien sûr dans le domaine du luxe mais le contexte est différent). Pour l'objet ordinaire, la qualité de l'objet proprement dite n'est plus l'élément différenciateur, celui qui fait vendre. D'ailleurs, la plupart d'entre eux sont fabriqués à partir de sous-ensembles standards et seul l'habillage extérieur est différent. La satisfaction des clients englobe actuellement tout ce qui tourne autour de l'objet principal, qu'il soit matériel ou immatériel. Autrement dit, toute activité d'une entreprise qui peut entraîner une non-satisfaction du client doit être identifiée et maîtrisée. En conséquence, la nouvelle version de la norme ISO 9001, la version 2000, exige toujours que la finalité d'un système de management de la qualité soit la satisfaction du client mais elle précise que ladite satisfaction ne concerne pas seulement la prestation proposée par l'organisme. Elle concerne l'ensemble des attentes des clients sur la prestation et sur tout ce qui l'entoure. Elle ne propose plus une liste exhaustive de vingt activités (vingt processus) qu'il faut maîtriser mais elle demande que nous identifions tous les processus qui peuvent avoir une incidence sur la satisfaction recherchée.

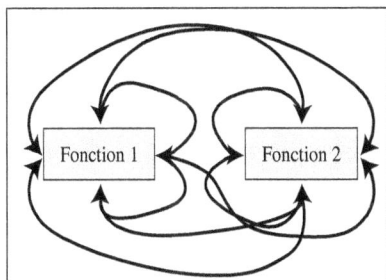

De plus, un autre constat a été établi et nous en avons tous une perception personnelle forte, de par nos activités professionnelles. Les problèmes qui demeurent dans notre organisation, les dysfonctionnements graves qui persistent et qui nous empoisonnent régulièrement la vie, ne sont plus générés (en tout cas de moins en moins) par des manques de méthodes ou des manques de compétences dans les processus. Ils se produisent en raison des mauvaises communications entre les processus. Entre les fonctions, entre les services, entre les ateliers, entre les bureaux, il existe des zones de non-responsabilité dans lesquelles nous ne savons pas bien où se termine notre tâche et où commence celle de l'autre. Les progrès que nous pouvons encore faire pour améliorer notre performance et notre organisation sont potentiellement dans les interrelations entre les processus.

Ce que nous devons définir aujourd'hui, ce sont les règles de communication entre services. La notion d'efficacité inclut naturellement le fait d'atteindre une finalité avec une économie de moyens. Dans une relation entre un client et un fournisseur, c'est-à-dire dans une transaction commerciale, la finalité est, bien entendu, définie par le client. Une entreprise sera efficace si elle satisfait les attentes de ses clients avec un minimum de moyens. Elle sera efficace en allant directement vers ses attentes plutôt qu'en travaillant pour des besoins non souhaités. En interne, deux services par exemple, qui travaillent ensemble, sont forcément soit client soit fournisseur l'un de l'autre. Dans ce cas, le service « fournisseur » sera efficace si le service « client » est satisfait.

Cette efficacité nécessite en conséquence que les relations (le contrat) entre ces deux services soient définies le plus précisément et le plus clairement possible et qu'il existe une méthode, une pratique pour les droits et devoirs de chacun.

Le modèle 2000 de la norme est bâti en ce sens. Il parle de maîtrise des interactions entre processus et indique que c'est là que se trouvent les solutions à la plupart de nos soucis actuels.

En 1994, le bon sens et la norme ISO nous demandaient d'avoir des méthodes de travail pour les activités jugées à risques pour la qualité des produits fabriqués. En 2000, le bon sens et la norme ISO nous demandent d'avoir des méthodes dans toutes les activités qui peuvent générer des risques de ne pas satisfaire le client. Ils nous demandent en plus de nous assurer que ces méthodes sont efficaces c'est-à-dire qu'elles permettent réellement la satisfaction des clients.

L'approche processus doit permettre de comprendre les relations entre les parties de l'organisation

- Comprendre la mécanique de l'organisme (identifier les processus et les interfaces).
- Faire fonctionner la mécanique (maîtriser les processus).
- Améliorer le fonctionnement (optimiser les processus).

Notre objectif est donc de rendre performant le processus (système) « entreprise » en optimisant chacun des processus (sous-sytèmes) qui la composent et surtout en liant ces processus de manière efficace. Mais avant d'optimiser un processus, il convient d'abord de le maîtriser. Cela nous le faisons en identifiant puis en pérennisant des bonnes pratiques de travail, en mettant en œuvre des « méthodes ». Ensuite seulement, il conviendra de l'améliorer, c'est-à-dire de le rendre le plus productif possible. Cela signifie, entre autres, que tout le travail réalisé dans l'entreprise doit concourir à la fabrication de la prestation offerte et, en principe, uniquement à cela. Or, dans la réalité, combien constatons-nous de tâches inutiles, combien de gaspillage ? Pourquoi ? Parce que la nature a horreur du vide et qu'elle nous incite parfois à nous trouver des occupations sans tenir compte de l'objectif final qui est le client. Le travail est comparable à un gaz qui occupe tout l'espace offert. De plus, pour beaucoup d'entre nous, le client est loin et nous n'avons pas ou peu de contacts avec lui et, en conséquence, nous fournissons donc un travail qui n'est pas toujours utile à sa satisfaction. Et puis, dans un souci de bien faire, nous avons tendance à réaliser des choses qui nous semblent intéressantes mais que parfois, personne n'utilise. Nous avons peut-être gardé aussi les vieilles habitudes des années soixante pendant lesquelles nous proposions des produits sans demander l'avis des clients. Enfin, l'expérience montre que de nombreux dysfonctionnements apparaissent à l'interface des services ou des fonctions, c'est-à-dire à l'interface entre certains processus. La machine fournie par le bureau d'études à la fabrication n'est pas au point disent les responsables de production. À l'inverse, ceux du bureau d'études accusent les utilisateurs d'incompétence et c'est le début d'un conflit comme tant d'autres.

Gaspillage

Entrées

processus

Client

Gaspillage

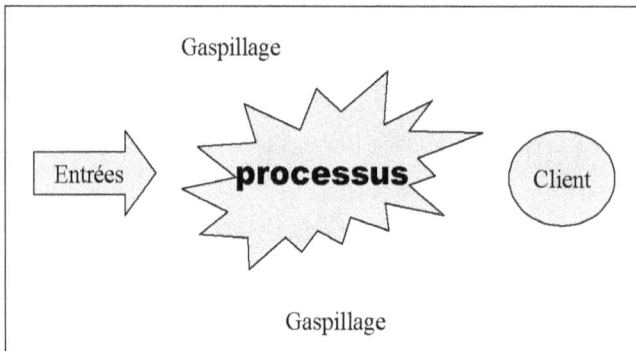

Notre démarche d'identification des processus se situe donc en amont de la maîtrise et de l'optimisation des processus. Un amont qui souvent n'existe pas car nous avons la fâcheuse habitude de vivre dans un environnement au sujet duquel nous ne nous posons pas de question. Nous fonctionnons par routine et nous n'avons pas toujours une vue et une compréhension claire et précise de l'organisation dans laquelle nous vivons.

Pour qu'un organisme, une entreprise soient performants, il convient au préalable d'en comprendre le mécanisme, de savoir comment ils fonctionnent. Il nous faut en connaître les rouages. Et cela n'est pas toujours le cas.

L'objectif de l'élaboration d'une cartographie des processus est tout d'abord de dessiner la mécanique interne de l'organisme. C'est une étape relativement facile car très souvent, les fonctions et les services sont connus de façon explicite (à travers des organigrammes) ou de façon implicite (par le bouche à oreille). Ce qui est moins connu, ce sont les relations entre les fonctions, entre les services, entre les opérations c'est-à-dire aux interfaces entre les processus. C'est la seconde étape de l'établissement d'une cartographie. Il s'agira de définir les responsabilités et les rôles réciproques des acteurs qui sont en relation entre deux processus. C'est la partie complexe de l'analyse car dans la pratique, les relations entre les personnes sont multiples et il s'agit de définir une règle de fonctionnement qui permettra de préciser les responsabilités de chacun et d'éviter les conflits qui nuisent à notre efficacité.

Il est un autre problème qu'il est important d'aborder avant d'entrer dans le vif du sujet. C'est celui du choix des mots. Nous avons souffert auparavant de toutes les confusions qui ont pu naître de l'emploi à tort et à travers du mot « qualité ». Il en va de même pour le mot « processus » et pour celui « d'interface ».

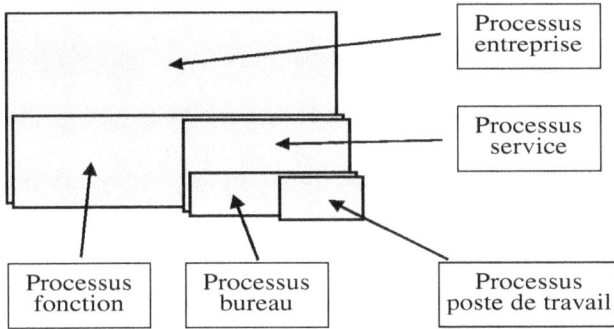

Toute activité peut être considérée comme la manifestation de l'existence d'un processus dès l'instant où cette activité est utile c'est-à-dire qu'elle est exercée en vue de faire quelque chose, d'aboutir à un résultat. Elle utilise des données d'entrée qui peuvent être matérielles ou immatérielles comme de l'information par exemple, elle utilise des ressources comme des outils ou un ordinateur, elle produit des données de sortie comme une information analysée ou un objet. Quelqu'un qui s'adonne au jardinage s'implique dans un processus. Il utilise des semences, de l'engrais, de l'eau, des notices techniques ou des ouvrages sur le sujet (tout cela constitue les données d'entrée), il travaille la terre de son jardin (c'est l'activité) avec sa bêche et son râteau, ses bras, sa tête et ses jambes, (ce sont ses ressources) et il produit des carottes et des tomates (ce sont ses données de sortie). Pour notre problème qui est de maîtriser les processus, il conviendra d'abord de considérer comme processus toute activité ou tout ensemble d'activités qui interviennent dans la chaîne qui conduit au client. Ce sont les activités « métier », celles qui constituent le flux de notre entreprise, celles qui conduisent à réaliser les prestations attendues par le client. C'est la base de notre analyse. Nous y trouvons par exemple la vente et la production. Toute autre activité, qu'elle soit de pilotage, de direction ou de tout autre appellation, sera dénommée autrement. L'ensemble de ces processus constitue la chaîne du métier. Autour de cette chaîne primaire vont fonctionner d'autres activités avec des finalités différentes. La finalité de la chaîne « métier » est de fournir la prestation attendue dans le respect du contrat et des engagements.

Au second niveau, il y a les activités connexes, les activités que nous pourrions appeler de « service » car leur finalité est d'aider les activités « métier » à maintenir et à améliorer leurs performances. Si ces processus ne fonctionnent pas, la prestation peut malgré tout être réalisée et vendue. Une absence de ces processus aura pour effet de dégrader la prestation puis, à terme de la faire disparaître. Nous y trouverons par exemple les ressources humaines, la qualité ou la comptabilité.

Enfin, au-dessus de ces deux catégories, il y a le management. Nous pouvons bien sûr considérer que le management est un processus. Ce type d'activité est souvent appelé « processus de pilotage ». Mais il nous semble plus judicieux de considérer que la finalité de cette activité de management est avant tout une performance. Pour être plus clair, lorsque je conduis ma voiture, la finalité est d'arriver sain et sauf à destination, si possible dans un temps imparti. Je considère que les coups de frein ou les tours de volant peuvent être envisagés comme des données de sortie. J'assimile, dans ce cas, le coup de volant à une note de service qui redresse une situation à risque ou défaillante. De toute façon, le but de ces préliminaires n'est pas de déclencher une polémique sur la sémantique du management par les processus. Le but est de convenir de la signification de certains termes pour que l'analyse et la construction d'une cartographie soient possibles.

Enfin, au-delà de ces trois catégories de processus ou d'activités, il y a une quatrième famille, que nous pouvons nommer également processus, car elle répond à la définition normalisée, mais que nous nommerons plutôt ici « règles et valeurs ». En effet, ce sont des façons de faire et des modes de comportement (plutôt que des processus). Pour faire un parallèle avec une carte routière, la cartographie des processus de métier et de services serait alors la carte routière proprement dite avec ses chemins, ses routes, ses intersections et cette troisième famille de « règles et valeurs » serait comparable au code de la route.

Tous ces concepts seront développés au fil des différents chapitres.

Petite scène vécue

C'est une réunion de planning entre les responsables de service et le Directeur Général d'une entreprise d'assemblage mécanique.

La discussion, comme tous les lundis de chaque semaine, permet de recaler les charges et le planning de la société en fonction des nouvelles commandes.

En plein milieu de la réunion, un employé de la réception marchandises frappe à la porte et fait son entrée. Il s'adresse à un des chargés d'affaires présents dans la salle.

« Excusez-moi, mais il y a un camion sur le parking qui livre les grilles que nous avons commandées. J'ai vérifié avant le déchargement mais ce ne sont pas les bonnes références. Apparemment, c'est nous qui nous sommes trompés dans la commande. J'ai vérifié. Les références de grilles du bon de livraison sont bien conformes à notre bon de commande. Qu'est-ce qu'on fait ? »

Silence dans la salle.

Le chargé d'affaires dit :

« Je m'en occupe. »

Il s'absente quelques instants puis revient, l'air préoccupé.

« La commande que j'ai passée ne précisait pas le type de grille à livrer. Nous avions joint un plan du produit selon notre habitude. Mais je me rappelle que nous avions passé cette commande en urgence et ce n'est pas moi qui ai transmis le plan. Je n'étais pas dans mon bureau à ce moment-là. »

Il se tourne vers le patron et lui dit :

« Vous vous souvenez, nous étions ensemble. C'est vous qui m'avez proposé d'envoyer le plan au fournisseur pour que cela parte plus vite depuis votre bureau. »

« Et alors ? » rétorque le patron.

« Vous avez transmis un mauvais plan. Ce n'est pas la bonne référence. »

Le chargé d'affaires regarde son patron pour lui faire comprendre qu'il n'y est pour rien. Il ne peut pas lui faire la remarque car celui-ci a voulu l'aider, mais son expression signifie qu'aucun reproche ne peut lui être adressé.

Quelles sont les responsabilités respectives de chacun ?

Comment faire pour qu'une telle situation ne se reproduise plus ?

LE MANAGEMENT PAR LES PROCESSUS COMPOSANTE DU MANAGEMENT GÉNÉRAL DES ORGANISATIONS

En résumé, un système de management des processus est une des composantes du management général des organisations. Il consiste à comprendre et à formaliser le mécanisme interne d'une entreprise à travers l'identification des processus et de leurs interrelations. La maîtrise des processus repose sur la mise en œuvre de bonnes pratiques de travail, sur la connaissance des finalités de chaque processus et sur l'établissement de contrats d'interfaces. Le management des processus s'appuie sur cette maîtrise mais aussi sur l'attribution de la responsabilité d'atteindre les finalités à des personnes et sur la mesure et l'amélioration des performances.

Management et qualité, même combat ?

Le terme de « qualité » issu des référentiels ISO signifie d'abord « organisation » pour les entreprises. Manager un organisme c'est l'organiser pour qu'il atteigne sa finalité avec efficacité. Manager par la qualité c'est organiser en appliquant les principes et outils de la qualité.

La première difficulté rencontrée, lorsque nous parlons de management ou de qualité, est la signification de ces mots. En effet, tout le monde « fait » de la qualité ou du management. Mais quel sens mettons-nous dans ces actions ?

Nous conviendrons ici, entre nous, que le management est la maîtrise d'un système afin qu'il atteigne sa finalité. C'est une définition encore un peu compliquée mais cela va se simplifier au fur et à mesure de notre réflexion.

L'équivalent français de « management » est le terme « direction ». Manager veut donc dire diriger. Mais pour diriger, pour conduire, il faut avoir un but. Le concept de management est donc indissociable de celui de but à atteindre, de finalité et par conséquent aussi de dynamique et d'efficacité.

Il y a d'une part un organisme, une entreprise par exemple, et de l'autre une finalité. Entre les deux, un management, c'est-à-dire une façon d'agir plus ou moins efficace, plus ou moins apte à atteindre l'objectif fixé.

L'art de manager (car c'est un art et non une science) est donc celui de mettre en œuvre et de combiner des éléments (comportements, méthodologies, ressources, etc.) pour obtenir des résultats. Une des bases du management est l'organisation. Aujourd'hui, pour de nombreuses entreprises qui vivent dans un contexte concurrentiel, l'objectif principal est de viser la satisfaction du client. Manager par la qualité consiste par conséquent, à mettre en place une organisation orientée vers le client. C'est un choix stratégique ou tout au moins une de ses composantes importantes. Si nous pensons que le développement de notre entreprise dépend du degré de satisfaction de nos clients, alors nous devons mettre en œuvre un système de management de la qualité. Pour satisfaire nos clients, nos outils de management seront des outils de management de la qualité (relevés d'informations, cartes de contrôle, diagrammes de causes et d'effets, diagrammes d'affinités, etc.). Nos principes de management seront des principes de management de la qualité (expression factuelle, contrôle, planification, approche processus, etc.). Nos référentiels seront des référentiels de management de la qualité (ISO 9001, ISO 9004, QS 9000, EFQM, etc.).

Ces principes, ces référentiels, ces méthodes, ces outils peuvent et doivent s'appliquer partout dans l'entreprise et à tous les niveaux. Le concept de qualité a quitté l'objet pour englober l'ensemble des activités qui concourent à satisfaire ou à mécontenter les clients. La qualité n'est plus une affaire de techniciens ou d'ingénieurs. Elle est plus que jamais l'affaire de tous. Des commerciaux, des administratifs, des gestionnaires et, bien évidemment, des managers.

Y a-t-il un type de management ?

Il y a de nombreux modèles de management. Le management par les processus est une approche cartésienne et systémique qui consiste, *a priori*, à considérer l'entreprise comme une mécanique complexe et à l'organiser en conséquence.

Il n'y a évidemment pas un seul type de management. C'est comme si l'on affirmait qu'il n'y a qu'une façon de soigner les gens ou qu'une façon de sculpter ou de peindre. Par exemple, le management par les processus est un mode de management qui propose une approche organisationnelle cartésienne. Elle se justifie dans de nombreux cas, notamment dans l'entreprise car celle-ci fabrique du réel, du tangible, du concret, de l'identifiable, même si cela est un service immatériel. Il se peut cependant que d'autres systèmes demandent à être managés autrement, sans cartésianisme. C'est pourquoi il convient de ne rien affirmer dans ce domaine. Il ne faut pas confondre possibilité et certitude.

Le management par processus est seulement une des multiples approches possibles du management et il repose sur le principe de la logique, de l'analyse et du bon sens. Cela convient très bien aux entreprises, qu'elles soient commerciales ou de production.

Le management par les processus est une base du management. Il en est l'assise, partant du principe que, pour diriger, il faut d'abord comprendre. Il procède d'une approche systémique avec laquelle nous abordons l'entreprise comme un ensemble de micro-entreprises (sous-systèmes) qui fonctionnent les unes avec les autres sur la base de relations commerciales ordinaires. Nous souhaitons seulement, dans un premier temps, maîtriser les entrées et les sorties, connaître et établir les circuits de communication entre les ensembles et vérifier que le tout fonctionne efficacement et atteint sa finalité.

Dans la plupart des organismes, nous avons l'obligation de produire des résultats et de rendre des comptes. Les managers sont ainsi à la tête de machines à produire des biens matériels ou immatériels. Ils doivent en plus travailler en permanence à l'amélioration des performances de ces machines. Comment peut-on alors satisfaire à ces obligations sans comprendre parfaitement, avec une précision d'horloger, le mécanisme de ces machines ? Est-ce que les progrès que nous constatons par exemple dans le domaine de l'automobile ou de l'informatique auraient été possibles si les techniciens n'avaient pas la connaissance des mécanismes et des modes de fonctionnement de ces objets ?

Définitions de base d'un processus

La normalisation concerne aussi les mots et le langage. Les termes que nous utilisons dans le domaine de l'organisation prêtent souvent à confusion et il est important de convenir de leur signification dans notre réflexion.

Avant de parler de définitions, nous pourrions faire référence à la norme ISO 9001 version 2000 qui a largement contribué à promouvoir la nécessité d'une approche processus.

Par exemple : chapitre 0.2, *« Approche processus… Lorsqu'elle est utilisée dans un système de management de la qualité, cette approche souligne l'importance de considérer les processus en terme de valeur ajoutée, de mesurer la performance et l'efficacité des processus, d'améliorer en permanence les processus sur la base de mesures objectives… »*

Par exemple : chapitre 4.1, *« Exigences générales… L'organisme doit identifier les processus nécessaires au système de management de la qualité, déterminer les séquences et les interactions de ces processus, surveiller, mesurer et analyser ces processus… »*

Autrement dit, en plus de l'intérêt naturel de s'intéresser au management des processus, il y a une obligation de faire cette démarche pour tous ceux qui veulent un certificat ISO 9001-2000.

Qu'est-ce qu'un processus ?

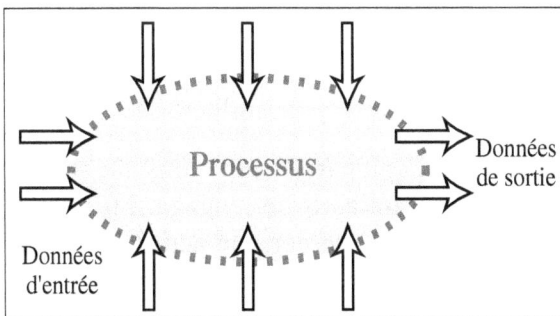

Un processus est un ensemble de ressources et d'activités liées qui transforment des éléments entrants en éléments sortants. Autrement dit, c'est une boîte noire qui a une finalité (les données de sortie) et qui, pour atteindre cette finalité, utilise des éléments extérieurs (les données d'entrée) et les transforme (en leur donnant une valeur ajoutée) par du travail et des outils (activités et ressources).

Qu'est-ce qu'une procédure ?

C'est une façon spécifiée d'exercer une activité.

Dans un processus, nous mettons en œuvre des activités qui transforment les données d'entrée en données de sortie. Pour maîtriser le processus, il suffit donc, en principe, de définir des façons de faire, des bonnes pratiques de travail (des procédures). Autrement dit, il suffit de préciser comment on transforme les éléments entrants en éléments sortants. Ce « comment », c'est la méthode. Maîtriser un processus, c'est d'abord disposer d'une méthode de travail.

En 1994 (pour la version 1994 de la norme ISO), c'était suffisant. En effet, cette version propose une liste de vingt processus standards qu'il faut maîtriser pour assurer la conformité d'un produit par rapport à un cahier des charges, pour garantir la conformité d'une prestation par rapport à un contrat.

En 2000, nous avons compris que cette façon de faire ne garantissait pas une réelle maîtrise de la totalité des prestations de nos entreprises. Cette liste de vingt processus était représentative des activités des entreprises de production d'objets en série. Aujourd'hui, l'enjeu a changé. Il ne faut plus seulement assurer la conformité des produits fabriqués, il faut désormais satisfaire les exigences du client. Cela signifie que nous pouvons identifier des nouveaux processus qui ont une incidence sur cette satisfaction. Par exemple la logistique ou l'accueil. De plus, nous avons constaté que tous les processus d'une organisation n'ont pas la même importance. Il y a des activités qui ont une incidence forte sur la satisfaction du client et d'autres qui sont moins influentes. Enfin, nous avons compris également que les interfaces entre les processus sont souvent des zones sensibles où les responsabilités sont mal définies. Il existe entre les fonctions et entre les services des sortes de no man's land de non-responsabilités.

Le terme de « procédure » signifie pour la plupart d'entre nous une notion d'écriture, de document formalisé. C'est un abus de langage. En réalité, procédure veut dire : « Manière spécifiée d'exercer une activité ». Or le mot « spécifié » signifie : « Exprimer de manière précise, déterminer en détail ». Donc, parler d'une procédure, c'est parler d'une méthode de travail. Dire qu'il existe une procédure signifie que pour faire un travail, il existe une méthode, une manière précise de l'exercer. Lorsque nous voulons parler d'un document ou d'une règle écrite, il convient d'employer l'expression « procédure écrite ». Dans ce cas, les normes ISO utilisent l'expression « procédure documentée ».

L'écriture est un outil pour pérenniser une méthode de travail ou pour lui donner un caractère plus officiel.

La maîtrise des processus passe par la mise en œuvre de procédures (méthodes) mais pas forcément par la formalisation de ces méthodes (procédures documentées).

Cette dernière option n'est à utiliser qu'en cas de nécessité car elle génère un travail de gestion documentaire qui peut prendre du temps et donc coûter cher.

Pourquoi établir une cartographie des processus

Avant de s'attacher à améliorer l'efficacité d'une organisation, il convient d'abord de la connaître. Nous devons donc au préalable établir une cartographie des processus composant notre organisme de façon à en comprendre le fonctionnement.

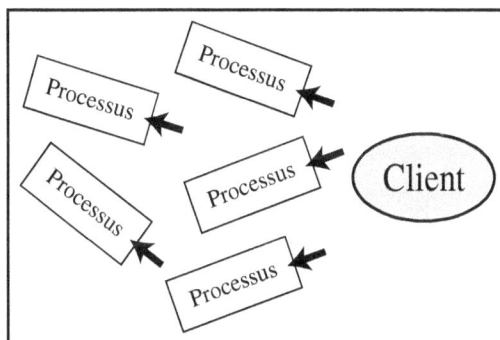

C'est la première étape de la mise en œuvre d'un management des processus. Avant de manager, il faut connaître et il faut comprendre. Pour cela, il convient bien entendu d'établir une liste des activités influentes sur la satisfaction des clients mais il faut aussi définir des liens entre elles. Les processus ne sont pas, comme nous l'avons cru jusqu'à aujourd'hui, des tranches de saucisson qui se juxtaposent simplement sans aucune relation. L'activité de l'entreprise ou de l'organisme est un flux, une dynamique de flux qui traverse notre boîte noire depuis les données d'entrée jusqu'aux données de sortie. Il y a donc une mécanique interne à comprendre, à définir puis à représenter (dessiner). L'expression graphique d'une cartographie des processus d'une entreprise n'est possible que lorsqu'elle est clairement appréhendée. C'est la juste application du proverbe qui dit que ce qui se conçoit bien s'énonce clairement.

Une cartographie est donc un plan qui identifie les processus (les rouages de la mécanique) et les interfaces (les points de contact entre les rouages) afin de montrer les liens opérationnels entre les données d'entrée et les données de sortie.

Nous pouvons faire l'analogie d'une cartographie avec le plan d'une montre par exemple qui permet d'en comprendre parfaitement le fonctionnement interne par rapport à sa finalité qui est de donner l'heure. Une cartographie peut être *a priori* un support graphique avec quelques compléments informatifs. Comme pour la montre, il faut un plan avec une nomenclature et des spécifications de marche.

Pour être plus clair, un management par processus aura pour fondement une cartographie. Elle sera utilement complétée par des cartes d'identité pour chacun des processus identifiés et par des contrats d'interfaces pour chaque relation entre processus. Les cartes d'identité sont semblables aux plans de détail des pièces constituant un ensemble. Les contrats d'interfaces sont semblables aux spécifications de fonctionnement.

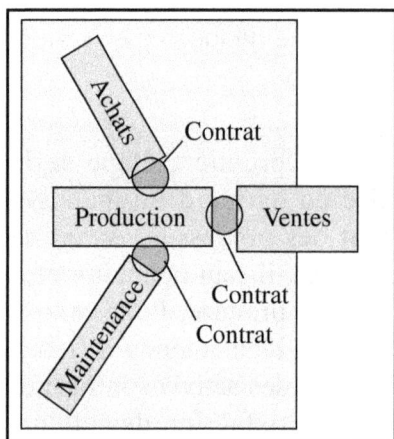

Les cartes d'identité des processus seront complétées, au besoin, par des règles de bonnes pratiques, écrites sous forme de procédures documentées.

Cette nouvelle approche explique d'ailleurs qu'il n'est plus forcément nécessaire d'écrire des procédures pour toutes les activités. En effet, aujourd'hui, nous devons d'abord préciser la finalité d'un processus puis mettre en place une mesure de performance. Dès lors que nous sommes capables de démontrer qu'un processus est capable d'atteindre sa finalité, il n'est pas toujours nécessaire d'expliquer comment il faut procéder pour y arriver. Auparavant, nous avions pris le problème un peu à l'envers. Nous écrivions des procédures pour expliquer une bonne pratique sans toujours avoir au préalable défini l'objectif à atteindre.

Les éléments du management par processus

La cartographie des processus c'est-à-dire l'identification des processus et la définition des interfaces est la première étape du management par processus. La seconde étape est la maîtrise du fonctionnement de chaque processus de l'organisme. Et enfin la troisième consiste à mettre en œuvre des actions de progrès permanent.

Donc la cartographie est la fondation du management. Nous pouvons ensuite passer à l'étape suivante qui est d'utiliser cette base pour nous aider à maîtriser une des ressources les plus complexes à gérer, les ressources humaines. Le management par processus ne prétend pas régler le problème mais il fournit un cadre à une meilleure affectation des responsabilités et une meilleure compréhension des missions et des rôles.

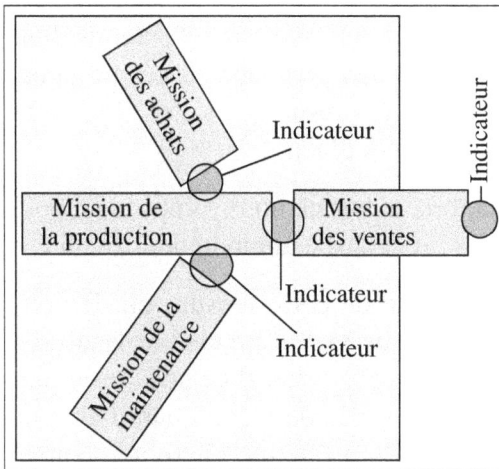

Une cartographie des processus définit des territoires qui fonctionnent les uns avec les autres. Chaque territoire (chaque processus), qu'il soit grand ou petit, qu'il représente une fonction ou un poste de travail est occupé par un propriétaire qui a pour charge de le faire fonctionner efficacement. Qui a pour mission de faire en sorte d'assurer sa finalité (la production des données de sortie) en mettant en œuvre efficacement les ressources dont il dispose. Cela permet donc d'asseoir des définitions de fonction sur des territoires parfaitement identifiés et surtout d'associer des définitions de fonction avec un principe de but à atteindre. La définition de fonction n'est plus comme nous l'avons souvent constaté une liste de tâches à assurer mais la description d'un territoire qui est confié à un responsable (un propriétaire) avec des ressources parfaitement identifiées, avec une finalité précise et des objectifs connus. Il nous appartiendra de compléter ces descriptions par des règles à appliquer, des modèles de comportement à respecter, des valeurs à satisfaire et des conditions ou des niveaux de savoir nécessaires pour disposer de définitions de fonction plus adaptées.

Notre système de management par processus est encore incomplet. Il ne lui manque plus qu'un mode de mesure de ses performances pour constituer une base organisationnelle efficace.

La mesure des performances d'un processus n'est pas toujours chose facile. Cela suppose que nous soyons capables d'en mesurer les données de sortie. Certains processus qui produisent des biens matériels nous offrent cette possibilité. En revanche, lorsqu'il s'agit de processus de service qui génèrent des données de sortie hétérogènes et différentes comme par exemple celles d'un processus informatique, la mesure est plus difficile. La norme ISO exige que, pour tout processus identifié, il y ait un système de surveillance. La mesure n'est pas une obligation. Il s'agit donc de vérifier ou plus exactement de surveiller que les processus identifiés fabriquent ce que nous attendons d'eux. Cela suppose que nous devons estimer à l'avance les résultats que nous souhaitons d'un processus, que nous devons planifier, autant que faire se peut, ces résultats (ces données de sortie) et que nous devons évaluer les résultats réellement obtenus. Il ne reste plus qu'à comparer les résultats réels aux prévisions et réagir en cas d'écart significatif. Lorsque la mesure de ces résultats est possible, nous mettrons en place un ou plusieurs indicateurs d'activités.

Ce système de mesure des performances, la norme nous l'impose en nous demandant de mesurer la capacité des processus à atteindre leur finalité.

Là encore, notre cartographie est la base de cette mesure ou de cette surveillance. Pour chaque processus, nous avons précisé la finalité à atteindre. Nous avons identifié les données de sortie. Il ne nous reste plus qu'à exprimer les principales données de sortie de façon quantifiable ou tout au moins mesurable, pour disposer d'indicateurs d'activité. Convenons de disposer d'au moins un indicateur par processus. Lorsque la mise en place d'un indicateur n'est pas possible, nous évaluerons l'activité d'un processus d'une autre manière, par exemple lors des audits internes.

Les niveaux de précision d'une cartographie

Le terme de processus peut s'employer indifféremment pour une entreprise ou pour un poste de travail. Le management des processus suppose donc que l'on maîtrise tous les processus, du plus grand au plus petit. Dans la réalité, il faut ajuster notre cartographie et le management au juste nécessaire.

Le mot de cartographie que nous utilisons n'est pas innocent. Il nous sert à nous repérer et à comprendre le chemin de nos activités.

Mais des cartes routières peuvent être dessinées à des échelles différentes, plus ou moins précises. Quelles échelles devons-nous utiliser ? Il n'y a pas de règle. Nous employons, pour comprendre notre organisation, une approche systémique. Il est inutile de vouloir régler le problème de la communication entre les processus élémentaires que sont les postes de travail. Cela signifierait que notre objectif est de définir un système de communication entre toutes les personnes de l'organisme. Mission impossible ! Il convient d'abord de nous occuper des grandes masses, des grands sous-ensembles de l'organisation. Les découpages en sous-ensembles existent dans la plupart des organismes. Ce sont les fonctions. Appuyons-nous donc sur l'organigramme pour commencer à établir une cartographie. Les grands dysfonctionnements sont entre les grandes fonctions.

Ensuite, si cela s'avère nécessaire, nous procéderons par approches successives, par zooms successifs jusqu'à ce que la précision permette une connaissance et une maîtrise suffisante de l'ensemble. Nous tiendrons compte également bien entendu de la taille de l'organisme. Pour se diriger sur une île de dix kilomètres carrés, il n'est pas besoin de cartes d'échelle différente. Pour comprendre la mécanique d'une société de cinquante personnes, il n'est pas besoin de cartographie à plusieurs niveaux. En revanche, si une fonction importante se compose de dix ou douze services différents, nous aurons peut-être alors l'obligation d'établir une cartographie de l'ensemble et de la compléter par une cartographie de détail.

Comme pour définir une machinerie complexe, nous produisons des plans d'ensemble et des plans de détail.

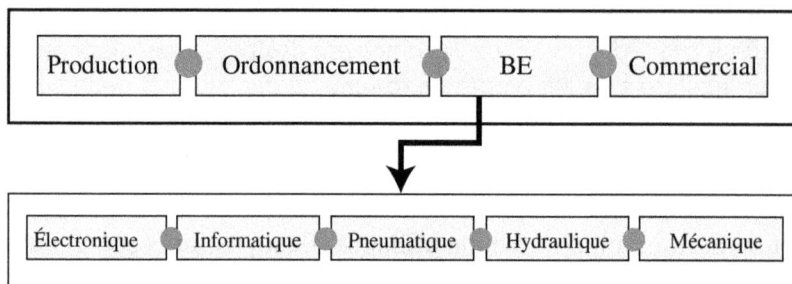

Il faut comme par le passé, lorsque nous avons décrit notre système de management de la qualité, éviter de tomber dans les excès de détails qui nuisent à la compréhension de l'ensemble. Dans une approche par processus, nous souhaitons être capables de mesurer l'efficacité de chacun d'entre eux. Cela veut dire que nous disposerons d'indicateurs d'efficacité qui montreront les performances et la capacité des processus à satisfaire leurs clients. En conséquence, ce sont nos indicateurs qui nous signaleront les points sensibles, là où peut-être, nous devrons préciser des modes de fonctionnement lorsque des problèmes demeurent.

Les méthodes que nous utilisons pour mettre en œuvre un système de management des processus et pour, au préalable, établir une cartographie sont les suivantes :
- Les relations bénéfiques clients/fournisseurs en interne
- L'analyse par l'aval
- La perception des finalités
- Le concept de territorialité

LA MÉTHODE ACTUELLE D'ANALYSE DES PROCESSUS

Les méthodes classiques d'analyse de processus, qui existent d'ailleurs depuis fort longtemps, ne conviennent pas à notre propos. Il est préférable d'adopter une autre approche dite « par l'aval ». La méthode par l'aval part du principe que l'organisme, l'entreprise ne fonctionnent que dans l'objectif de produire une prestation pour un client. Cette prestation, qui peut être un objet ou un service ou dans la plupart des cas une combinaison de matériel et d'immatériel, est la raison de vivre de l'entreprise. C'est pourquoi nous pensons que nous devons partir de la prestation et remonter la chaîne des activités, des processus qui ont conduit à sa réalisation. C'est, semble-t-il, la démarche la plus logique pour identifier tous les maillons et surtout pour identifier les liens qui les unissent, autrement dit, les interfaces.

Le processus était jusqu'à aujourd'hui synonyme de modes opératoires

Dans l'industrie, le terme « processus » concernait à l'origine essentiellement les processus de fabrication d'objets. De ce fait, lorsque nous analysons un processus, nous procédons de manière chronologique, du début à la fin. Cela semble en effet logique car chaque opération conditionne les suivantes.

L'approche « processus » d'une activité ou d'un groupe d'activités n'est pas récente. Tous les mécaniciens, techniciens ou ingénieurs l'ont apprise et appliquée à l'école, dans le cadre de l'enseignement des matières dites « technologiques ». Nous avons pratiqué l'analyse de processus lorsque nous avions à établir un mode opératoire. C'est un des outils des bureaux des méthodes dans l'industrie. Il s'agit de décrire les phases successives de la fabrication d'un objet ou d'un service, du début à la fin. On définit ainsi la méthode de production à mettre en œuvre à l'usage des ateliers. L'analyse doit également définir, pour chacune des opérations, les moyens utilisés, machines et outillage. Elle précise également les méthodes de travail à respecter, les réglages, les tours de main, etc. Bref, une gamme opératoire fournit en principe toutes les informations dont l'atelier a besoin pour réaliser un produit conforme aux spécifications et au moindre coût.

Le principe d'une analyse des processus ne peut être que chronologique en partant d'un début A situé dans le temps avant une fin B. En effet, les caractéristiques d'une opération quelconque dépendent souvent des choix techniques décidés aux opérations précédentes. Par exemple, il sera peut-être utile de procéder à un nettoyage d'une pièce après une étape salissante. Mais nous ne pouvons pas décider de cela tant que nous n'aurons pas opté pour telle ou telle façon de travailler qui salit plus ou moins. Autre exemple industriel, le choix d'une machine de coupe conduira peut-être à décider d'une opération de reprise ultérieure pour éliminer les bavures générées par la machine en question.

Ainsi, pour ces multiples raisons, l'habitude consiste à effectuer ces analyses phase après phase, dans l'ordre chronologique de réalisation des activités.

Exemple de gamme opératoire :

N° OP	Opération	Temps	Machine	Outillage
1	Débit	1.25	S25	Standard
2	Tournage ébauche	0.75	Krebs 32	Kit 56 T 34
3	Tournage finition	0.34	Krebs 31	Kit 58 F 45
4	Ébavurage	1.12	Manuel	Aucun
5	Fraisage	2.15	Tara CN	Kit 90 S 6
6	Rectification	0.84	Cyl 78	Meule JR 27
7	Nettoyage	0.09	Ultrasons	
8	Graissage	0.13	Manuel	Huile prolyte
9	Conditionnement	1.43	Cercleuse	Carton 4X4

L'analyse des modes opératoires peut conduire à des impasses

La méthode habituelle d'analyse des processus en commençant par les données d'entrée n'est pas la mieux adaptée à notre objectif. Bien sûr, c'est l'approche qui semble être la plus logique mais elle conduit à des impasses et surtout à une déformation des véritables finalités d'un organisme.

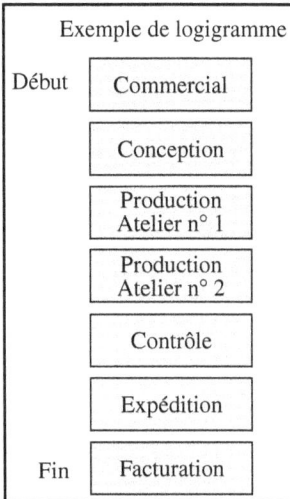

Exemple de logigramme	
Début	Commercial
	Conception
	Production Atelier n° 1
	Production Atelier n° 2
	Contrôle
	Expédition
Fin	Facturation

En ce qui concerne l'analyse des processus d'une organisation (entreprise, administration, association ou autre organisme), la tentation naturelle est bien évidemment de procéder ainsi, en démarrant par le début, autrement dit le plus souvent par une demande d'un client, un appel d'offres par exemple ou par l'entrée en stock des matières. Cela dépend du type d'entreprise auquel nous avons affaire. Si l'entreprise vend puis fabrique ensuite ou si, au contraire, l'entreprise fabrique d'abord et vend ensuite sur stock. Chaque étape nécessaire à la réalisation de la prestation demandée est identifiée puis décrite avec précision dans un document quelconque, une procédure, une instruction de travail ou un logigramme. Ces derniers sont le plus souvent utilisés à des fins de présentations simplifiées (voir schéma ci-dessus). Il semble en effet qu'un petit dessin soit préféré à un grand discours. Il est vrai qu'un enchaînement d'opérations est plus facile à saisir à partir d'un graphique que par la lecture d'un texte de procédure. L'établissement d'une cartographie des processus partira de ce postulat, à savoir que nous devons arriver simplement, sur un ou deux documents graphiques tels que des logigrammes, à expliquer la mécanique d'une organisation. Cela signifiera que nous l'aurons comprise et que, surtout, nous serons capables de l'expliquer aux autres à travers cette cartographie.

Les représentations graphiques habituelles ne permettent pas une compréhension globale de l'organisation

La représentation graphique d'une cartographie des processus est un modèle intéressant car il oblige à avoir une idée clairement perçue de la mécanique d'une organisation. Si nous sommes capables de dessiner l'organisme, alors nous sommes capables d'en comprendre le fonctionnement.

Pour en revenir à nos souhaits de décrire notre organisation tout en faisant œuvre de simplification et d'amélioration des performances, l'utilisation de la méthode classique d'analyse des processus nous a semblé difficile à mettre en œuvre. D'abord parce que le niveau de détail de l'analyse est important et qu'il est difficile à définir *a priori*. Par exemple, il est impossible de commencer par une cartographie des fonctions principales d'une organisation.

Elles n'ont pas de relation de flux et il n'est donc pas possible d'identifier les interfaces avec précision. Nous ne pouvons que les représenter à la manière d'un organigramme hiérarchique. Et cela ne résout pas notre souci de définir les interrelations entre les fonctions.

En outre, si nous commençons l'analyse à un niveau plus détaillé comme les processus de réalisation des prestations, cela conduit souvent à fabriquer des logigrammes complexes, difficiles à lire (voir schéma ci-après). Et puis, nous nous posons des questions délicates. Faut-il, par exemple, identifier les étapes de prise de décision ? Si nous répondons par l'affirmative, cela complexifie encore nos logigrammes car nous devons alors montrer les diverses possibilités qui font suite aux décisions. Mais quelle que soit la technique utilisée pour analyser et décrire un processus, il est d'usage de définir d'abord les données d'entrée, puis l'opération proprement dite, puis enfin les données de sortie.

Si nous appliquons cette approche pour établir notre cartographie des processus, ce qui est tout à fait possible, nous éprouverons d'autres difficultés à représenter graphiquement l'enchaînement des phases pour l'ensemble de nos activités. Si encore nous n'avions qu'un seul type de prestation, cela serait faisable. Mais dans la plupart des cas, nous produisons des dizaines d'objets ou services et notre mission devient impossible.

Exemple de logigramme

```
                    ┌─────────────────┐
                    │  Appel d'offres │
                    └────────┬────────┘
                             ▼
┌──────────────┐        ╱Faisabilité╲        ┌─────────────────────────┐
│ Info. client │◄──────╱            ╲        │ Cet exemple             │
└──────────────┘  Non  ╲            ╱        │ est très simplifié      │
                        ╲          ╱         │ car dans la réalité,    │
                         Oui │               │ il convient             │
                             ▼               │ de prévoir toutes       │
                    ┌─────────────────┐      │ les connexions          │
                ┌──►│      Devis       │      │ possibles               │
                │   └────────┬────────┘      │ à chaque étape          │
                │            ▼               └─────────────────────────┘
           Non  │   ┌─────────────────┐
                │   │     Client       │
                │   └────────┬────────┘
                │            ▼
                │      ╱Commande╲  Oui  ┌──────────────┐       ┌──────────────┐
                └─────╱         ╲──────►│  Lancement   │       │  Conception  │
                      ╲         ╱       │  outillage   │       │  outillage   │
                      ╲        ╱        └──────┬───────┘       └──────┬───────┘
                                               ▼                       ▼
          ┌──────────────────┐         ┌──────────────┐       ┌──────────────┐
      ┌──►│     Présérie      │◄────────│ Sous-traitance│       │  Fabrication │
      │   └────────┬─────────┘         └──────────────┘        │  outillage   │
      │            ▼                            ▼              └──────┬───────┘
 Non  │   ┌──────────────┐  ┌──────────────┐ ┌──────────────┐        ▼
      │   │   Client     │◄─│  Rapport de  │ │   Contrôle   │ ┌──────────────┐
      │   └──────┬───────┘  │   contrôle   │ │  réception   │ │    Essais    │
      │          │          └──────────────┘ └──────┬───────┘ └──────────────┘
      │    ╱Acceptation╲ Oui ┌──────────────┐   ╱Conforme╲ Oui
      └───╱           ╲─────►│  Production  │◄─╱         ╲───
          ╲           ╱      └──────┬───────┘  ╲         ╱
                                     ▼          Non
                    ┌──────────────┐ ┌────────────────┐ ┌──────────────┐
                    │   Contrôle   │►│ Conditionnement │►│  Expédition  │
                    └──────────────┘ └────────────────┘ └──────────────┘
```

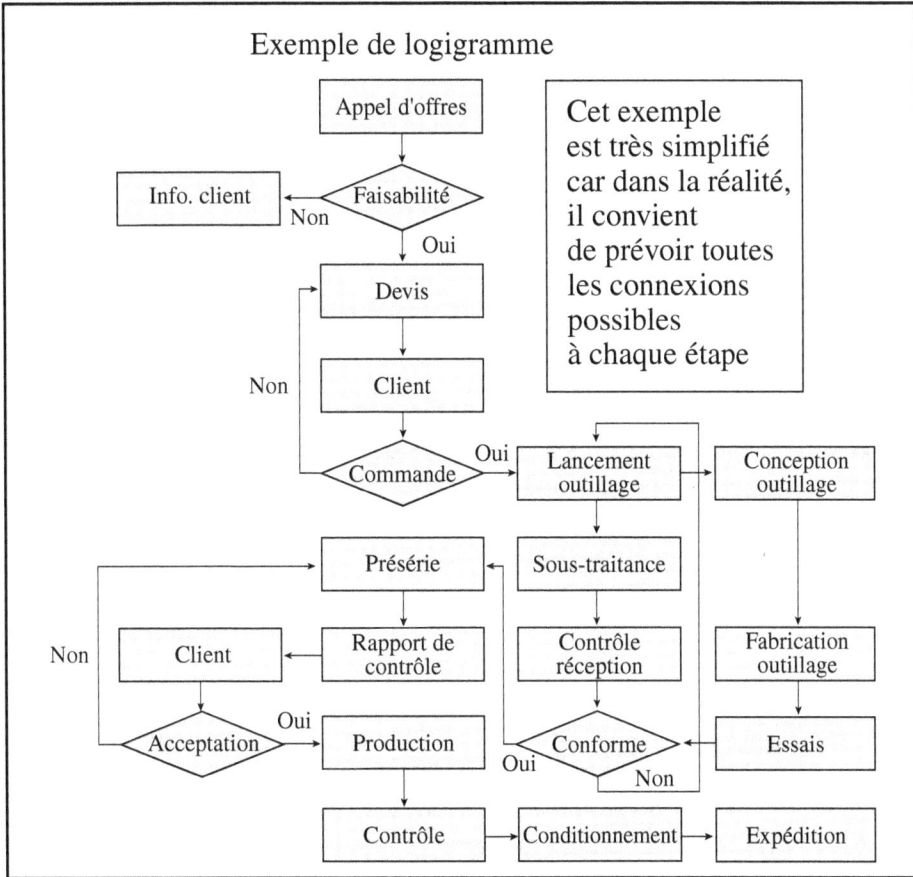

Notre construction de logigrammes ressemblerait à une expédition qui tenterait d'établir une cartographie d'un cours d'eau en débutant à partir d'une des centaines de sources dudit cours d'eau. À chaque confluent, nous serions obligés de retourner en arrière sur le nouveau ruisseau pour remonter jusqu'à la source puis redescendre encore pour retrouver le confluent. Notre voyage serait alors un incessant va-et-vient avec un risque important de se perdre en route si la cartographie est complexe.

La solution simple n'est pas dans la représentation des processus transversaux

Pour améliorer la communication entre les fonctions verticales, d'aucuns ont imaginé de réfléchir sur la base d'activités transversales, homogènes et qui utilisent des ressources dans toutes ou parties des fonctions verticales.

Les organisations par fonction ne communiquent pas efficacement

Il existe dans toutes les organisations des activités dites transversales (ou horizontales) par oppositions à celles habituelles, dites verticales. En effet, l'organisation classique par fonctions se représente comme une succession de colonnes (les fonctions) placées sous l'autorité d'un dirigeant. Nous avons déjà évoqué les difficultés de communication qu'ont engendrées ces modèles d'organisation où chaque fonction est devenue, au fil du temps, un territoire dans lequel les autres fonctions n'ont aucun droit d'ingérence.

Ces fonctions ont pris l'habitude de travailler sans trop s'occuper de ce qui se passe en dehors de leur territoire. Elles exécutent des tâches, souvent définies depuis fort longtemps et qui se perpétuent à travers les générations de collaborateurs. Pour pallier à ces modes de fonctionnement archaïques et fort peu efficaces, et considérant que de nombreuses activités traversent ces territoires comme des rivières traversent différentes contrées, il est apparu qu'il serait plus performant de reconsidérer l'organisation à travers ces activités transversales comme par exemple la création de nouveaux produits ou le traitement des commandes ou encore la mise à disposition de fournitures achetées. La création de nouveaux produits, par exemple, demande en effet un peu de ressources commerciales pour identifier les attentes et les besoins des marchés, beaucoup de ressources d'études pour la conception, un peu de ressources de production pour les essais et la mise au point de prototypes, un peu de ressources d'achats pour tester de nouveaux composants, un peu de ressources financières pour rechercher des fonds, etc. Il peut paraître tentant (et surtout logique) de créer de nouvelles entités, composées de ces ressources, de leur trouver un nom original (par exemple processus, pourquoi pas !), de rendre quelqu'un responsable des résultats de ces activités et de demander aux entreprises par le biais d'une nouvelle norme ISO d'agir et de s'organiser en ce sens. Cette approche engendre de nombreux problèmes de compréhension et surtout d'application car chacun interprète cette exigence à sa façon.

D'abord qu'allons-nous identifier comme processus ? Si nous lisons le référentiel ISO, nous pouvons nous limiter aux processus majeurs, ceux qui contribuent fortement à la satisfaction, aux exigences des clients. Nous pouvons donc y mettre deux ou trois activités de production (et de support et de management dont nous parlerons plus loin mais contentons-nous pour l'instant de réfléchir sur les processus de réalisation, les plus faciles à appréhender).

Qu'en est-il des interrelations entre processus ? Il n'y en pas beaucoup car souvent, la plus grande partie de l'activité se fait en interne, dans le processus. Hélas, les interrelations qui nous intéressent, celles qui unissent les fonctions à l'INTERIEUR d'un processus, celles-là n'ont pas à être identifiées. Or si nous souhaitons améliorer les performances d'un processus transversal, il faut agir DANS ce processus et traiter les problèmes de communication (d'interrelations) entre les ressources qui proviennent des fonctions verticales.

Donc, par cette approche transverse, le problème n'est pas réglé. D'autant plus que d'autres phénomènes que nous évoquons plus loin viennent perturber d'une façon très perverse notre beau concept de transversalité. Par exemple, le pilotage d'activités dont le pilote ne maîtrise pas les ressources. Par exemple, le fait que la totalité des processus n'est pas égale à la totalité des activités de l'organisme. Par exemple, la rivalité entre les responsables fonctionnels (verticaux) et les responsables opérationnels (transversaux). Par exemple, la difficulté à définir les processus de management (par exemple, la communication que la plupart des entreprises ne prennent pas en compte dans leurs cartographies est explicitement citée par la norme ISO 9001 comme étant composée de processus). Toutes les activités d'une entreprise ou d'un organisme sont corrélées et il est évident que toute tentative de réduire ces corrélations en un nombre restreint de contacts (les processus majeurs) ne résoudra pas le problème. L'exigence concernant les interrelations se réduit dans la quasi totalité des cas à des schémas, des matrices, des tableaux de correspondance à double ou triple entrées qui ne changent strictement rien dans les relations entre les personnes sur le terrain. Seule une approche par les systèmes peut apporter un peu de clarté dans l'organisation. Il convient de considérer chaque fonction comme une partie du tout, un sous-système du système et de tenter de représenter les interrelations à partir de chacun des sous-systèmes. Qu'est-ce qui entre et qu'est-ce qui sort de chacun des processus ? Qui utilise ce qui sort de notre processus, etc. Il est peut être vain de vouloir représenter dans le détail des corrélations complexes avec un dessin simple. Soit il y a trop de liens et nous ne comprenons strictement rien à la cartographie, soit il n'y en a pas assez et cela n'apporte rien dans notre compréhension de l'organisation.

La notion de processus tranversaux ne propose pas de solution pratique aux problèmes d'interrelations dans un organisme

L'approche processus qui préoccupe nombre d'entreprises a pour origine la nouvelle version 2000 du référentiel ISO. Nous devons être conscients qu'en l'absence de ce texte, elle n'aurait pas le succès qu'elle connaît actuellement. D'autant plus que, pour la plupart des entreprises concernées, l'intérêt d'une telle approche est discutable. Elle apporte surtout de la paperasse supplémentaire.

Or, il se trouve que la finalité souhaitée par la norme doit répondre à une problématique de base pour les organisations, celle de la communication interne. Comme nous l'avons évoqué à maintes reprises, cette communication de mauvaise qualité est à l'origine de presque tous nos maux et de tous nos dysfonctionnements. Tout le monde s'accorde à penser que le décloisonnement interne permettrait de meilleurs échanges entre les services et les fonctions de l'entreprise. La littérature sur l'approche processus affirme que nous devons désormais aborder l'entreprise non plus par ses fonctions (verticales) mais par ses processus (horizontaux). Comme dans le schéma ci-dessous, nous savons qu'un organisme se compose d'une succession de fonctions (verticales) et que la plus grande partie des activités de notre organisme a un mode de fonctionnement horizontal en empruntant des ressources aux fonctions verticales. Or il semblerait que la solution miraculeuse que nous cherchons tous est au bout de notre souris d'ordinateur. Il suffit de tirer un trait qui traverse les fonctions verticales, de nommer ce trait « processus », de lui affecter un pilote, et de demander à ce pilote de faire en sorte que tout se passe bien au cours de la traversée.

Direction — Assistante

| Commercial | Études | Moyens | Finances | Qualité |

Produit

Projet

Processus

Etc.

Les processus transversaux
sont des activités liées par une logique de finalité.
Ils font appel aux ressources de chacune des fonctions.

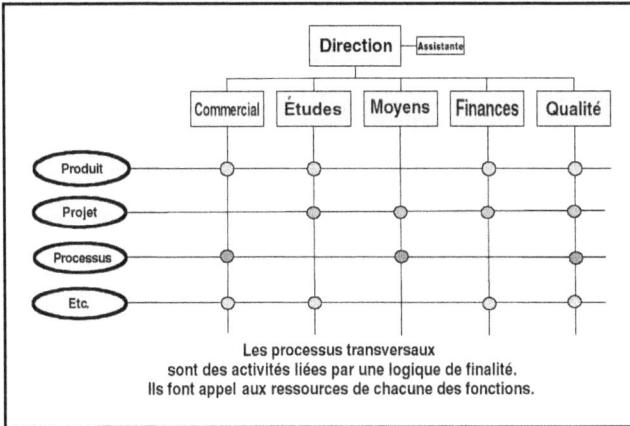

Nous avons un peu oublié que cette invention n'en est pas vraiment une car cette réflexion de transversalité existe déjà pour des produits ou des projets. Des entreprises s'organisent en lignes de produits avec, à la tête de chaque ligne, des chefs de produits responsables du développement et/ou de la vente de ces produits. Elle existe déjà pour des projets et beaucoup d'entreprises qui conçoivent ou qui travaillent sur des ouvrages uniques (génie civil par exemple) fonctionnent sur ce modèle d'organisation. Bien que ces modèles apportent effectivement une communication plus efficace, ils n'ont pas brisé, comme nous l'espérions, les barrières existant entre les fonctions.

En fait, un des inconvénients majeurs de ces organisations provient de la création d'une nouvelle hiérarchie. Les chefs de produits ou les chefs de projets sont désignés comme devenant les véritables managers, ceux qui décident des opérations dans leurs lignes de produits respectives ou pour leurs projets. Mais nous n'avons pas supprimé les anciens chefs, les responsables de fonction. Et ceux-ci ont encore des missions et des objectifs à atteindre avec les ressources qui leurs sont propres. Il existe de ce fait une opposition parfois forte entre ces responsables fonctionnels et les nouveaux responsables opérationnels qui ne disposent pas de ressource propre mais les empruntent aux fonctionnels.

Il n'est jamais bon pour une organisation d'avoir deux organes de commandement. D'autre part, en ce qui concerne les responsables de produits ou de projets, lesquels d'entre eux ont priorité pour faire fonctionner leur organisation ? Lesquels d'entre eux ont priorité sur les ressources mises à disposition par les structures fonctionnelles ?

Est-ce ceux qui ont les produits ou les projets les plus stratégiques, ou ceux qui ont les clients les plus importants ou bien encore ceux qui, comme auparavant, crient le plus fort ?

Loin d'apporter des solutions au problème de la communication, ces situations engendrent au contraire conflits, oppositions et antagonismes.

Adopter ce même mode d'organisation pour les processus n'apportera rien de plus positif et avec les difficultés que nous connaissons pour décider de ce que seront les processus dans nos organismes, nous ne sommes pas au bout de nos peines.

Que dire enfin des organismes qui travaillent en lignes de produits, qui travaillent aussi par projets, qui ont conservé une structure fonctionnelle et qui, aujourd'hui, sont obligés de mettre en place une approche processus. Comment va être la communication entre les chefs de produits, les responsables fonctionnels, les chefs de projets et maintenant les pilotes de processus ?

Comme dit un sage proverbe africain : « Il ne faut pas trop de crocodiles dans un marigot ».

Lorsque nous rencontrons des organisations par processus transverses, nous constatons la volonté des organisateurs de maîtriser complètement les processus d'un bout à l'autre de la chaîne. Pour cela, ils nous montrent des logigrammes qui expliquent dans le détail les pratiques transverses, les points d'entrée et de sortie de chaque fonction, etc.

Or nous avons déjà beaucoup de mal à tenir à jour les quelques procédures que nous avions formalisées dans nos anciens systèmes d'assurance qualité. Qu'en sera-t-il de ces monstres qu'au demeurant les acteurs, ceux qui y travaillent, ont parfois beaucoup de mal à comprendre ?

L'approche par les processus fonctions est plus rationnelle et plus simple

D'abord la convention qui nous induit à affirmer que dans notre organisation, les processus sont les fonctions existantes est conforme à la définition officielle des processus. Ensuite, il n'y a pas de problème compliqué d'identification des processus puisque nous nous calquons grosso modo sur l'organigramme existant. Ensuite, nous n'avons pas de problème de hiérarchie et de pilotage de processus puisque les pilotes sont les responsables hiérarchiques. Donc pas de concurrence interne, pas d'opposition pas de lutte d'influence. De plus, nous travaillons sur toutes les interfaces structurelles existantes puisque les problèmes de communication sont essentiellement des problèmes de personnes entre les responsables fonctionnels. Et puis, nous proposons une plus grande autonomie des processus fonction en ce sens que nous ne les obligeons pas à adopter des bonnes pratiques définies à l'avance et qui nuiront à la souplesse et à la réactivité. Dans un environnement changeant que chacun se plait à rappeler, il faut éviter les organisations rigides et figées par des procédures et des logigrammes compliqués. Chaque processus se comporte comme une mini entreprise et réagit aux sollicitations de ses clients tout en recherchant en permanence leur satisfaction.

Enfin, la plus grande partie des interrelations entre les processus fonctions est maîtrisée et améliorée grâce aux contrats d'interfaces et aux plans d'amélioration qui en découlent.

Pour ceux qui souhaitent encore avoir une vision plus large (transversale) des principaux processus de leurs organismes, nous pouvons leur proposer une approche de ce genre.

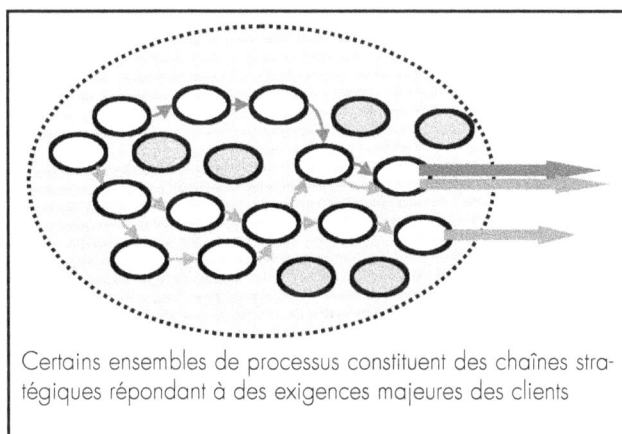

Certains ensembles de processus constituent des chaînes stratégiques répondant à des exigences majeures des clients

Nous posons comme postulat que l'organisme est constitué d'un certains nombre de sous-systèmes qui fonctionnent en interactions étroites les uns avec les autres. Ces sous-systèmes sont des fonctions naturelles et existantes de l'organisme. Les liens sont identifiés et maîtrisés par le biais des contrats d'interfaces. Il est vrai que certaines interrelations sont plus importantes que d'autres et ce, notamment dans des chaînes de sous-systèmes stratégiques. Par exemple, certains processus sont liés entre eux dans une *supply chain* qui unit les fonctions de ventes, de logistique et de production. D'autres peuvent constituer une chaîne de l'innovation ou une chaîne de la qualité des produits. Puisque ces chaînes, comme sur le schéma ci-dessus, constituent des enchaînements majeurs, nous pouvons leur apporter une attention particulière lors de la revue de processus. Nous identifierons dans nos contrats d'interfaces les données de sortie qui sont relatives à ces liens privilégiés et nous évaluerons avec encore plus de soin que les utilisateurs

successifs sont satisfaits et que l'amélioration se porte plus particulièrement sur ces processus et sur ces données de sortie.

Réflexion

Il semble que ce besoin de connaître le déroulement des activités du début
à la fin d'un processus soit devenu un passage incontournable pour la maîtrise d'une activité. Ainsi, il ne serait plus possible de faire du bon travail
sans avoir connaissance des tenants et des aboutissants d'une activité.

Cet argument nous est souvent opposé pour essayer de démontrer que notre approche par processus fonctions ne montre pas la totalité des enchaînements qui relient justement les fonctions. Par exemple dans une activité
de production, il conviendrait de faire apparaître, dans un schéma de processus, toutes les opérations successives. Nous devrions ainsi montrer les
commandes, puis les approvisionnements, puis la préparation puis la fabrication, puis la livraison, etc.

Cela est utile et même indispensable, nous dit-on, pour la compréhension
de l'ensemble.

Si je tiens ce raisonnement à une échelle macroscopique, je me demande
alors pourquoi, dans un processus de production d'un produit complexe
(une automobile ou une locomotive par exemple) nous ne procédons pas
ainsi. Il n'y a pas, à ma connaissance, de schéma global et complet de
processus qui partirait de l'extraction du minerai, jusqu'aux essais de la mo-
trice de TGV. Lorsque des audits de tierce partie sont réalisés, ils le sont
par entités successives. Nous n'auditons pas en une fois la chaîne complète de processus avec l'ensemble des sous-traitants qui participent à la production de l'automobile ou de la locomotive. Il est recommandé, là encore,
d'avoir une approche de type systémique c'est-à-dire d'identifier les entités
qui participent à la réalisation d'un produit, de vérifier le fonctionnement
de chacune de ces entités par rapport à la finalité globale puis de travailler
sur les interactions (ce qui ne se fait hélas pas encore pour ce genre de
chaîne).

La cartographie des modes opératoires doit être remplacée par une cartographie des contrats

La cartographie des flux que nous avons l'habitude de mettre en œuvre pour comprendre un mode opératoire est une approche analytique. La cartographie des contrats est une approche systémique. Celle-ci est préférable à la première pour atteindre notre objectif de communication entre les systèmes processus.

Nous ne devons pas oublier que notre objectif n'est pas d'établir une cartographie (c'est un moyen) mais de réduire les dysfonctionnements qui se situent aux interfaces entre les processus, c'est-à-dire dans un premier temps entre les fonctions.

Tout naturellement, nous utilisons donc une pratique connue qui est l'analyse des processus, celle mise au point pour établir les modes opératoires de production de pièces ou de prestations dans l'industrie et dans les sociétés de services. Cette pratique part du produit ou d'un élément de produit. Nous trouvons souvent des exemples d'analyses de processus qui concernent le traitement des commandes (voir schéma p. 58). Ce travail est une activité commune à toute société, cet exemple peut donc être compris par tout le monde. L'analyse de processus commence donc par l'arrivée de la commande et finit par le lancement en production ou par la production, peu importe. Entre ces deux étapes, la première du processus et la dernière, nous allons, par l'analyse, identifier toutes les opérations intermédiaires. Pour chacune de ces opérations, nous identifierons les responsables. Cela peut être des services ou des bureaux différents lorsque le produit, en l'occurrence la commande, suit son petit bonhomme de chemin. Nous identifierons ensuite les documents qui doivent être utilisés ou les divers imprimés qui doivent être remplis. Nous identifierons au passage, si cela est nécessaire, les machines ou appareils à mettre en œuvre. Nous prendrons surtout grand soin de montrer les passages du produit (la commande) à travers les différents services car nous savons que les problèmes sont là. Ce faisant, nous avons mis en évidence les diverses entrées et sorties de tous les bureaux et services rencontrés sur le chemin du traitement de la commande. En général, l'analyse s'arrête là. Hélas, nous avons bien identifié les étapes mais nous n'avons pas pour autant réglé les problèmes d'interfaces. Nous pourrions le faire pour ce processus-là bien sûr. Mais il y a autant d'interfaces que d'entrées et de sorties des documents liés à la commande, que de passages de ces documents d'un service à un autre. Ce serait déjà une tâche compliquée mais encore possible. Souvent pour cet exemple, nous avons des solutions proposées à cette fin. Mais le traitement des commandes n'est pas le seul processus de ce type. Il y a la réception des marchandises, le contentieux, le recouvrement, la facturation, l'achat des fournitures de bureau, la préparation des dossiers d'études, le traitement des non-conformités, etc.

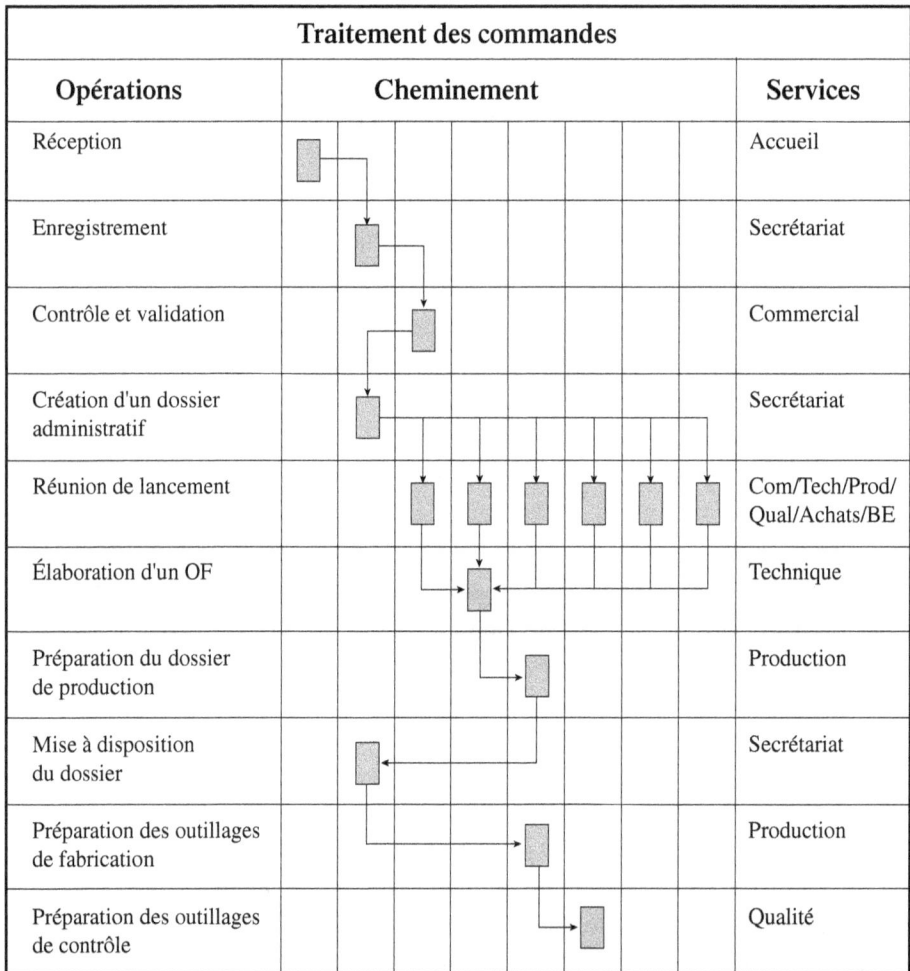

Traitement des commandes		
Opérations	**Cheminement**	**Services**
Réception		Accueil
Enregistrement		Secrétariat
Contrôle et validation		Commercial
Création d'un dossier administratif		Secrétariat
Réunion de lancement		Com/Tech/Prod/ Qual/Achats/BE
Élaboration d'un OF		Technique
Préparation du dossier de production		Production
Mise à disposition du dossier		Secrétariat
Préparation des outillages de fabrication		Production
Préparation des outillages de contrôle		Qualité

Nous pouvons au bas mot en citer quelques centaines, voire quelques milliers pour des entreprises de grande taille. C'est pour cette raison de multiplicité de processus de type « flux » que cette approche analytique est impossible. De plus, une majorité de ces activités est maîtrisée et ne pose pas de problème grave. Pour cela, il convient donc de décider d'une autre approche processus, systémique celle-là, qui nous fera prendre conscience des relations entre les fonctions en ce qui concerne les prestations fournies par chacune d'entre elles.

Et nous déciderons aussi que les interfaces qu'il conviendra de maîtriser sont celles qui concernent la transmission de la voix du client, autrement dit du contrat que nous avons passé avec lui pour lui vendre notre savoir-faire. Ce contrat, nous allons le transmettre de processus en processus, à travers la chaîne qui relie nos fournisseurs externes à notre client externe.

Autrement dit, les schémas d'analyse de flux, comme celui qui est montré ci-dessus, ont une utilité certaine pour comprendre le déroulement d'opérations mais pas pour améliorer les interfaces, les interactions entre processus.

Le client est le fil conducteur qui relie les processus

La voix du client est la logique qui relie tous les processus entre eux et c'est ce fil conducteur qui permet de remonter la chaîne des processus.

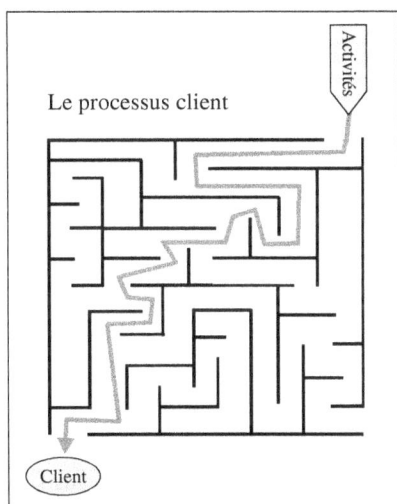

Le processus client

Activités

Client

Notre volonté de simplifier la représentation de la mécanique de notre organisation n'est pas satisfaite. Il manque, nous semble-t-il, un fil conducteur à l'analyse. Notre objectif est clair. La cartographie doit être le schéma de fonctionnement de principe de notre organisation. À la façon d'un plan de montre, par exemple, nous devons être capables de représenter les processus (les rouages et les divers éléments) et de montrer aussi comment tous ces éléments sont en contact les uns avec les autres pour atteindre la finalité de l'ensemble qui est de donner l'heure et la date. Ce qui nous gêne le plus, jusqu'à présent, est que notre raisonnement repose sur le déroulement des étapes. Nous nous référons à une « chrono logique » qui est celle de l'usage mais qui n'est pas adaptée à notre problématique. Notre fameux fil conducteur n'est pas le temps.

Notre fil conducteur (c'est l'œuf de Colomb) est bien entendu le client ou du moins ce qu'il nous achète. C'est lui qui déclenche les activités de nos processus. C'est pour lui que nous travaillons, dans l'unique but de lui donner satisfaction, de lui fournir une prestation correspondant à ses attentes et à nos engagements.

Très souvent, l'identification de la finalité d'un organisme ou d'une activité nous aidera à en comprendre la mécanique interne. Paradoxalement, nous fonctionnons sans nous poser de question sur l'objet de notre travail ou plutôt sur sa finalité. À quoi servons-nous ? Sans aller jusqu'à en faire des questions philosophiques ou métaphysiques du genre : « D'où viens-je ? Qui suis-je ? Où cours-je ? », nous interroger sur nos objectifs nous permettra de donner un sens à notre travail et nous aidera à être plus efficaces.

Dans le cas qui nous préoccupe, la finalité de notre organisme (si nous sommes dans une démarche de management de la qualité bien entendu), est la satisfaction du client. Notre organisation, en conséquence, se doit d'être orientée vers le client et, évidemment, notre cartographie des processus sera construite pour montrer cette logique et cette finalité.

Notre postulat affirme que toute activité dans l'entreprise, tout travail, toute tâche, ne se justifient que par leur contribution à livrer le client et à le satisfaire. Nous percevons donc, même de manière implicite, que nous faisons tous partie d'une chaîne, d'une succession de processus dont la finalité est de livrer au client une prestation conforme à ses attentes. Puisque nous éprouvons des difficultés à analyser les processus en partant des activités qui démarrent la production de nos prestations (les données d'entrée de notre entreprise), procédons à une analyse à l'envers. Analysons nos processus en commençant par le client.

En fait, à bien y regarder, ce n'est pas réellement une analyse à l'envers. Nous allons identifier la suite logique des déclenchements d'activités successives dans notre entreprise à partir de la commande du client qui est le déclencheur d'origine. Nous ne nous soucierons pas du flux de la production mais seulement du chemin emprunté par la voix du client à travers tous nos processus. Notre cartographie sera celle de la commande et non celle de la livraison des produits.

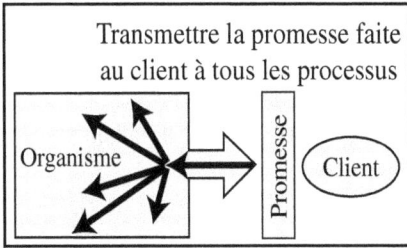

Notre modèle de cartographie se veut être une représentation d'une organisation. Une représentation parmi d'autres possibles. Comme il est dit en PNL (Programmation Neuro Linguistique) la carte n'est pas le territoire. La carte est une façon de représenter une réalité complexe. Tous les aspects d'une organisation ne peuvent figurer de façon exhaustive sur un petit document de format 21×29,7. Sur nos atlas géographiques, un pays sera présenté par sa carte géologique pour montrer son sous-sol. Il sera présenté un peu plus loin par sa carte physique avec ses fleuves, ses villes et ses montagnes. Il sera encore montré sous un jour différent par sa carte économique avec les productions spécifiques de chacune de ses régions. Nous pouvons aussi imaginer de le dévoiler encore un peu plus à l'aide de sa carte politique, etc. Le choix que nous avons fait pour représenter un organisme est la carte de la voix du client, autrement dit la carte de la commande (la carte du contrat). Les problèmes que nous souhaitons résoudre en maîtrisant les interactions entre les processus sont des problèmes de communication. Or la communication la plus importante est celle qui concerne la transmission de la promesse que nous avons faite au client. Comme dans toutes transactions, tout est joué au moment de l'acceptation du contrat. Les cartographies qui montrent un cheminement des produits à travers les processus sont moins intéressantes pour ce qui concerne les problèmes d'interfaces. Lorsque la livraison s'effectue, le contrat est déjà signé et les jeux sont faits.

Info flash. Un peu d'histoire des processus

Un processus répond, selon le dictionnaire, à deux définitions :

1. Enchaînement ordonné de faits ou de phénomènes répondant à un certain schéma et aboutissant à un résultat déterminé.

2. Suite continue d'opérations constituant la manière de fabriquer, de faire quelque chose.

Dans l'entreprise, qui est un outil de production d'objets, la notion de processus a d'abord tout naturellement concerné la méthode de fabrication de l'objet. C'est donc le mode opératoire de production et c'est la seconde définition qui a surtout été à la base de notre vocabulaire.

Si nous retrouvons la première version de la norme ISO, le modèle qui a été adopté en 1987 par la Communauté européenne, nous y trouvons un chapitre n°4.9 qui s'intitule « maîtrise des processus » et concerne bien évidemment le processus de fabrication.

La version 1994, au chapitre 4.9, parle encore de « maîtrise des processus » et précise dans le texte : « ...les processus de production, d'installation, et les processus relatifs aux prestations associées qui ont une incidence directe sur la qualité... ».

La version 2000, quant à elle, nous informe en préambule dans son chapitre introductif 0.2 que : « Toute activité utilisant des ressources et gérée de manière à permettre la transformation d'éléments d'entrée en éléments de sortie peut être considérée comme un processus. »

À partir de là, la norme considère quasiment toute activité comme faisant partie d'un processus. Nous pouvons donc identifier des processus de pilotage, d'actions correctives, de planification. Il est vrai qu'il est difficile d'imaginer que l'on puisse exercer une activité quelconque, même cérébrale sans répondre à la définition car le propre de toute activité est de transformer, de modifier quelque chose.

Hélas, cela ne nous permet pas d'appréhender facilement une approche processus car, si tout est processus, cela ne nous aide pas beaucoup à comprendre cette mécanique de l'industrie ou des organismes.

C'est pour cette raison qu'il nous est indispensable de faire des classements de processus par famille. Nous ne pouvons pas tout appeler « processus » sous peine de tout mélanger.

CHAPITRE 2

PRIVILÉGIER DÉSORMAIS L'APPROCHE PROCESSUS PAR LA VOIX DU CLIENT

LES PROCESSUS SONT LES SOUS-SYSTÈMES D'UNE ORGANISATION

Un organisme, quel qu'il soit (entreprise, association, administration, commerce, etc.), est un système complexe composé d'un ensemble de processus. Une démarche d'organisation conduit à analyser puis à combiner ces sous-systèmes de la manière le plus efficace possible. Le *Petit Larousse* donne la définition suivante de l'organisation : « Manière dont les différentes parties ou organes d'un ensemble complexe, d'une société, d'un être vivant sont structurés, agencés. »

La performance d'un organisme passe donc d'abord par l'identification des parties de l'ensemble (les processus), par la structuration de ces ensembles (cartographie). Avant de réfléchir à la réalisation d'une salle de bains dans une maison, il convient d'abord de réfléchir à la fonctionnalité de l'ensemble et des liens entre les lieux de vie.

De l'intérieur, notre perception de l'organisation est souvent partielle

En tant qu'élément d'un organisme, nous avons souvent des difficultés à nous représenter clairement le mode de fonctionnement de cet organisme. Comme lorsque nous sommes sur le terrain, nous n'avons pas une vue précise de la géographie des lieux. Il nous faut prendre de la hauteur.

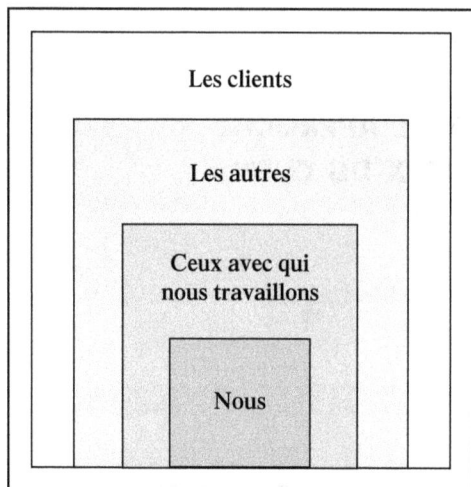

Les clients

Les autres

Ceux avec qui nous travaillons

Nous

Lorsque nous travaillons dans un organisme, nous y occupons une place précise. Nous sommes comptables au service financier, nous sommes ingénieurs au service méthodes, nous sommes employés au service du personnel, nous sommes opérateurs à l'atelier de production. Nous avons une vision un peu statique de l'entreprise. Notre horizon est souvent limité à nos proches voisins, aux services, bureaux ou ateliers situés à proximité immédiate. Nous ne percevons pas toujours que nous travaillons dans un flux, dans une chaîne d'activités, dans une suite de processus qui vont de nos fournisseurs à nos clients. Notre connaissance de l'entreprise se limite assez souvent (ce qui renforce cette vision statique des choses) à l'organigramme hiérarchique. Nous connaissons les directeurs et les chefs de service, nous connaissons parfois quelques personnes qui exercent dans des fonctions lointaines. Notre perception de l'entreprise est donc liée aux personnes qui y travaillent et que nous situons tant bien que mal dans l'ensemble. Beaucoup d'entre nous n'ont pas de culture économique ce qui génère une mauvaise compréhension des rôles et des missions de tous les collaborateurs d'un organisme. Les organigrammes, qui constituent nos points de repère, changent. Des fonctions nouvelles apparaissent, d'autres s'élargissent et absorbent des tâches effectuées ailleurs auparavant. C'est assez compliqué et assez flou. Dans une grande entreprise multinationale, les cadres comparaient les modèles d'organisation qui émanaient du siège et qui se succédaient tous les deux à trois ans à la lumière d'étoiles lointaines. Lorsqu'ils commençaient à comprendre une nouvelle organisation (à percevoir la lumière), l'organisation avait déjà changé (l'étoile était morte et avait disparu). Il existe, en management de la qualité, une approche qui consiste à s'immerger dans un milieu que l'on souhaite connaître. C'est le principe de l'aquarium. Si nous voulons percevoir le mode de vie des poissons dans un bocal, il faut nager avec eux. Ceci est sans doute très intéressant pour des études ethnologiques ou sociologiques, mais pour comprendre une entreprise ou un organisme, nous pensons qu'il est préférable d'avoir une approche de type systémique. Avant de plonger dans le bocal, il faut s'élever, prendre de la hauteur et constater qu'il n'y a jamais un seul bocal mais un ensemble d'aquariums parfois très nombreux reliés entre eux par un réseau complexe de tuyaux qui leur permettent de communiquer. Il faut comprendre d'abord les grandes fonctions mais surtout comprendre les liens qui les unissent.

Notre objectif final est de maîtriser nos organismes et de les aider à améliorer leurs performances. La plus grande part de nos ressources, celles qui comptent le plus sont les ressources humaines. Chacun d'entre nous doit contribuer au progrès si nous souhaitons obtenir des résultats intéressants. L'amélioration ne sera pas conséquente si elle n'est que le fruit des efforts de quelques-uns.

La maîtrise et la performance d'un organisme passent par la compréhension de son organisation et de ses valeurs fondamentales par le plus grand nombre. Chaque personne doit être capable de comprendre le fonctionnement de son entreprise, ne serait-ce que dans les grandes lignes. À cette fin, il est nécessaire de rendre ce fonctionnement compréhensible et lisible par tous. C'est un des objectifs principaux d'une cartographie.

Tous les processus sont liés entre eux dans un flux dynamique

L'entreprise est avant tout un flux d'activités. Entre les entrées et les sorties, il y a des courants qui transportent d'amont en aval les éléments entrants et qui les poussent vers la sortie au fur et à mesure des opérations qui leur ajoutent de la valeur.

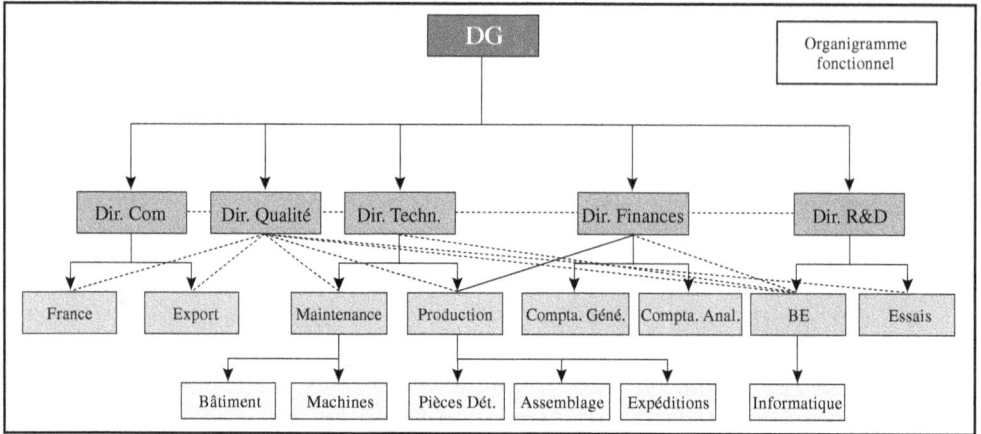

Nous avons un défaut capital. Nous essayons de comprendre un système complexe en éludant au départ son mode de fonctionnement majeur qui est un fonctionnement « fluxien », c'est-à-dire un mode dynamique. C'est comme si nous essayions de comprendre une maison d'habitation en analysant chaque pièce, la chambre c'est pour dormir, la salle de bains pour la toilette, etc. sans se préoccuper de la circulation entre les parties et de la disposition des parties entre elles. C'est notre mode de vie dynamique qui conduit la conception d'une maison. La position respective des éléments constitutifs d'une maison est importante. Toutes les maisons ont les mêmes constituants (plus ou moins riches) mais la disposition de ces constituants est spécifique à chaque maison. Elle dépend (ou devrait dépendre) du mode de vie de ses habitants. Il en est de même pour l'entreprise. Tous les organigrammes font apparaître à peu près les mêmes fonctions (finances, production, études, qualité, achats, etc.) mais rien ne nous renseigne sur les modes de relations entre ces fonctions. Nous avons bien, de temps à autre, des essais d'organigrammes fonctionnels mais ce sont souvent des organigrammes hiérarchiques sur lesquels nous avons mis des liens entre toutes les fonctions pour bien montrer que tout le monde communique avec tout le monde et que nous travaillons dans une entreprise ouverte et communicante. Le résultat de ces graphiques n'apporte rien. L'organisation en processus sur le mode client/fournisseur nous donne la clef d'accès (ou en tout cas une clef d'accès) à la compréhension du mode de fonctionnement d'une entreprise.

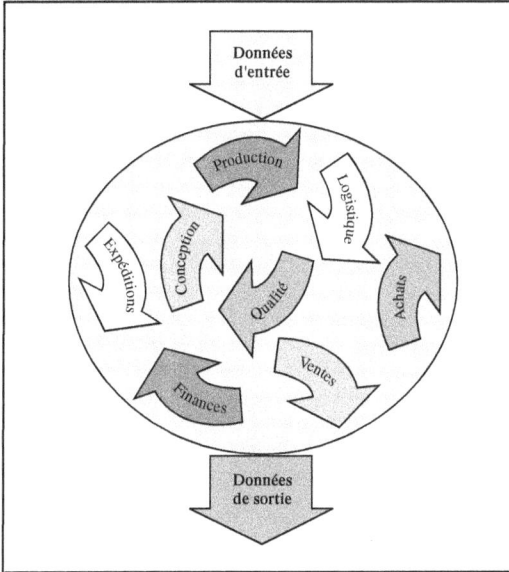

Toutes nos représentations devront s'exprimer sur un mode dynamique, c'est pourquoi nous utilisons des flèches. Un organigramme avec des rectangles ne donne pas une vision de cette dynamique. Et puis, nous avons la désagréable impression que les fonctions d'un organigramme s'ignorent. Elles n'ont pas de lien de communication, pas de point de contact visible. L'aspect visuel de notre approche est très important. Le postulat de départ est le suivant. Si nous réussissons à montrer graphiquement (et simplement) le mode de fonctionnement dynamique de l'entreprise et qu'un lecteur quelconque comprend parfaitement ce fonctionnement, c'est gagné. Nous affirmons que l'identification des processus est moins important que l'identification des liens entre les processus. L'organisation et, en conséquence, la performance de l'entreprise sont étroitement liées à cette connaissance et à la maîtrise de ces liens. Les processus, nous les connaissons. Du moins chaque personne d'un organisme qui exerce une petite responsabilité connaît les processus. Dans une entreprise de production, nous pouvons citer les méthodes, la maintenance, le service paie, le bureau d'études, les expéditions, etc. Dans un office d'HLM, nous pouvons citer le recouvrement, la gestion locative, la réhabilitation, etc. Les liens, nous les connaissons beaucoup moins et la cause provient de l'absence d'un modèle de communication.

La voix du client doit se transmettre dans tous les processus

Entre les entrées et les sorties d'un organisme, il y a toute une chaîne de processus qui participent à la réalisation du produit ou de la prestation offerte. Ce qui doit guider les activités de ces processus et leur volonté d'être efficaces, c'est la voix des clients. Il faut que les interfaces entre processus sachent la transmettre sans la déformer.

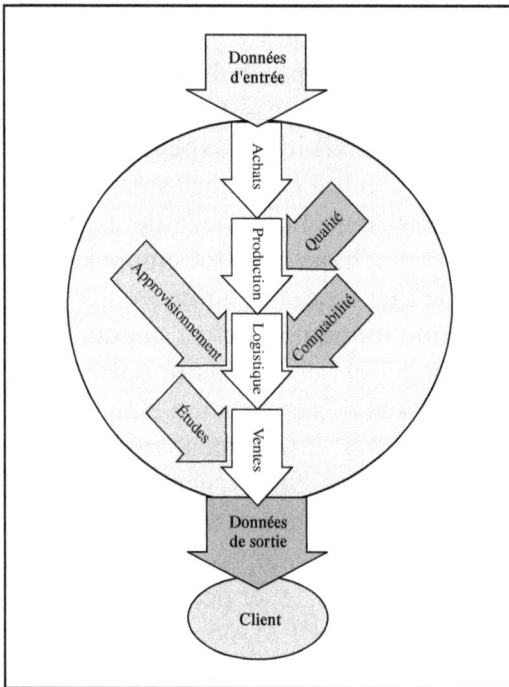

Bien entendu, tout le monde communique dans une entreprise. Aujourd'hui, les portes restent ouvertes. Les barrières entre les niveaux hiérarchiques disparaissent, aussi notre souci d'organisation nous fait rechercher des modèles difficiles à trouver. Nous mettons en œuvre des outils, la PNL (Programmation Neuro Linguistique), l'analyse transactionnelle mais il nous manque un schéma directeur de la communication. Un schéma ou un plan directeur qui donnera une voie à suivre. Cette direction est simple, c'est le client. Et la voix du client se communique à travers l'entreprise par le biais des relations entre processus. Notre guide, c'est la chaîne de processus et la relation client/ fournisseur en interne. Nous devons transformer un bouillonnement d'activités au sein d'un organisme en une suite logique d'activités dont la finalité est de servir le client. Notre souci du client ne doit pas empêcher d'autres formes de communication mais celui-ci doit être en permanence au centre de nos préoccupations.

La cartographie des processus peut se comparer à un squelette sur lequel viennent s'accrocher divers éléments physiques ou immatériels comme les muscles ou les organes. Cette ossature figurera les processus. Pour faire fonctionner tout cela il y aura le système sanguin et le système nerveux.

Ces éléments figureront les interfaces. Bien entendu, la cartographie et le management des processus n'est pas la solution à tous les problèmes de l'entreprise. Ce que nous ne pouvons pas maîtriser, ce sont les dysfonctionnements liés à l'esprit. Comme dans l'image du corps humain, nous pouvons disposer d'un ensemble en parfait état de marche mécanique et néanmoins présenter un fonctionnement déplorable parce que nous sommes déprimés ou parce que nous manquons de motivation. Tous ces aspects psychologiques échappent à cette forme de management bien qu'une mécanique en parfait état de marche soit un support indispensable pour que l'ensemble fonctionne correctement. Le management par les processus est le corps sain qui permettra d'accueillir l'esprit sain sans lequel il n'y a pas de résultat.

La cartographie par l'aval prend en compte la voix du client

Le client est à l'origine de notre activité. Il est l'aboutissement des données de sortie de notre chaîne de processus. Il est donc logique de commencer l'analyse par l'identification de ses attentes puis de remonter vers l'amont pour établir notre cartographie.

Le principe de base de notre réflexion sera donc de commencer notre analyse par le client, par l'expression de ses attentes et par le premier processus en contact avec lui (voir schéma ci-contre). Ensuite, nous remonterons le flux vers l'amont. Chaque processus doit être, en toute logique, le client du processus en amont. Pour établir la cartographie désirée, il nous suffira d'identifier les processus fournisseurs de chaque maillon de la chaîne à partir du client. Notre expédition d'explorateur partira alors de l'embouchure du fleuve pour remonter le courant et identifier toutes les sources.

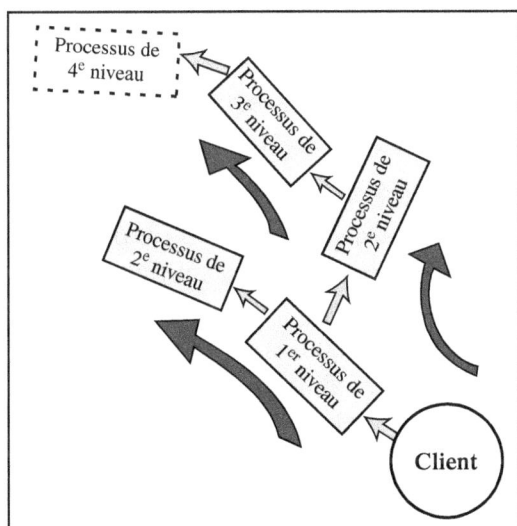

Ceci est le principe. Dans la réalité, les choses se compliquent un petit peu mais sans rien enlever à la nécessité de procéder ainsi.

La complication vient d'abord de ce que les clients ne sont pas les seuls générateurs d'activités au sein de notre organisme. Il y a aussi l'État par exemple, qui nous demande des comptes, que nous fournissons, par ailleurs grâce à nos services de comptabilité générale. Il peut y avoir aussi des organismes de tutelle ou bien encore des financeurs, si nous sommes une association par exemple. Il peut y avoir également une direction générale, si nous sommes filiale d'un groupe. Bref, avant de procéder à l'analyse proprement dite, il faudra d'abord identifier nos partenaires extérieurs, autrement dit toutes les entités qui génèrent des processus dans notre entreprise (processus déclencheurs d'activités). Ensuite, pour chaque partenaire extérieur, il conviendra d'identifier le type de prestation demandée et ensuite de procéder à l'analyse de chaque famille de prestations en utilisant la méthode par l'aval.

La technique à mettre en œuvre dans la méthode par l'aval est d'identifier d'abord les grandes masses de processus, les fonctions ou les services, sans entrer tout de suite dans un détail qui risquerait de nuire à la compréhension de l'ensemble. Mais cela relève des approches standards d'analyse et du simple bon sens qui nous demandent d'aller du général au particulier, de l'ensemble aux détails sans brûler les étapes. En résumé, la méthode par l'aval consiste dans un premier temps à identifier les partenaires qui déclenchent des activités à l'intérieur de notre organisme puis, en même temps ou à la suite de cette première étape, à identifier nos prestations. Il se peut que ces prestations soient déjà connues à travers un catalogue par exemple et que cette opération soit inutile. Les prestations ne doivent pas être considérées dans le détail mais par famille, par typologie. Une typologie de prestations engendre une typologie de processus. Pour cette raison, il sera certainement nécessaire d'établir une cartographie par famille de prestations.

Par exemple, une entreprise qui réalise de la production d'outillage, du négoce et de la maintenance présentera trois cartographies différentes, les activités internes engendrées par ces prestations étant différentes elles aussi. Il peut être nécessaire également de proposer deux cartographies pour une production de produits identiques mais en considérant deux approches différentes, celle du produit standard, déjà connu et déjà vendu et celle du nouveau produit pour lequel il y a nécessité de passer par des processus de conception et d'industrialisation.

LA CLEF DES PROCESSUS : LE CLIENT, L'USAGER, LE BÉNÉFICIAIRE

La finalité d'une activité est toujours définie par celui pour qui elle est destinée c'est-à-dire le client, le bénéficiaire. Toute la démarche d'organisation par processus ne doit jamais l'oublier. Nous parlons souvent de la voix du client qui doit guider notre travail et notre comportement. C'est une réalité mais encore faut-il que cela se traduise par une organisation construite vraiment sur l'écoute de cette voix. Entre nos fournisseurs (les données d'entrée) et nos clients (les bénéficiaires de nos données de sortie), il y a toute une chaîne de processus qui doit transmettre la voix du client sans la déformer et en éliminant toute forme de parasitage. Si le flux de nos activités est descendant, comme une rivière, il doit y avoir en permanence un fil qui transmet en remontant les besoins et les attentes de nos clients. Les interfaces entre les processus sont les nœuds de la communication où les risques de perte sont les plus critiques.

La mauvaise communication entre processus est source de dysfonctionnements

La maîtrise des processus et principalement des interfaces est avant tout un problème de communication. Pour éviter de tomber dans le piège de la communication absolue, nous devons convenir d'un certain nombre de principes qui serviront de base à notre modèle relationnel entre les processus. Nous parlerons ainsi de qualité entre les processus et de logique d'écoute de tous les clients.

L'analyse d'un organisme par les processus n'est pas une approche nouvelle. Par contre, tous ceux qui se sont trouvés confrontés à ce problème et qui ont fait des tentatives d'analyses de processus se sont souvent heurtés à la difficulté de représenter de façon simple et graphique la mécanique d'un organisme. Une entreprise (une PME par exemple) est déjà un organisme complexe. Sa représentation graphique n'est pas facile. Mais si nous nous attaquons à une multinationale ou à une administration, c'est quasiment mission impossible. Et nous trouvons en France de nombreux cas intéressants, par exemple des entités complexes sur le plan des effectifs, de la géographie, de la diversité des produits, de la situation de mutation économique et sociale, des avancées technologiques.

Notre souci est de manager par les processus, c'est-à-dire de les identifier, de les maîtriser et de les optimiser. Nous sommes perturbés dans l'accomplissement de cette mission par un certain nombre d'éléments parasites et, entre autres, par le concept de communication. En effet, nous savons que les problèmes majeurs que nous avons à régler sont aux interfaces entre les processus, autrement dit aux points de contact. Les processus ne sont pas des entités virtuelles. Ce sont des réalités avec des femmes et des hommes qui y travaillent et qui y occupent diverses fonctions. Les interfaces sont avant tout des interfaces de communication et les problèmes de communication sont avant tout des problèmes humains. Pour résoudre le problème des interfaces, il nous faut donc résoudre le problème de la communication et des relations humaines dans nos organismes. Ce n'est pas une mince affaire ! Pour avancer en ce domaine, car nous ne pouvons pas prétendre à des solutions magiques, nous devons restreindre le champ de notre problème. Les relations entre les personnes sont multiples. Aujourd'hui tout le monde communique avec tout le monde. Il y a donc des interfaces partout et dans tous les sens, de tous les côtés. Il n'est pas possible d'élaborer des règles de communication pour tous ces aspects. Notre volonté n'est pas de trouver une solution magique à ce problème. Pour trouver un embryon de piste permettant de réduire les dysfonctionnements d'interfaces (donc de communication) entre les processus, il nous faut nous rappeler la finalité de notre organisme et surtout de notre volonté et de notre choix de fonctionner avec un système de management de la qualité. Cette finalité est de satisfaire le client et pour cela nous avons appris qu'il fallait l'écouter, le questionner, nous mettre d'accord sur des exigences puis ensuite répondre à ces exigences de manière satisfaisante. En conséquence, de tous les aspects complexes du problème général de la communication, nous nous préoccupons surtout de la communication de la voix du client. C'est un souci essentiel puisque c'est cette voix qui nous fait travailler et gagner de l'argent.

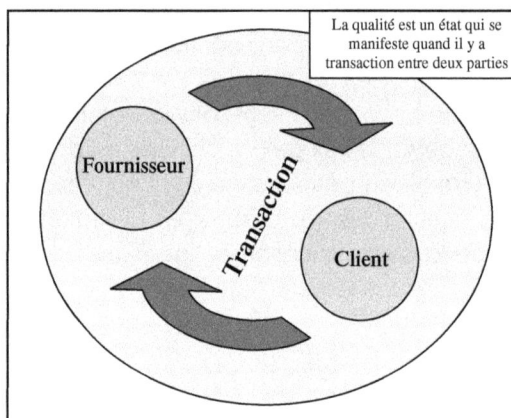

Ce choix de maîtriser la communication relative à la voix du client réduit considérablement notre champ d'action. Nous savons à peu près maîtriser la communication entre le client externe et notre organisme. Bien sûr, tout n'est pas parfait mais en appliquant les principes et les procédures de revue de contrat, nous améliorons la compréhension des attentes de nos clients. Nous essayons de ne plus lui faire de promesses intenables. Nous progressons et les réclamations clients diminuent d'année en année. Ce principe de qualité contractuel, il nous faut l'appliquer en interne entre les processus.

Nous avons choisi librement de mettre en place un système de management par la qualité car nous croyons que notre pérennité dépend de nos clients et de notre aptitude à les satisfaire. C'est le choix d'un mode de management et nous devons donc orienter notre travail d'analyse des processus en tenant compte de ce mode de management orienté vers le client. Ce qui guide notre fonctionnement, notre travail dans tous les services et à tous les niveaux, c'est la voix du client. Cette voix, il nous faut la conduire sans la déformer lors de son passage dans tous les éléments constitutifs de notre organisme, et le support de cette communication à travers la chaîne de nos processus sera la relation client/fournisseur en interne.

Nous devons mettre en œuvre les mêmes principes de qualité en interne qu'en externe

Nous connaissons et nous appliquons les principes de relations client/fournisseur avec nos clients extérieurs. Ce principe nous a permis de maîtriser nos relations et de réduire les réclamations et le mécontentement de nos clients. Il convient donc de l'appliquer en interne entre les processus de la chaîne.

La notion de qualité (encore un concept qu'il nous faut définir ou plutôt redéfinir pour des besoins didactiques), est un état qui se manifeste lorsqu'il y a transaction entre au moins deux parties. Une transaction c'est un échange d'éléments matériels ou immatériels. C'est toujours un échange. Si nous prêtons notre tondeuse à gazon à notre voisin, ce n'est pas une transaction unilatérale. Nous lui faisons en quelque sorte un crédit de service. Nous attendons, même inconsciemment, qu'il nous rende un peu plus tard le service offert sous une forme ou une autre. Les échanges de type « marchand » sont plus clairs. Nous fournissons des prestations et en retour nous avons de l'argent. La qualité totale se manifeste par la satisfaction totale de toutes les parties concernées par une transaction. Ces parties sont : le receveur (le client), le donneur (le fournisseur) et l'environnement c'est-à-dire tous ceux que les paramètres de la transaction peuvent affecter même s'ils ne sont pas partie prenante. Dans l'exemple précédent, cette dernière catégorie sera composée des voisins qui ne seront pas contents si ma tondeuse à gazon fait un bruit au dessus du supportable. Dans un autre exemple, ce sera le passant qui voit un emballage plastique dans la nature et qui se désole alors qu'il n'est ni fabricant ni consommateur de ce produit.

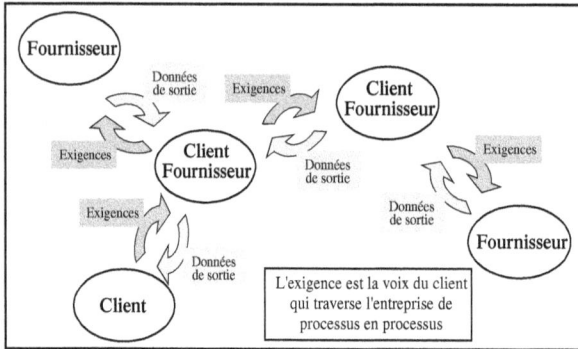

Plus modestement, nous nous attacherons à satisfaire d'abord dans un premier temps le client externe (le vrai) et le client interne (le vrai aussi) qui a la lourde tâche de transmettre la voix du premier. C'est d'ailleurs l'objectif du référentiel ISO 9001-2000. Par la suite, nous pourrons continuer sur notre lancée et nous attaquer aux autres parties de notre relation client/fournisseur.

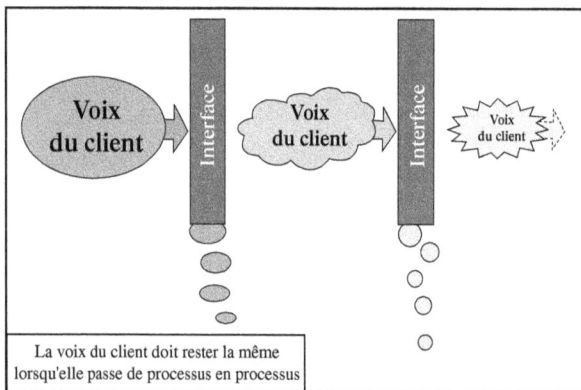

Nous devons continuellement avoir à l'esprit que la quasi-totalité des processus de notre entreprise ou de notre organisme fonctionne uniquement dans le but de fournir des produits ou des prestations à nos clients et de les satisfaire. Dans la grande chaîne de processus qui nous unit tous à nos clients, il nous faut essayer de ne pas déformer la voix du client, c'est-à-dire l'expression des exigences spécifiées. Or cette voix, elle traverse l'entreprise et va de processus en processus. Nous savons tous que la transmission d'une information se dégrade proportionnellement au nombre de relais. Nous connaissons tous le jeu qui consiste à dire une phrase à l'oreille d'un voisin qui, à son tour chuchote cette même phrase à l'oreille de son autre voisin, qui lui-même à son tour, etc. Lorsque la phrase initiale arrive à l'autre bout de la chaîne après avoir traversé une douzaine de cerveaux et avoir été transmise de bouche à oreille autant de fois, elle est complètement déformée et tout le monde sourit de ce phénomène. Sauf nous dans les entreprises car la déformation d'un message ou d'une information est toujours génératrice de dysfonctionnements et d'ennuis.

Proverbes

Capitaines en grand nombre et le vaisseau sombre. Tunisien.
Quand il y a plusieurs cuisiniers, la soupe est salée. Italien.
L'âne de la communauté est le plus mal bâté. France.

Nous devons donc repérer parfaitement le chemin emprunté par la voix du client et faire en sorte que cette voix ne perde pas de son intensité et ne perde pas de la qualité de son message. Tout travail dans n'importe quelle fonction, sur n'importe quel poste, partout dans l'entreprise est déclenché par la voix des clients, par l'expression de ses attentes transformées en exigences. C'est dire combien est importante la conservation de ces attentes. La transmission de cette information primordiale se fait donc de processus en processus par le biais des interfaces. Ce qui explique les problèmes qui surgissent à ces endroits. Les interfaces sont en fait des liens de communication entre les personnes. Nous parlons de processus et d'interrelations entre les processus mais nous devrions plutôt parler de nœuds de communication entre les personnes car les processus sont gérés par des personnes et les contacts aux interfaces sont encore des personnes.

Comment les attentes des clients peuvent-elles être perçues par un processus ?

La voix du client exprime ses attentes par rapport aux prestations qu'il achète aujourd'hui mais aussi par rapport aux prestations qu'il souhaite pour demain. Il convient que tous les processus écoutent ce double besoin.

Il y a deux catégories d'attentes. D'abord celles qui sont exprimées lors de l'établissement d'un contrat pour une affaire. Ces attentes sont donc transformées en exigences par le service commercial avec l'assistance éventuelle d'autres processus plus techniques. Ensuite, la voix du client est transmise au travers de l'entreprise par la chaîne des processus et par le biais des contrats d'interfaces. La voix du client concerne donc ces attentes contractuelles.

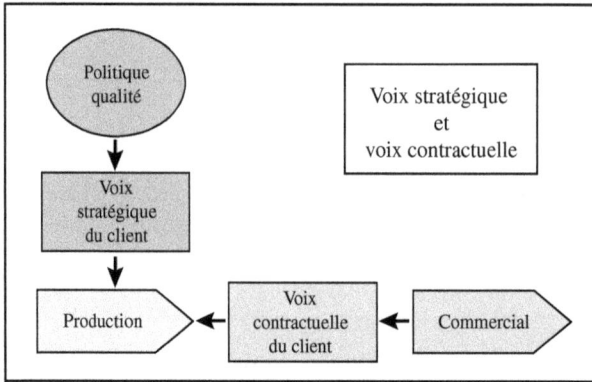

Il existe une autre catégorie d'attentes, celles qui sont recueillies au niveau du marketing et de la direction (voir exigence n° 5.2 du nouveau référentiel ISO 9001 version 2000). Ces attentes concernent les besoins plus généraux des clients et surtout les orientations futures souhaitées par les marchés. Ces attentes, lorsqu'elles seront identifiées de manière fiable, serviront de base à l'élaboration de la politique qualité de l'entreprise et à l'établissement d'objectifs qualité. La politique qualité de l'entreprise matérialise la seconde voix du client, celle qui vient d'en haut et qui doit servir de guide aux actions d'améliorations mises en œuvre dans chacun des processus.

Cette seconde catégorie d'attentes est extrêmement importante elle aussi car elle concerne le devenir des organismes. Aujourd'hui, tout va bien. Nous avons des clients et ils sont plutôt satisfaits mais nous devons aussi nous préoccuper de ce qu'ils attendront de nous demain.

Ces attentes stratégiques sont perçues dans tous les processus et par l'ensemble du personnel par le déploiement de la politique qualité. Ce déploiement des attentes des clients et la mise en œuvre de la politique qualité et des orientations de changement sont évalués lors des actions d'audits internes.

Au niveau des processus d'opérations, ces attentes des clients, si elles sont déformées ou mal perçues, ne génèrent pas de dysfonctionnement. Les interactions entre les opérations et le management ne posent en général aucun problème au présent, c'est-à-dire sur la prestation fournie au client. Dans notre cartographie des processus, nous nous préoccuperons de l'aspect opérationnel et contractuel de nos relations avec le client via les processus de management opérationnels (ceux du présent) et de l'aspect politique qualité via les processus de management stratégiques (ceux du futur).

LE PRINCIPE DE LA RELATION CLIENT/ FOURNISSEUR EN INTERNE

Les relations client/fournisseur que nous connaissons parfaitement et que nous mettons en pratique avec nos partenaires extérieurs ne sont que trop rarement appliquées en interne. Ce modèle de relations est une des composantes essentielles de la méthode par l'aval. Dans la vie courante, hors du bureau, de l'atelier ou du chantier, nous pratiquons la relation client/ fournisseur de façon courante, instinctive car c'est un mode de communication qui existe depuis des millénaires. Or, dans nos organisations, ce principe est souvent abandonné pour d'autres modes de relations fondés sur le pouvoir hiérarchique, sur le savoir et sur l'absence de responsabilité. Pour remédier à cet état de fait, chaque processus doit être considéré comme une micro-entreprise et doit gérer ses relations avec les autres micro-entreprises sur la base de ce principe client/fournisseur. Cela établit clairement les responsabilités de chacun des partenaires.

La relation client/fournisseur est fondée sur le principe de responsabilité

La relation client/fournisseur est une relation normale qui existe depuis le début de l'humanité. Ses principes de bases que sont l'honnêteté et la responsabilité doivent être respectés dans les relations internes entre processus.

Le commerce est certainement le plus vieux métier du monde. L'échange entre les individus, le troc ont été à l'origine de rites, de règles et de coutumes qui sont encore appliqués aujourd'hui. Le principe de la « revue de contrat » des normes ISO 9001 des versions précédentes, reconduit dans la version 2000 sous le nom « client » n'est autre que le principe du contrat tel que le pratiquent les commerçants et tous ceux qui opèrent des transactions quelconques.

Ce principe est le suivant :
- **Intérêt réciproque.** Chacun découvre ce que l'autre peut lui apporter.

- **Expression de ce que veut le client.** Le client exprime ses attentes. Il jette les bases de la transaction.
- **Discussion, négociation, marchandage.** Chacun essaie de défendre ses intérêts. Jusqu'à cette étape, rien n'est définitif, rien n'est scellé et chaque partie peut arrêter la discussion sans problème.
- **Contrat.** Les engagements sont définitivement scellés.

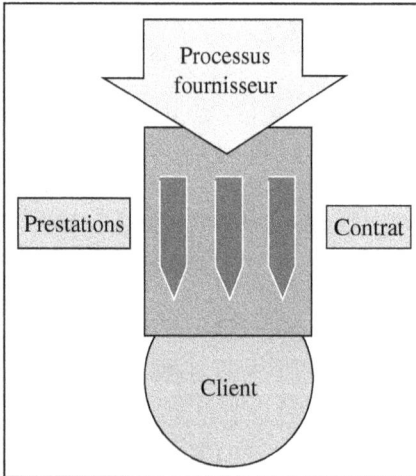

Au cours de ces diverses phases, il convient de respecter des règles d'honnêteté. Même si l'une des deux parties est lésée, lorsque le contrat est signé, il faut le respecter. Un contrat est un engagement qui scelle une promesse réciproque. Il signifie : « Nous avons convenu d'un échange et nous sommes tous les deux d'accord sur les termes de cet échange et nous n'y reviendrons plus. »

Chez nous, le contrat ne se formalise pas forcément. L'accord se symbolisait autrefois par une poignée de main ou par un rituel de coups frappés dans les paumes des mains ou bien encore par certains échanges de phrases consacrées (cochon qui s'en dédit).

Cette habitude, qui se comprenait pour des relations entre personnes de connaissance, bien qu'en perte de vitesse, est encore en usage dans certaines régions. Les contrats écrits font injure à l'honnêteté des contractants.

Une autre règle que l'on oublie parfois hélas et qui se devrait d'être respectée est la tenue des engagements. Dans une transaction, nous avons tout le loisir de discuter et de négocier AVANT le contrat, mais lorsque celui-ci est scellé, les deux parties doivent tout mettre en œuvre pour respecter leurs engagements. Le premier, de livrer la marchandise conforme aux termes du contrat et le second, de payer ce qui a été convenu dans le délai convenu.

Combien d'affaires sont prises aujourd'hui alors que le vendeur sait qu'il ne respectera pas le contrat ? Par exemple le délai souhaité par le client est impossible à tenir mais l'on signe l'affaire pour ne pas la laisser échapper.

Ces principes de relations client/fournisseur en interne reposent donc d'abord sur la redécouverte de ces règles et sur leur respect.

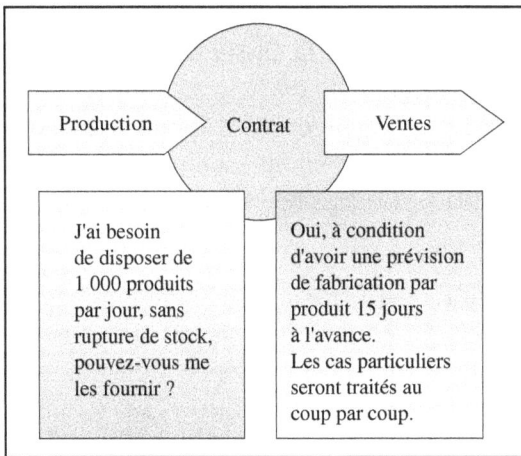

Il ne faut pas oublier que ces pratiques nous sont familières. Nous les connaissons depuis que le monde est monde et nous les pratiquons tous, quotidiennement, avec nos propres clients lorsque nous sommes commerçants. Nous aurons donc à cœur de les appliquer dans l'entreprise de la même manière, en respectant les mêmes règles qui ne sont que des usages pleins de bon sens et de respect de soi et des autres.

Le principe de la revue de contrat chère à la norme ISO sera notre modèle en interne. Nous le connaissons parfaitement, nous le pratiquons tous les jours, nous l'appliquerons pour nos relations client/fournisseur entre processus.

Nous pouvons rappeler quelques éléments de cette exigence de la revue de contrat qui ne sont que la formalisation du bon sens et des usages historiques du commerce.

Un contrat ou une offre engagent le fournisseur. Si le client accepte l'offre et passe commande, le fournisseur est tenu de fournir la prestation décrite dans l'offre. C'est donc à lui de prendre toutes les précautions possibles pour que l'offre réponde aux attentes de son client et à ce qui a été négocié entre les deux parties. En cas de problème, c'est le client qui a raison le plus souvent, d'autant plus que c'est lui qui tient les cordons de la bourse et qui se réserve le droit de ne pas payer son fournisseur si la transaction ne lui convient pas ou s'il y a un problème.

La norme explique donc que le fournisseur a tout intérêt à « revoir » le contrat avant de l'accepter et de le signer. Il convient de le revoir afin de vérifier que toutes les attentes du client ont été identifiées. En effet, le client est réputé « non-sachant » et de ce fait, il ne sait pas toujours ce qu'il veut et il ne connaît pas bien les contraintes du métier de son fournisseur. Il ne donne pas les bonnes informations, il n'explique pas précisément ses besoins. Le questionnement du client est donc de la responsabilité du fournisseur.

Ensuite, lorsque toutes ces attentes ont été, en principe, identifiées, il convient ensuite que le fournisseur en étudie la faisabilité (revue des exigences). Il doit alors transformer ces attentes en exigences spécifiées, lesquelles constitueront le contrat et les engagements réciproques. La revue des exigences par le fournisseur avec son client est en quelque sorte la phase de marchandage. On discute : « Cela je peux le faire, par contre je ne peux pas réaliser cela. »

En interne, ce principe de la discussion devra être appliqué bien que ce ne soit pas dans les habitudes de l'entreprise car il n'est pas d'usage de discuter (ne cherche pas à comprendre, obéis !). En l'absence d'une logique de communication en interne, c'est la loi de la jungle qui règne. Comme nous avons tous des missions à accomplir, des tâches à réaliser, des objectifs à atteindre, notre comportement d'individualiste reprend le dessus. Nous devons être efficaces dans notre travail quotidien et pour cela notre mode de communication vise essentiellement à faire pression sur les autres, à cacher de l'information pour nous protéger. Nous faisons montre alors de comportements irrationnels qui tendent à favoriser l'individu au détriment de l'ensemble et surtout au détriment du client. C'est ainsi que les relations qui président et qui régissent les modes de communication sont des relations de pouvoir (je suis le chef et vous devez obéir sans discuter), des relations de savoir (je suis ingénieur et je sais ce que vous devez faire), des relations d'amitié (est-ce que tu peux m'aider à faire ce travail sinon je vais avoir des ennuis), etc. Pourquoi adopter des modes de relations différents de ceux auxquels nous sommes habitués dans la vie courante dans nos actes d'achat et de vente ? Nos entreprises, nos organismes sont constitués de chaînes de processus qui travaillent les uns pour les autres dans l'objectif de fournir des prestations à nos clients externes. La relation qui doit être mise en pratique est bien une relation du type client/fournisseur. L'avantage majeur de disposer d'une cartographie des processus dont le mode de fonctionnement de la chaîne est la relation client/fournisseur en interne est de nous imposer des principes relationnels connus. Dans une relation client/fournisseur, c'est-à-dire dans un échange entre deux processus, il y a obligatoirement un client et un fournisseur. Ces statuts confèrent à chacun des partenaires des droits et des devoirs définis et connus. Ce sont les règles ancestrales du commerce. Une relation client/ fournisseur ne s'opère pas n'importe comment. Un des intérêts d'adopter ce mode de fonctionnement est qu'il nous est familier. Nous l'utilisons quotidiennement depuis des milliers d'années. Nous connaissons tous, même de manière inconsciente nos devoirs et nos droits dans une relation avec un client ou avec un fournisseur. Nous connaissons assez bien nos limites de responsabilités réciproques. Nous savons que si nous commandons ce matin, pour cet après-midi, deux mille croissants à notre boulanger, il ne pourra pas les fabriquer. S'il nous oppose un refus, nous trouverons son attitude normale et ce n'est pas cela qui nous conduira à changer de fournisseur de croissants.

En revanche, si nous commandons deux mille croissants pour la semaine prochaine et que notre boulanger a accepté cette commande, nous n'accepterons pas qu'à l'heure dite, les croissants ne soient pas disponibles.

La référence aux pratiques du commerce et l'analogie des comportements dans nos organismes et à l'extérieur permet de trouver des arguments pour changer les attitudes notamment vis-à-vis de la notion de responsabilité. Lorsqu'un artisan ou un commerçant, et *a fortiori* une entreprise, vend une prestation ou un objet à un client, il y a un transfert de responsabilité. Jusqu'à la signature du contrat et surtout jusqu'au paiement du produit vendu, l'objet appartient au fournisseur. Lorsqu'il est payé, il appartient au client. La notion de propriété est indissociable de la notion de responsabilité. Avant paiement c'est l'artisan qui est responsable. Il est responsable de l'objet ou de la prestation, c'est-à-dire qu'il est responsable de tout ce qui constitue le produit vendu. Il assume les résultats de son travail à lui et de celui de ses fournisseurs. Lorsque nous sommes dans notre organisme, nous devons absolument fonctionner de la même manière, sur le même principe. Nous ne sommes pas seulement responsables de notre seul travail mais nous sommes responsables de ce que nous livrons à nos processus donneurs d'ordres et utilisateurs. Il ne doit pas y avoir d'ambiguïté à ce sujet.

Les règles et principes de la relation client/fournisseur

Les règles générales et les usages du commerce font que dans une transaction, le fournisseur est réputé « sachant ». Il est responsable des processus qui sont en amont. Il doit discuter avant de s'engager mais pas après et il a le droit de refuser une demande.

La règle du « sachant »

Dans une relation client/fournisseur, le client est celui qui déclenche l'activité chez son sous-traitant c'est-à-dire chez son fournisseur. Comme dans la vie courante, lorsqu'un client se tourne vers un fournisseur pour acheter quelque chose, il s'adresse à un spécialiste qui va lui fournir un bien ou un service que souvent, il ne sait pas faire lui-même. C'est donc une relation entre un « non-sachant », le client et un « sachant », le fournisseur. Le fournisseur a donc une obligation envers son client, celle de répondre à son besoin le plus juste possible. Le fournisseur sera un escroc s'il profite de l'ignorance de son client pour lui vendre une prestation qui ne lui convient pas sous prétexte de lui extorquer encore plus d'argent. Bien entendu, dans l'entreprise, lorsque nous travaillons sur les processus internes, il y a rarement des liens d'argent. Les relations client/fournisseur en interne ne reposent pas sur des échanges financiers mais cela n'enlève en rien la nécessité de respecter les règles pratiquées à l'extérieur comme l'honnêteté ou le respect des promesses faites.

Donc, la première règle est d'affirmer que, dans une relation client/fournisseur en interne, le fournisseur est réputé « sachant » et le client « non-sachant » et que, de ce fait, une transaction à problème est de la responsabilité pleine et entière du sachant autrement dit du fournisseur.

La règle de la responsabilité amont

Une autre habitude en usage dans le secteur commercial, que l'on oublie facilement en interne, est celle du cumul des responsabilités.

Lorsque j'achète un objet, par exemple un meuble et que ce meuble n'arrive pas dans les délais souhaités, je m'adresse à la société qui me l'a vendu. Et si celle-ci me répond que c'est son propre fournisseur, le fabricant dudit meuble qui a des retards de production, je réponds à mon vendeur que cela n'est pas mon problème mais le sien et qu'il est prié de faire le nécessaire pour que la situation s'arrange. Je ne connais qu'une

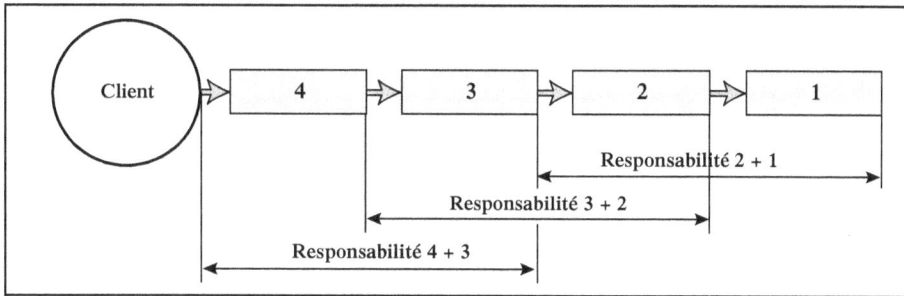

tête, celle avec laquelle j'ai signé le contrat et en signant ce contrat, mon fournisseur assume la responsabilité de respecter les termes du contrat. Cela est applicable dans tous les cas et si mon vendeur n'est pour rien dans le retard, il en est malgré tout responsable. Cette règle est capitale car elle incite chaque fournisseur à assurer ses arrières en sélectionnant ses propres fournisseurs.

En interne, combien de fois entendons-nous : « Ce n'est pas ma faute car c'est lui qui m'a donné une fausse information. »

Dans ce cas, ce n'est effectivement pas sa faute mais cette personne est néanmoins responsable de l'utilisation de l'information erronée qui lui a été transmise.

Responsable mais pas coupable

Notre organisation essaie d'attribuer des responsabilités aux personnes. Autrement dit, toute tâche, toute décision, doit avoir à l'origine un responsable. Cette recherche de responsabilité n'a pas pour finalité d'identifier des coupables et ensuite de les punir. Cela n'a pas d'importance. Ce qui est important c'est de connaître le responsable d'une activité qui pose problème car nous savons ainsi à qui nous adresser pour changer la situation et faire en sorte qu'elle s'améliore ou même que le problème constaté ne se reproduise plus. Notre convention qui affirme que chaque processus est responsable de ses fournisseurs permet cette amélioration. Nous devons nous positionner dans un contexte de progrès et pas dans un contexte de punition. Pour illustrer ceci, si au cours d'une tempête un des arbres de mon jardin se rompt et abîme la maison de mon voisin, personne ne me tiendra pour coupable de ce fait. En revanche, je suis responsable des dégâts occasionnés à l'habitation voisine et, en conséquence, je prendrai les précautions nécessaires pour éviter qu'une telle catastrophe ne se reproduise. Par exemple en coupant les branches dangereuses des autres arbres restants.

Dans une cartographie des processus, chaque processus est responsable du ou des processus qui sont immédiatement en amont, c'est-à-dire qui sont ses fournisseurs directs.

La règle du refus

Dans une relation client/fournisseur en interne, le fournisseur a le pouvoir de discuter. Bien entendu, il n'a pas celui de dire non je n'ai pas envie mais celui de dire non je ne PEUX pas. Un problème grave et hélas courant est celui qui est généré par l'acceptation d'ordre que nous sommes incapables de réaliser. C'est mon chef qui l'exige et je n'ai pas le droit de refuser. Si nous considérons chaque processus comme une micro-entreprise, le propriétaire du processus, son manager, doit disposer d'une autonomie suffisante pour discuter. Il ne faut pas oublier que, dans notre approche, nous disposons d'indicateurs de performances.

Et c'est cela qui nous intéresse, c'est cela qui est important. Si notre responsable de service nous montre un indicateur qui est en constante progression, cela signifie qu'il a le souci de son efficacité et de son efficience. Il convient de le considérer comme un chef d'entreprise mandaté par son conseil d'administration pour manager sa société. Tant qu'il obtient des résultats, il n'est pas nécessaire de se formaliser ni de s'inquiéter sur ses comportements. Il a délégation de pouvoir pour gérer son processus. En revanche, s'il n'a pas de résultat et si son indicateur accuse une baisse de performances, alors nous pourrons lui demander des comptes et être en désaccord avec son attitude et ses refus d'accepter nos ordres et nos commandes.

L'autorité absolue, qui est encore de mise dans de nombreuses entreprises, n'a pas que des côtés positifs. Bien sûr qu'il faut des leaders, des managers qui savent motiver, faire pression et commander mais il n'en demeure pas moins vrai qu'il convient de le faire avec des méthodes qui nous renseignent sur les performances des processus. Il n'est plus nécessaire de faire régner la terreur dans tous les secteurs. Des personnes responsables qui assument leurs engagements sont beaucoup plus efficaces que des collaborateurs que nous obligeons à s'engager sur des résultats qu'ils n'atteindront pas. Ils utiliseront alors la plus grande partie de leur énergie et de leur intelligence à justifier l'échec ou le dysfonctionnement et à dégager leur responsabilité.

Si nous souhaitons mettre en œuvre une organisation efficace et raisonnable, il convient de ne pas accepter des demandes qui ne peuvent être réalisées. Il faut discuter et la revue de contrat en interne doit être appliquée. Il faut étudier la faisabilité d'une attente, d'une demande et ne l'accepter (signer le contrat) qu'après l'avoir « revue » dans l'esprit de la « revue de contrat » et des principes de la relation client/fournisseur en externe.

La mise en œuvre de la relation client/fournisseur en interne

Cette relation est souvent évoquée dans les modes de communication souhaités par les entreprises. Cela semble être en effet une façon civile de se comporter. « Le client est roi », « on est au service du client », autant de proverbes et d'adages qui nous semblent intéressants à appliquer pour faciliter les échanges entre les personnes. Mais dois-je appliquer ce principe à toutes les transactions, à tous les échanges que j'ai dans le cadre de mon travail quotidien, à mon bureau ou à mon atelier ? Par exemple, lorsque je demande l'aval du service financier pour l'achat d'un matériel, suis-je dans une relation client/fournisseur ? Lorsque j'informe, par une circulaire, mes collègues chefs de service, d'un événement quelconque, suis-je dans une relation client/fournisseur ? Et puis, qui est client et qui est fournisseur dans de tels échanges ? Autant de questions auxquelles il faut répondre.

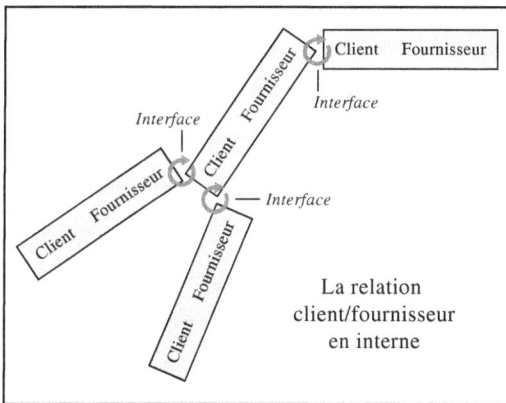

La relation client/fournisseur en interne

Il semble d'abord que toute demande faite par quelqu'un à une autre personne puisse être traitée selon un principe de relation client à fournisseur. Il est vrai que nous nous comportons comme des donneurs et des receveurs dès l'instant où nous échangeons quelque chose avec un collègue de travail. En effet, il y a une attente qui est à l'origine de la demande qui se traduit en quelque sorte par un appel d'offres. Celui qui fait la demande est le client. Ensuite, le fournisseur étudie la demande et y répond. Si nous appliquons le principe client à fournisseur, le client étant roi, nous devons donc en tant que fournisseur, accéder à la demande. Pas exactement car un fournisseur a le droit de dire non, ce n'est pas possible, je ne peux pas. Par ailleurs si toutes les demandes sont traitées sur un mode client/fournisseur au lieu d'un mode habituel, quel est l'intérêt ? Qu'est-ce que cela va apporter de plus ?

Il est évident que la relation client/fournisseur n'est pas la solution à tous nos problèmes relationnels. D'ailleurs, dans la vie de tous les jours, nous n'appliquons pas partout ce mode de relation. Lorsque nous demandons à une assistante commerciale d'envoyer un courrier à un client, nous devrions lui exposer notre demande, écouter ses problèmes et négocier un contrat. D'aucuns diront que cela ira plus vite de dire à l'assistante, « tu m'envoies ce courrier tout de suite », et l'affaire est close.

Notre principe s'appliquera uniquement lorsqu'une transaction est importante et qu'une activité conséquente est déclenchée par un client donneur d'ordres.

Pour être plus sérieux, il faut revenir à la logique de l'entreprise. D'abord, réfléchissons à la relation client/fournisseur en interne.

La relation client/fournisseur nécessite une discussion. Elle est mangeuse de temps et il faut éviter de négocier des contrats pour un oui ou pour un non. Il convient de la réserver aux missions importantes de l'organisme, c'est-à-dire dans un premier temps aux contrats entre macro-processus. Nous mettrons en œuvre une relation client/fournisseur uniquement aux points d'interfaces entre les processus.

L'équilibre client/fournisseur

Dans la chaîne qui unit les processus, le client et le fournisseur sont les maillons qui s'unissent deux à deux. La solidité d'une chaîne est donnée par le maillon le plus fragile. La fragilité de notre chaîne tient surtout à la fragilité de l'interface. Si la transmission de la voix du client s'interrompt, la chaîne se casse et ce qui se passe alors en amont n'est plus lié à l'expression des attentes du client. C'est la raison pour laquelle il convient de porter beaucoup d'attention aux règles qui régissent les relations entre les processus et à l'établissement des contrats.

Cela ne signifie pas que les processus ne communiqueront plus entre eux autrement que sur la base de ce modèle. Ils continueront à communiquer très librement, selon les habitudes de l'organisme mais les relations qui concernent la production des données de sortie demandées par un client interne et fabriquées par un fournisseur interne seront bâties sur ce modèle.

Les autres modes de communication pourront être régulés et définis par des procédures internes aux processus.

Si nous prenons comme modèle le principe de la relation client/fournisseur, il nous faut nous fonder sur les usages en vigueur dans la vie de tous les jours. Ceux que nous pratiquons avec nos commerçants et ceux que nous pratiquons dans l'entreprise avec nos fournisseurs et clients externes. Lorsque nous consultons nos fournisseurs, nous n'établissons pas de contrat. C'est une simple consultation. Dans un cas analogue en interne, nous n'établirons pas de contrat lorsque le service commercial demandera au service production ou études la faisabilité d'une demande client. C'est notre simple bon sens qui nous conduira à évaluer la nécessité d'établir ou non un contrat. Beaucoup de demandes dans l'entreprise ne nécessitent que quelques heures de travail. Un contrat n'est pas nécessaire. Il faut d'abord traiter les activités importantes. Lorsque celles-ci ne généreront plus de dysfonctionnement alors nous pourrons nous occuper des détails. Dans les relations client/fournisseur en interne, nous devons convenir de quelques règles. Nous pouvons nous abstenir de parler de « client » pour désigner celui qui déclenche notre activité. D'abord parce qu'en interne, il y a rarement des relations fondées sur des échanges d'argent, mais aussi parce qu'il nous faudra prendre en compte les attentes des processus qui ne sont pas directement en aval mais qui ont besoin aussi de prestations de notre part. Nous devons donc répondre aux attentes de nos donneurs d'ordres (ceux qui déclenchent notre activité) et à celles de nos utilisateurs (qui peuvent être les processus à qui nous livrons nos prestations ou des processus qui expriment des besoins spécifiques).

Nous désignerons sous le terme de « donneurs d'ordres » les processus avals qui déclenchent nos activités et sous le terme « utilisateurs » ceux à qui nous fournissons des prestations sans un contact direct de donneur d'ordres.

Petit exemple de mauvaises relations client/fournisseur en interne

Dans cette entreprise (un grossiste en matériel de chauffage), les commerciaux sédentaires méprisent les employés du magasin. Les magasiniers pensent que le fait de travailler en costumes et cravates leur confère le droit de donner des ordres de façon arrogante. D'après les commerciaux, les magasiniers sont incompétents et ne font preuve d'aucune conscience professionnelle ni d'aucun respect pour le client.
Il est vrai que ce mépris peut justifier l'attitude des magasiniers qui n'informent pas toujours rapidement les commerciaux de la réception de produits et parfois les livreurs partent sans des pièces attendues par un client alors qu'elles sont disponibles mais que personne ne le sait.
«Je n'ai pas eu le temps de déballer» répondent les magasiniers lorsqu'on évoque ce genre de problème.

Pour être plus clair, dans la vie quotidienne, sur un plan personnel ou pour ce qui concerne des transactions commerciales industrielles, notre donneur d'ordres (le client) est souvent celui qui nous paye, celui à qui nous adressons la facture. L'utilisateur sera ensuite toute personne ou entreprise qui exprime une exigence dans le cadre de notre contrat avec le donneur d'ordres, c'est-à-dire le client payeur.

C'est une situation assez classique et qui a son identique dans nos organismes. Par exemple, si je souhaite envoyer un bouquet de fleurs à une amie qui habite Metz, je m'adresse à un fleuriste lié à une chaîne nationale.

Mon amie n'est pas la cliente de mon fleuriste, même si c'est elle qui reçoit le bouquet de fleurs. Elle sera l'utilisatrice. Le client, c'est moi ! C'est moi qui paie, mais c'est surtout moi qui ai donné l'ordre d'envoyer le bouquet. Et si l'ordre est mal donné, la prestation ne sera pas de qualité. C'est pourquoi l'interface la plus importante est celle qui se trouve entre le fournisseur (le fleuriste) et moi-même (le donneur d'ordres).

Bien entendu, pour avoir une prestation de qualité, mon fournisseur devra également s'enquérir des attentes de son utilisateur (mon amie). Dans ce cas, si mes attentes et les siennes sont satisfaites, nous avons presque affaire à de la qualité totale ! Dans une entreprise, il n'est pas rare que nous vendions des produits à un intermédiaire grossiste ou distributeur par exemple. Dans ce cas, nous devons écouter leurs deux voix. Celle de celui qui commande et celle de celui qui utilise.

Histoire vécue
Être responsable de son fournisseur

Dans une entreprise de gravure, le responsable du service « ordonnancement » est l'intermédiaire entre un service commercial qui lui apporte des affaires et un ensemble de services opérationnels (achats, études, méthodes, production, etc.) qui réalisent les affaires.

Le rôle de l'ordonnancement est un rôle de maîtrise d'œuvre. Il doit planifier l'organisation des affaires et en coordonner le bon déroulement. Dans cette entreprise, ils établissent la cartographie des processus selon la méthode de la voix du client.

Au moment d'établir la carte d'identité de son processus « ordonnancement », une discussion s'engage sur les indicateurs de performance. Le PDG souhaite que cet agent de maîtrise soit responsable des délais et de la conformité de la prestation fournie ainsi que le principe des responsabilités cumulées le demande. Le chef de ce service « ordonnancement » refuse, alléguant que si les commandes sont livrées en retard, cela n'est pas forcément sa faute. Il n'a aucun poids sur les services qu'il coordonne et de ce fait il ne veut pas engager sa responsabilité sur les compétences des autres services. Il ne veut être responsable que de sa propre personne.

Or il se trouve que cette personne est maire de la petite commune qu'il habite. Lorsqu'il exerce ses fonctions de premier magistrat, il est responsable des problèmes qui peuvent se produire sur le territoire communal. Il le sait et il agit en conséquence. Il connaît et accepte ces responsabilités et il prend les dispositions nécessaires pour éviter tout problème autant que faire se peut. Il se sent responsable de son personnel et de ses administrés et parce qu'il est responsable, le fonctionnement de sa commune s'améliore. Nul ne l'entendra dire : « Je n'y peux rien, ce n'est pas ma faute ».

Pourquoi le comportement de cette personne est-il différent dans son travail et dans son activité de maire ?

LES PROCESSUS DOIVENT ÊTRE CLASSÉS EN FONCTION DE LEURS TYPOLOGIES

L'analyse des processus n'est pas une technique nouvelle. Elle se pratique depuis que l'entreprise moderne existe. Les outils utilisés à cette fin sont issus des méthodes mises au point pour améliorer la rentabilité des fabrications dans les usines de production en série. Ils concernaient essentiellement les modes opératoires de production mais lorsqu'ils sont utilisés dans la nouvelle approche processus, ils ne sont plus adaptés à notre objectif. Les typologies classiques de processus que nous trouvons dans la littérature ou par exemple dans certains textes ISO ne conviennent pas à notre analyse. Nous devons convenir d'autres règles afin d'arriver à nos fins c'est-à-dire à comprendre la mécanique interne de notre organisation et de la représenter graphiquement sous la forme d'une cartographie.

Le terme de processus peut s'appliquer à diverses entités

Toutes les activités peuvent être considérées comme des manifestations de processus car elles répondent à la définition de l'appellation officielle. Pour représenter notre cartographie, nous sommes obligés de distinguer des familles de processus selon leurs finalités respectives.

Le terme de « processus » que nous utilisons peut s'appliquer à quasiment toutes les activités. La norme ISO, qui constitue un de nos modèles les plus universels en la matière, nous a habitués aujourd'hui à désigner par processus tous les métiers de l'entreprise, comme la production, les achats, la conception, etc. (dans la version de 1994) mais aussi toutes les activités que nous pouvons trouver dans le fonctionnement d'un organisme. C'est ainsi que nous désignons sous le terme «processus» des activités comme la maîtrise des non-conformités, la communication, l'action corrective, l'audit interne, etc.

Pour nous aider à y voir plus clair, l'AFNOR a produit une norme relative aux processus ayant pour intitulé le « Management des processus ».

Nous pouvons y trouver des indications intéressantes sur un modèle de classement des processus.

Trois familles sont ainsi définies :
- Les processus de réalisation,
- Les processus de support,
- Les processus de direction.

Nous y apprenons également qu'un processus présuppose :
- Des éléments entrants mesurables,
- Une valeur ajoutée,
- Des éléments de sortie mesurables, conformes à des critères d'acceptation,
- Un caractère reproductible.

Tous ces éléments ne sont pas suffisants pour aboutir à la première étape de notre projet qui est de représenter graphiquement une cartographie des processus de l'entreprise.

Habituellement, nous trouvons des méthodes qui se limitent à établir des listes de processus en indiquant pour chacun d'eux les données d'entrée et les données de sortie. Établir une liste de processus n'est pas une tâche insurmontable car même sans méthodologie, nous sommes capables de le faire. D'ailleurs, le plus souvent, ils sont précisés dans les organigrammes, dans les procédures ou autres documents quelconques. La difficulté se situe dans l'interface car nous l'avons dit à maintes et maintes reprises, les problèmes qui nous causent soucis aujourd'hui sont générés par les interfaces ou interrelations entre processus. C'est donc à ces endroits précis, à ces points de contacts entre processus qu'il est nécessaire d'établir des règles de fonctionnement, des règles de relations, bref des contrats d'interfaces.

Pour en revenir à notre problème d'analyse de processus, nous devons d'abord trouver une solution à l'emploi de ce terme un peu trop général. En effet, si nous nous référons à la signification de ce mot, « ensemble de ressources et d'activités qui transforment des éléments entrants en éléments sortants », nous pouvons classer pratiquement tout ce qui bouge dans la grande famille des processus.
- Par exemple une entreprise est un processus. Il y a des personnes et des machines qui, lorsqu'elles se mettent en route, transforment des matières premières en produits finis ou semi-finis.
- Par exemple, un service est un processus. Dans un service commercial il y a des représentants et des voitures qui transforment des attentes de clients en commandes.

– Par exemple, un poste de travail est un processus. Il y a une personne avec une machine (un ordinateur) qui transforme une information en un rapport de synthèse.

Pour compliquer notre analyse, nous pouvons qualifier de processus l'élaboration d'une stratégie ou la planification d'un projet. Nous pouvons qualifier de processus une activité de management ou la mise en œuvre d'une action corrective.

Nous nous étions fixés un objectif bien précis pour établir une cartographie. Celui d'être capables de la représenter graphiquement parce que cette représentation graphique est le signe de la compréhension de la mécanique. Si la cartographie d'une organisation est lisible et qu'elle est le reflet du réel, alors cela signifie que nous en avons compris le mode de fonctionnement. Le terme de cartographie n'est pas anodin. Une carte routière permet de comprendre une topologie de terrain et de passer d'un endroit à un autre comme nous le souhaitons. Une carte est forcément précise. Tout y est indiqué selon le niveau de détail souhaité. Notre objectif est donc de représenter de manière graphique le chemin emprunté par la voix du client tout au long des divers processus qui sont activés par cette voix. Pour cela nous devons d'abord convenir d'une typologie des processus car nous l'avons évoqué auparavant, si tout est processus, la représentation graphique est difficile voire impossible.

Les processus d'opération constituent la chaîne de base de l'organisation

La première famille de processus est celle qui sert à réaliser les produits ou les services. Lorsqu'un maillon de la chaîne manque, le client ne peut être livré et n'a pas satisfaction.

Lorsque nous établissons la première cartographie à partir des attentes du client, nous identifions une première famille de processus qui sont ceux qui participent à la réalisation et à la fourniture de la prestation attendue par le client. Ce sont les processus « métier », ceux que le client achète. Par exemple, la coupe de cheveux pour le coiffeur, l'installation d'une ligne pour le téléphone, le polissage d'une tôle pour le tôlier, la cueillette des fruits pour le paysan, la cuisson de la pâte pour le boulanger, etc.

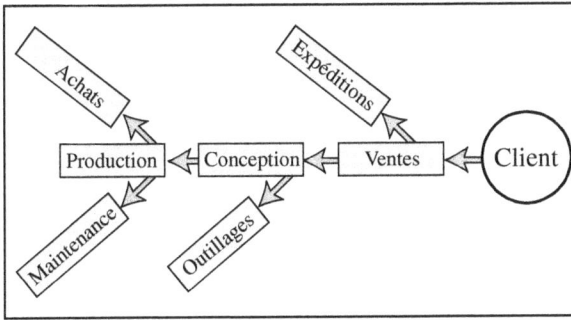

Il y a ensuite les processus « connexes », ceux que le client n'achète pas mais qui sont indispensables à la réalisation de la prestation. Ce sont par exemple les processus d'achats et de ventes, les processus d'accueil, de classement, de comptabilité et de facturation, de stockage et de manutention, le nettoyage des machines ou des locaux, etc.

Ces catégories de processus ont une particularité qui les unit, c'est leur finalité. Ils participent à la production et à la livraison de la prestation. Si l'un d'eux vient à disparaître, la prestation ou le produit ne peuvent être livrés. Ils ont une relation chronologique très forte. L'un ne peut travailler si son donneur d'ordre (le processus aval) n'a pas fait son travail et réciproquement. La production ne produit pas s'il n'y a pas de vente et la vente ne peut avoir lieu si le produit n'est pas fabriqué. Le produit ne peut être fabriqué si la matière n'a pas été achetée, etc.

Cette catégorie de processus sera dénommée « Processus d'opérations ». Nous devons disposer d'une logique forte pour classer nos processus en familles. Notre logique est celle de la contribution d'un processus à la réalisation directe du produit ou de la prestation. Si un processus est indispensable pour que le client final soit livré, il est classé dans la famille « processus d'opération » ou de réalisation comme le désigne la norme AFNOR.

La méthode d'analyse par l'aval permet de les identifier et surtout d'identifier les interfaces et les relations de type client/fournisseur entre chacun d'entre eux. Le lien est le déclenchement de l'activité. Chaque processus, à partir du client externe, devra identifier les processus chez qui il déclenche une activité conséquente.

Dans la réalité, il arrive qu'un processus soit déclenché par plusieurs autres processus. Pour éviter de construire une cartographie complexe et par conséquent illisible, nous nous contenterons de représenter les relations déclencheur/déclenché majeures (les plus courantes). La cartographie doit avant tout être en quelque sorte une porte d'entrée dans le détail complexe de l'organisation. C'est l'introduction à la découverte de l'organisation et la lisibilité prime sur la réalité de la représentation. Montrer un système complexe par une image simple est forcément réducteur. Il ne faut pas chercher dans cette première étape à vouloir représenter l'exacte réalité.

Les processus de services servent à améliorer les performances de l'organisation

La seconde famille de processus est celle qui aide les processus d'opérations à atteindre leur propre finalité. Si ces processus disparaissent, le client est livré mais l'efficacité et la qualité des prestations vont se dégrader.

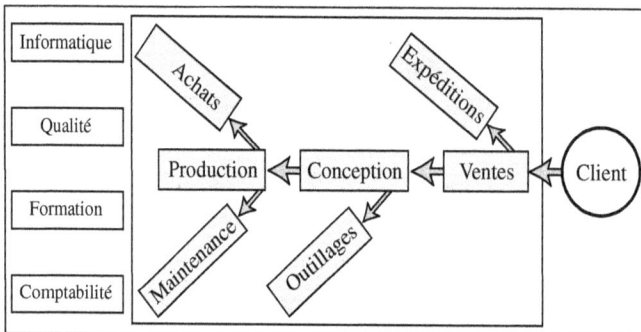

Lorsque les processus qui constituent les chaînes d'opérations ont été identifiés et reliés par des contacts de type « déclencheur/ déclenché » parfaitement identifiés eux aussi, il reste une certaine liste de processus à part. Ce sont des services comme la qualité, l'informatique, les ressources humaines, les finances, la comptabilité, etc. Ils ne figurent pas dans la *supply-chain* simplement parce qu'ils ont une finalité différente de ceux qui composent la première catégorie. Ils ne participent pas directement à la production et à la livraison des prestations mais ils aident les processus « opérations » à faire correctement leur travail et au besoin à s'améliorer. Ce sont des processus que nous appellerons « processus de service ». Et qui sont aussi classés dans la famille « processus supports » par la norme ISO sur le management des processus.

Ces processus sont fournisseurs des processus d'opérations mais peuvent aussi fournir la hiérarchie.

Ces activités (ou plus exactement ces processus) de ces deux familles (opérations et services) ont un point en commun qui les distingue du reste de toutes les activités que nous pouvions inventorier. Elles s'exercent dans des zones géographiquement délimitées, des territoires. Ce sont les services, les ateliers, les bureaux. Nous pourrions les grouper sous l'appel-lation de « processus territoires » ou « processus fonctions ».

La logique qui permet de classer un processus dans telle ou telle famille est donc celle de la contribution directe à la prestation (processus d'opéra-tions) ou indirecte à la prestation (processus de services). Cette logique simple permet d'éviter des discussions compliquées et controversées sur l'appartenance des processus.

Les règles et les valeurs qui dirigent l'organisme, les processus de management

Cette troisième famille est constituée d'activités ou de valeurs qu'il convient de mettre en œuvre. Ces activités n'ont pas de territoire propre c'est-à-dire qu'elles ne disposent pas de ressources qui leurs sont affectées. Elles sont exercées dans les processus de services ou dans les processus d'opéra-tions, autrement dit dans tout ou partie de l'organisme.

C'est cette caractéristique qui nous amène à considérer une troisième caté-gorie de processus, ceux qui n'ont pas de territoire justement mais dont les activités s'exercent un peu partout. Par exemple, le processus de planifica-tion n'a pas de territoire. Nous le mettons en œuvre chaque fois que nous avons une tâche ou un projet à réaliser dans une échéance donnée. Par exemple, le processus de gestion des documents ou de traitement des non-conformités. Par exemple encore, celui des actions correctives ou préven-tives ou bien aussi les processus d'hygiène ou de sécurité. Cette famille particulière que nous pouvons appeler « processus », car elle répond à la définition normalisée, serait plus compréhensible et plus clairement repré-sentable si nous l'appelions « règles ou lois », ou peut-être plus justement « règles et valeurs ». En effet, ce sont des pratiques à utiliser, des méthodes à mettre en œuvre, des valeurs ou des consignes à respecter. Les ressources utilisées pour faire fonctionner ces processus sont des ressources qui appartiennent à des territoires déjà identifiés dans les familles « service » ou « opération ». Par exemple, le traitement d'une non-conformité se fait obligatoirement par une personne appartenant à un service déjà identifié comme processus d'opération (un atelier, un service commercial, etc.). Nous devons identifier ce type d'activités comme des processus parce qu'elles répondent à des exigences spécifiques de la norme ISO 9001-2000 mais sans cette contrainte, nous pourrions les ignorer (en tant que

processus spécifiques) et les intégrer dans nos familles de processus territoires comme des valeurs et des règles de fonctionnement. Il est plus
simple pour la compréhension de l'organisation de considérer ces activités
comme des règles mais pour la conformité au référentiel ISO, nous pourrons continuer à les nommer « processus de management ». Pour faire une
comparaison avec une cartographie routière, nous pourrions dire que les
processus d'opérations et de services sont les territoires représentés sur la
carte et que ces règles et valeurs constituent le code de la route. Celui-ci
n'est pas sur la carte mais les déplacements se font en respectant ce
règlement.

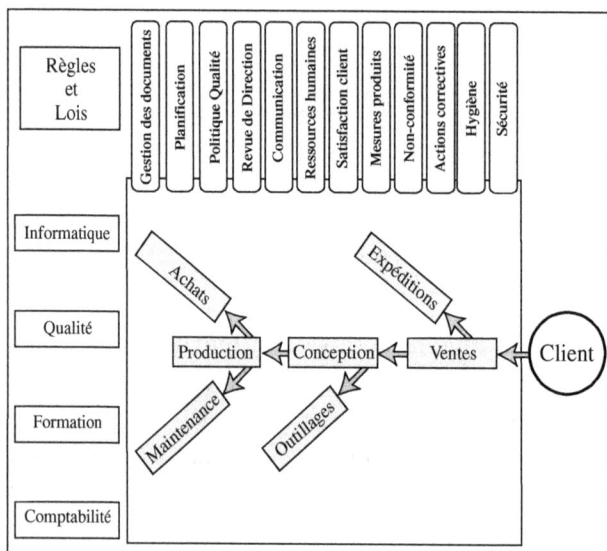

Et enfin dans cette famille de règles et de valeurs nous pour-rions aisément distin-guer encore deux sous-familles. La première concerne les règles du présent, celles des opérations, comme la gestion de la documentation ou la planification et celles qui concernent le futur, comme l'écoute du client ou la politique qualité.

> ### Histoire vraie
>
> Dans une entreprise de service, le pilote du processus de réalisation du service n'est pas responsable de la facturation. C'est un processus administratif qui s'en occupe.
>
> Mais pour facturer, il faut des informations précises en provenance du processus de réalisation du service. Or, il s'avère que ces informations arrivent souvent en retard, qu'elles sont parfois mal rédigées ou illisibles. Deux solutions étaient possibles :
>
> → Soit le processus administratif exprime ses attentes au processus fournisseur en l'occurrence celui de la réalisation du service et celui-ci s'engage dans des actions d'amélioration
>
> → Soit la facturation et sa donnée de sortie (la facture) sont transférées sous la responsabilité du processus de réalisation du produit. C'est cette dernière solution qui a été choisie.
>
> Cette option se justifiait d'autant plus qu'un indicateur concernant les performances de la rentrée d'argent jugeait de l'efficacité du processus administratif. Cet indicateur a été, lui aussi, transféré dans le processus de réalisation du service.

Le management doit-il être considéré comme un processus ?

> Les activités de management peuvent être considérées comme des processus. Les données de sortie sont des orientations qui permettent aux processus d'opérations et de services c'est-à-dire à l'ensemble des composantes de l'organisation d'atteindre leurs finalités.

Les managers sont en réalité des propriétaires de processus, des propriétaires de territoires. Un poste de travail est un processus et son propriétaire, son manager, est l'opérateur, la personne qui occupe le poste. Sa mission est d'optimiser les ressources qui sont à sa disposition, c'est-à-dire son travail et ses outils pour atteindre sa finalité avec le maximum d'efficacité.

Si nous montons dans la hiérarchie d'un niveau, nous trouvons un nouveau processus, constitué en fait par l'assemblage d'un certain nombre de processus élémentaires que sont les postes de travail évoqués ci-dessus.

Et ce processus est conduit par son propriétaire, son manager dont la mission est la même, un peu plus complexe cependant car elle concerne la

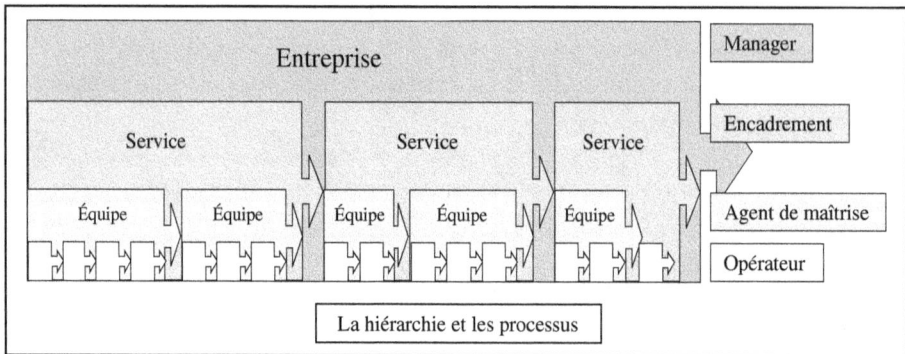

La hiérarchie et les processus

conduite et l'optimisation d'un ensemble de processus élémentaires autrement dit d'un ensemble plus conséquent de personnes et de matériels ou d'infrastructures.

Nous pouvons monter encore d'un niveau et nous situer à l'échelle d'un service ou d'une fonction avec à leur tête un propriétaire de processus dont la mission est à nouveau la même que celle des managers des niveaux inférieurs.

Un manager ne fournit pas de données de sortie personnelles. Il travaille pour que le processus qui est sous sa responsabilité (ou l'ensemble de processus) atteigne sa finalité avec le maximum d'efficacité. Son rôle est d'optimiser les ressources de son processus. Ses données de sortie influencent celles de son processus. Le management est un processus mais d'un caractère particulier en ce sens que ses données de sortie sont des règles et des directives pour le présent ou pour le futur. Nous pourrions comparer le management d'une organisation avec le management (ou plutôt la conduite) d'un véhicule. Le conducteur enregistre des informations qui le renseignent sur sa situation et corrige le fonctionnement de sa machine pour arriver à son but sain et sauf et dans les temps raisonnablement impartis.

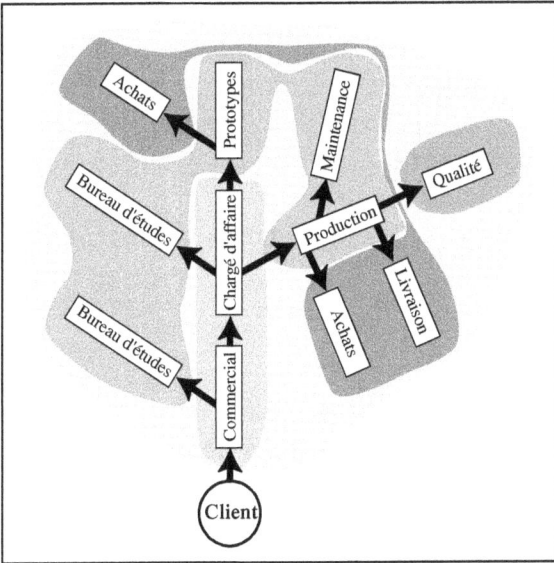

Les propriétaires de processus que nous pouvons aussi appeler « managers » ne sont plus en fait des chefs. Ils ne commandent plus puisque c'est le client qui se charge de ce travail. Les managers sont en fait des faciliteurs de processus. Ils ont pour mission d'optimiser les processus, micro ou macro, qu'ils ont sous leur responsabilité et de faire en sorte que ces processus atteignent leurs finalités et leurs objectifs de manière efficace, c'est-à-dire avec une économie de moyens. Notre organisation est conçue pour que la voix du client soit claire et forte dans tous les services et à tous les niveaux. Les managers doivent veiller à conduire celle-ci, intacte, à travers le passage de tous les processus qu'ils gèrent.

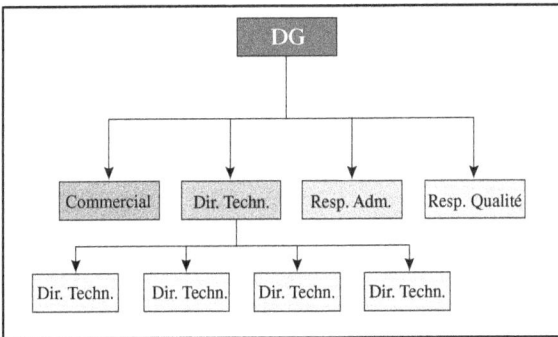

La hiérarchie reste présente dans l'organisation puisqu'elle sert à assembler des processus et à diriger ces ensembles pour qu'ils répondent efficacement aux attentes des clients. Il est souhaitable que les organigrammes hiérarchiques demeurent afin d'expliquer les différents niveaux d'assemblage de processus. Mais il est également souhaitable que la hiérarchie soit organisée de façon cohérente avec la chaîne de processus de la cartographie. Il serait dommage que les assemblages n'obéissent pas à la logique du flux et qu'un propriétaire possède des processus disséminés tout au long de cette chaîne sans cohérence de finalité.

Les organigrammes hiérarchiques et les cartographies de processus sont des représentations complémentaires d'une organisation. Nous pourrions dire que la cartographie est une vue aérienne de l'organisation, une vue de dessus comme disent les ingénieurs et techniciens de bureau d'études, et que l'organigramme hiérarchique est une coupe de l'organisation. Il donne une idée du relief que ne montre pas la cartographie. En effet, celle-ci ne donne aucune information sur la hiérarchie. Cette complémentarité doit se traduire aussi par une similitude entre les processus d'opération et de service précisés sur la cartographie et les fonctions précisées sur l'organigramme.

Piste de réflexion

Nous avons toujours fondé notre cartographie sur le fait qu'un processus doit être une micro-entreprise. Nous pouvons toujours trouver un équivalent de nos processus internes dans le monde extérieur. Il y a des sociétés d'achat, des sociétés commerciales, des bureaux d'études mais il n'y a pas de société de management. Ceci pour démontrer que le management n'est pas un processus comme les autres.

Les missions et les projets sont des processus provisoires

Les missions et les projets sont des processus provisoires qui sont en général confiés à des processus institutionnels existants. Ils figurent dans les contrats entre donneurs d'ordres et fournisseurs.

Il arrive fréquemment que des missions soient confiées à certains services ou certaines fonctions. Par exemple « Connaître les marchés ou les concurrents de l'entreprise » ou bien aussi « Mesurer la satisfaction des clients » ou encore « Mettre en place un système de management de la qualité ». Dans ces cas particuliers, comment peut-on représenter ces activités ?

Les missions ont, par nature, une durée limitée. Elles seront effectuées, la plupart du temps, par un processus de service c'est-à-dire par une fonction qui a ce type d'activités dans ses attributions. Les missions vont figurer dans les contrats entre le processus fournisseur et le donneur d'ordres qui sera souvent un propriétaire de processus autrement dit un manager. Cela peut être, bien entendu, le patron de l'entreprise. Il se peut que des missions qui sont confiées à des processus existants deviennent des activités institutionnelles et de ce fait génèrent la création d'un nouveau service, d'un nouveau processus. Par exemple, une étude d'attentes et de mesure de la satisfaction des clients peut aboutir, pour une PME, à la création d'un service marketing. Dans ce cas, il y a un nouveau processus qui figure sur la cartographie dans la catégorie « service ».

D'ailleurs, lorsque nous établirons les cartes d'identité des processus de service, nous nous apercevrons que leurs finalités sont souvent constituées de missions effectuées à la demande des autres processus, qu'ils soient eux-mêmes de service ou qu'ils soient d'opération.

En ce qui concerne les projets, qui sont d'une nature un peu différente des missions en ce sens qu'ils concernent parfois le mode de réalisation du métier de l'entreprise, ils peuvent être intégrés et représentés d'une manière particulière qui sera développée dans les exemples concrets montrés en fin d'ouvrage. Les entreprises qui s'organisent en projets sont celles qui développent et réalisent des produits complexes (comme l'automobile ou les ouvrages de génie civil par exemple). Dans ces cas de figure, il est nécessaire que l'organisation en projet soit une réalité structurelle.

Piste de réflexion

En ce qui concerne le terme « ordonner » qui caractérise l'expression d'un chef, ne pourrait-on pas convenir de la signification suivante :
- Pour le client (qui est notre véritable chef), « donner des ordres ».
- Pour la hiérarchie (qui ne peut être un second chef), « mettre de l'ordre ».

Stratégie et développement
Le déploiement et les processus-clés

L'entreprise doit fonctionner au présent en se souciant du futur. Elle abrite des processus qui travaillent au présent pour l'essentiel de leurs activités mais qui travaillent aussi au futur pour s'adapter en permanence aux changements de leur environnement. Ces deux horizons de travail (présent et futur) sont pilotés par les règles (les processus de management) émises par la hiérarchie.

Un organisme fonctionne selon deux niveaux, celui du présent et celui du futur. Le premier niveau est constitué par la production des prestations, qu'elles soient matérielles ou immatérielles. Cela mobilise en général la quasi-totalité des ressources. Cette activité est la raison de vivre de l'organisme, c'est elle qui gagne de l'argent dans les entreprises de production de biens ou de services.

Le second niveau est constitué par l'encadrement et les fonctions de direction. Ce niveau se soucie de la pérennité de l'entreprise dans le temps. L'environnement socio-économique change et si un organisme fonctionne bien aujourd'hui, il n'est pas certain qu'il fonctionne encore bien demain, dans cinq ans ou dans dix ans. Il est donc important qu'une partie des ressources soit consacrée à la surveillance du futur et que l'analyse qui en résulte soit une source de changement et donc de progrès pour la production.

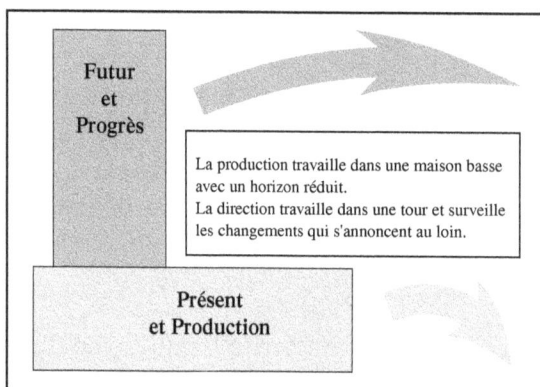

Le champ de vision de la production, son horizon, se limite à la livraison de la commande du client dans la semaine qui vient, au respect du plan de production du mois et tout au plus au résultat de l'exercice en cours.

Le champ de vision de la direction va au-delà de cet horizon et doit en conséquence comporter un aspect stratégique.

Pour représenter cette dimension stratégique sur notre cartographie, nous utiliserons surtout les règles et les lois. Certaines d'entre elles donneront les valeurs et les orientations à respecter pour que l'organisme réponde aux attentes des nouveaux marchés ou aux objectifs généraux des directions.

Nous distinguerons ainsi les règles et valeurs (processus de management) liées aux processus d'opérations et de services pour la production et le présent. Ce seront par exemple des règles d'hygiène et de sécurité, des règles de formation du personnel ou bien encore des règles de mesure des produits et de traitement des non-conformités.

Nous distinguerons de la même façon les règles et valeurs (processus de management) liées aux processus d'opérations et de services pour le progrès et le futur. Ce seront par exemple des règles d'amélioration, la politique et les objectifs qualité, les études d'attente et de satisfaction, les études de marché, la veille économique et concurrentielle, etc. Cela se traduira ainsi sur la cartographie par des processus territoires ou par des règles à deux niveaux, le présent et le futur.

À partir de la stratégie et de la politique déployées par l'organisme, il sera aisé de déterminer les processus-clés, c'est-à-dire ceux qui sont influents sur les objectifs à atteindre. Par exemple, pour un organisme qui veut privilégier l'innovation, il est clair que les processus de « recherche et développement » ainsi que « formation » sont des processus majeurs. Les techniques et les outils de maîtrise et d'optimisation des processus devront être particulièrement pertinents pour ces territoires.

Flash info. La règle du commandement unique

Les organisations, pour fonctionner efficacement, ont adopté depuis long-temps le principe du commandement unique. Si des décisions peuvent être réfléchies à plusieurs dans un cadre consensuel, l'ordre de mise en œuvre de la décision est l'apanage d'une seule personne. Lorsque plusieurs responsables donnent des ordres, l'exécutant est hésitant sur le parti à prendre. Il est en effet bien rare que deux personnes soient absolument d'accord sur une marche à suivre. L'efficacité est avant tout le plus court chemin d'un point à un autre point. Aussi, même si ce concept du commandement unique pose quelques problèmes, notamment parce qu'il peut se tromper, il vaut mieux qu'il n'y ait qu'une seule voix au moment d'agir, celle d'un seul manager.

C'est sur ce principe que se sont bâties les organisations industrielles. Il y a eu bien entendu des excès et un cloisonnement et une autorité forcenés ont conduit parfois les entreprises à monter des organisations de type féodal. Mais malgré tous les problèmes inhérents à ces types d'organisation, la notion du commandement opérationnel unique reste irremplaçable. Les progrès qui ont été accomplis ces dernières années ont souvent été le fruit d'une ouverture de l'entreprise et de ses fonctions sur l'intérieur et sur l'extérieur. Des portes ont été ouvertes entre les services pour améliorer les relations. L'accès à l'information est facilitée, des réseaux de communication se mettent en place. Mais le déclenchement de l'action, suite à une décision, reste du ressort d'une voix unique.

—| ... |—

—| ... |—

Or souvent, lorsque nous entrons dans l'entreprise, ce principe disparaît. Cette règle n'est pas totalement abolie mais avec l'habitude de communiquer entre les personnes, entre les fonctions, les hiérarchies se sont considérablement assouplies et la notion de supérieur, de chef tend à s'estomper. Nous entendons aujourd'hui parler de pilotes, de leaders, de responsables, de partenaires, de coordinateurs, toutes fonctions fonctionnant sans ordre mais plutôt avec des demandes ou des attentes. C'est très bien à condition que nous ne tombions pas à nouveau dans ce travers du commandement multiple donc de la responsabilité multiple et donc de la responsabilité indéfinie. Il faut absolument distinguer l'étape de la prise de décision (qui a besoin d'être réfléchie, partagée, fondée sur une information riche et multiple) de l'étape de l'action qui doit être managée par une seule personne.

Dans la chaîne des processus, dans une relation client/fournisseur, il n'y a qu'un seul commandant et c'est le client. La voix du client externe est relayée dans toute l'organisation par le principe du donneur d'ordres unique dans chaque couple client/fournisseur en interne. Comme pour les systèmes de planification PERT qui montrent le chemin critique dans un enchaînement de tâches, la relation client/fournisseur en interne nous montre le chemin des exigences, la voie critique du client.

LES RELATIONS ENTRE LES PROCESSUS, LES INTERFACES

Les problèmes majeurs constatés dans les organisations aujourd'hui sont de plus en plus rarement liés aux pratiques internes des processus mais aux interfaces entre les processus. Il existe là des zones de non-responsabilité qui engendrent souvent des désaccords et des incompréhensions. L'organisation a fortement progressé avec la mise en œuvre des systèmes de management de la qualité sur la base des référentiels ISO. La formalisation des bonnes pratiques a permis de pérenniser des méthodes de travail et réduit ainsi les dysfonctionnements internes dans les processus. Par contre, les problèmes perdurent entre les fonctions et les services car il y a là rupture de responsabilité. En l'absence de règle relationnelle entre ces entités, il se crée des conflits de toutes sortes qui nuisent à l'efficacité de l'organisation.

Il faut établir des règles de communication entre les processus

Les interfaces entre les processus sont les points de passage de la voix du client. Les autres liens de communication sont considérés comme secondaires et ne figurent pas sur notre cartographie.

Interface est un terme général et il convient d'en préciser l'usage dans notre cartographie. Le *Petit Larousse* nous donne la définition suivante :

« Limite commune à deux systèmes permettant des échanges entre ceux-ci ». Il complète cette définition pour le domaine de l'informatique en précisant :

« Frontière conventionnelle entre deux systèmes ou deux unités permettant des échanges d'informations. »

Il s'agit en effet d'échanges d'informations et c'est parce que ces échanges entre processus ne sont pas régulés qu'il y a des problèmes. Jusqu'à maintenant, les modèles d'organisation étaient approchés sur un mode analytique. L'entreprise était découpée en fonctions et chaque fonction était analysée pour en définir le fonctionnement interne. La règle utilisée pour cette analyse était le fameux QQOQCP (quoi, qui, où, quand, comment et pourquoi). On étudiait les modes opératoires et on formalisait ces modes opératoires sous forme de procédures écrites. La version 1994 des normes ISO 9000 était fondée sur cette approche. Les relations entre les fonctions n'exigeaient pas d'être définies de manière aussi précise. Nous savons aujourd'hui que c'est là que nous pouvons encore progresser. En améliorant les relations entre les divers éléments entre les divers sous-systèmes de l'organisme. Le progrès attendu dans une approche processus version 2000 est de réduire les dysfonctionnements entre processus en précisant les règles d'interfaces.

Dans les entreprises, tout le monde communique avec tout le monde, sans règle et sans logique dominante. Les portes des services se sont ouvertes et les communications se font dans toutes les directions horizontales, verticales et obliques. Si l'organisation y a trouvé un regain de souplesse, elle y a perdu en clarté. La performance exigée par les marchés est telle qu'il faut améliorer ce modèle en lui rendant une logique.

En ce qui concerne la cartographie, nous limiterons les règles de communication aux processus qui auront été identifiés et selon le niveau de détail de cette identification. Autrement dit, chaque individu communiquera comme son travail et le bon sens l'exigent. Il ne s'agit pas de mettre en place une usine à gaz administrative. Par contre, nous définirons des règles pour préciser les modes de communication aux points de contact qui auront été identifiés dans notre cartographie. Ces points matérialisent le passage de la voix du client d'un processus à un autre. Nos règles de communication auront pour objectif de maintenir le contenu des messages et de préserver leur intégralité tout au long du chemin. Ce n'est plus la voix hiérarchique qui sera le support de la communication mais la voix du client. En dehors de ces points de contact que nous avons identifiés comme les points de passage de la voix du client, les liens demeurent. Nous ne les matérialiserons pas sur la cartographie afin que celle-ci reste lisible et simple de compréhension.

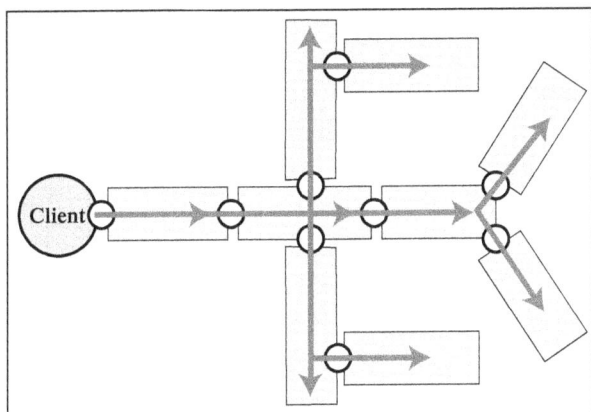

Pour les entreprises qui ont mis en œuvre un système de management de la qualité, qu'elles soient certifiées ou non, l'organisation a surtout consisté en une formalisation des bonnes pratiques de travail à l'intérieur des processus sous forme de procédures écrites.

Ce qui a manqué ce sont les procédures qui décrivent les bonnes pratiques de communication entre les processus et c'est l'étape qu'il s'agit de mettre en œuvre aujourd'hui.

Les étapes précédentes, celles qui ont conduit à identifier les processus sont certes importantes mais elles ne permettent pas de résoudre les problèmes qui sont dans notre objectif. La solution à ces problèmes se trouve réellement aux interfaces et ce sont les règles que nous établirons qui amélioreront la situation. Sur le terrain, il est évident que ces règles devront être testées et modifiées au besoin. Il conviendra de procéder, si cela s'avère nécessaire, par approches successives. Si les dysfonctionnements perdurent, cela signifiera que les règles de communication ne sont pas au point et il conviendra alors de les modifier en conséquence.

Les contrats d'interfaces définissent les relations entre les processus

Chaque processus fournisseur établira avec son ou ses clients un contrat qui précisera les modalités de la transaction. Ce contrat obéira aux règles générales qui président aux échanges commerciaux naturels et honnêtes.

Il semble que l'écriture des bonnes pratiques reste une solution acceptable tant que le niveau d'écriture est raisonnable. Le principe du contrat d'interface est donc un principe de formalisation de règles de communication convenues entre deux ou plusieurs processus, entre un fournisseur et son ou ses clients (ses utilisateurs). Nous n'établirons pas un contrat pour chaque prestation fournie par un processus. Cela serait trop compliqué et inutile. Nous établirons un contrat par processus et ce contrat précisera l'ensemble des prestations fournies par le processus en question pour tous ses clients et utilisateurs. En résumé, nous établirons autant de contrats d'interfaces que notre cartographie comporte de processus, qu'ils soient d'opération, de service ou de management. Il s'agit de procéder comme pour un contrat entre un client et un fournisseur dans la vie courante. Bien entendu, dans les entreprises, il n'y a pas de contrat car il n'y a pas d'échange d'argent. Dans notre organisation, nous nous limiterons, dans notre contrat, à préciser les attentes et les contraintes de chacune des parties en présence.

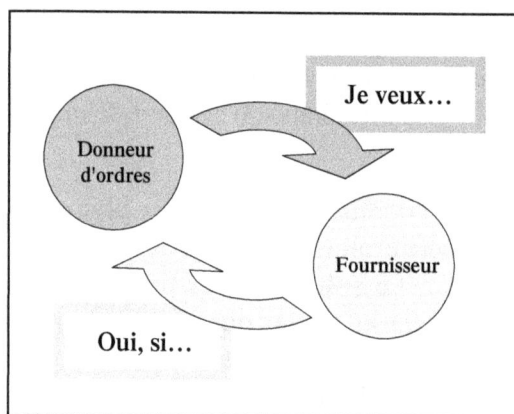

Pour établir un contrat d'interface, il convient de considérer chaque processus comme une micro-entreprise qui a des clients et des fournisseurs. Dans notre cartographie, nous avons convenu (pour des raisons de facilité de lecture) que nous devions avoir un seul déclencheur (un seul client donneur d'ordres). Dans la réalité, sur le terrain, cette situation peut être infirmée de nombreuses fois. Par exemple, le processus (service) commercial déclenche habituellement le processus (service) logistique. Mais il se peut que le processus logistique soit déclenché par le processus R&D en direct ou par un client extérieur. Ces cas particuliers ne sont pas pris en considération dans la représentation cartographique. La cartographie générale doit rester simple à lire et ne prétend pas être le reflet d'une réalité mais une porte d'entrée de l'organisation. Nous lui demandons de montrer uniquement une liste exhaustive des processus et une interaction générale de type déclencheur/déclenché qui montre le passage de la voix du client dans l'organisation. Ces interactions ne précisent pas bien entendu toutes les interrelations entre les processus. Celles-ci seront définies par le biais des contrats d'interfaces.

Il est possible en revanche qu'un même processus se retrouve plusieurs fois dans une cartographie mais il répond dans ce cas à des sollicitations différentes. Par exemple un service achats qui centralise les demandes d'achats de plusieurs processus d'opération. Dans ce cas, le contrat d'interface du processus «achats» précisera les relations entre ce service et les autres services (processus) donneurs d'ordres et utilisateurs.

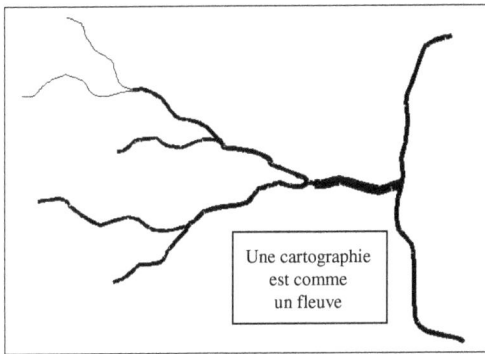

Le profil d'une cartographie doit présenter une analogie avec un fleuve que nous remonterions vers l'amont, vers les sources. La première interface entre le client externe et notre organisme concerne le plus souvent notre processus commercial. Celui-ci doit identifier toutes les attentes du client et transformer ces attentes en exigences qui seront contractualisées. Pour satisfaire son client, il se retournera auprès de processus internes qui deviendront alors ses fournisseurs et il transmettra à chacun la partie des exigences qui sont nécessaires pour que ces fournisseurs lui apportent la prestation attendue, chacun dans sa spécialité. Les exigences, en remontant les processus internes vers l'amont vont souvent se diviser. En principe, comme pour un fleuve, elles ne peuvent pas se retrouver à contre-courant.

Les contrats d'interfaces développent et détaillent les relations client/fournisseur en interne. La cartographie ne représente que les relations déclencheurs et déclenchés alors que les contrats d'interfaces précisent toutes les relations entre chacun des processus de la cartographies et les autres processus.

Le contenu des contrats d'interfaces

Les contrats d'interfaces doivent décrire les caractéristiques de chacun des processus montrés par la cartographie générale. Ils doivent montrer ce qu'ils produisent (les données de sortie) et préciser les attentes des donneurs d'ordres et des utilisateurs. Ils doivent également préciser les contraintes de faisabilité de la demande, c'est-à-dire les conditions nécessaires pour pouvoir satisfaire les utilisateurs et les donneurs d'ordres.

Le contrat doit être établi sur l'initiative du fournisseur. Le contrat est le document de travail de base de chaque processus. Comme dans des relations commerciales naturelles, c'est le fournisseur qui est responsable si une transaction se passe mal. Il est le « sachant » et en principe, il doit écouter son donneur d'ordres et ses utilisateurs afin d'être capable de leur fournir la prestation attendue et ainsi de les satisfaire. Il a tout à perdre en cas de non-satisfaction de ses clients.

La première question à poser est naturellement : « Que voulez-vous ? »

Aussi paradoxal que cela puisse paraître, les clients, surtout en interne n'aiment pas définir exactement leurs besoins. En effet, il est toujours facile de reprocher à son fournisseur une mauvaise prestation quand elle n'a pas été correctement définie. Lorsqu'une demande est exprimée précisément et formellement, ce sont les faits qui parlent ensuite d'eux-mêmes. La prestation fournie est conforme ou non et les litiges sont beaucoup plus rares.

Il conviendra donc de formaliser sur le contrat les données de sortie qui sont souhaitées par les utilisateurs ou les donneurs d'ordres mais il conviendra surtout de les compléter par les attentes de ses clients internes. Par exemple, vous attendez de mon processus un dossier technique ou un rapport d'études, mais que voulez-vous exactement dans ce dossier ou dans ce rapport ?

Il conviendra également, lorsque les attentes des clients internes auront été identifiées, que le fournisseur exprime ses contraintes de réalisation des prestations attendues. Cela pourra être la fourniture d'un document, la contrainte d'un délai de commande à respecter, etc. Le fournisseur peut ainsi exiger à son tour de son donneur d'ordres un certain nombre d'éléments qui peuvent devenir des données d'entrée de son propre processus. Il définit ainsi ce dont il a besoin pour s'engager favorablement auprès de ses clients internes. C'est la pratique courante d'une transaction commerciale.

En principe, lorsque le contrat aura été établi, les exigences des clients seront identifiées et le responsable du processus fournisseur aura jugé qu'il était capable de livrer la prestation attendue.

Toutes les données de sortie d'un processus doivent être identifiées de la manière la plus exhaustive possible. Tout ce qui sort d'un processus est une donnée de sortie. Bien sûr, il conviendra peut-être de définir ces données de sortie par famille si nous voulons éviter d'avoir des multitudes d'éléments sortants (par exemple, nous n'identifierons pas chaque communication téléphonique comme une donnée de sortie. Nous nous bornerons à préciser, sur le contrat d'interfaces, que la réponse téléphonique aux demandes de renseignements est une catégorie de données de sortie). De nombreux exemples en fin d'ouvrage illustreront la description des processus et l'élaboration des contrats.

En principe, un processus se caractérise par un certain nombre d'informations qui doivent être formalisées dans les contrats d'interfaces. La norme ISO sur le management des processus nous en fournit une liste détaillée. Ces paramètres ne sont pas tous utiles à préciser sur les contrats.

En ce qui nous concerne, nous avons décidé de rester simple et lisible. C'est une de nos conventions de base. Nous limiterons notre description de chaque processus à un minimum d'éléments que nous présenterons un peu plus loin. La cartographie des processus doit être utile. Elle doit servir à améliorer notre organisation. Son objectif n'est pas de faire un joli dessin pour l'auditeur de l'organisme certificateur. La cartographie des processus doit donner lieu à des changements de comportements et à des changements de responsabilités. Pour qu'une organisation fonctionne, elle doit absolument être comprise. Pour être comprise, elle doit s'exprimer concrètement et simplement. Chaque fois que nous nous trouvons devant un processus représenté de manière complexe, et même s'il représente l'organisation fidèlement, nous pensons qu'il n'est pas utile. La stratégie d'une entreprise et sa politique qualité doivent dans le même esprit s'énoncer simplement et clairement. Une stratégie formulée en une page n'a aucune chance d'être lue et *a fortiori* comprise. Si elle s'exprime en une phrase ou mieux encore en un mot, c'est gagné d'avance. La complexité fait surtout plaisir à celui qui la génère car il a ainsi le sentiment d'être plus intelligent que ceux qui ne comprennent rien à ses créations. En matière d'organisation, la clarté et la simplicité sont des gages de compréhension et donc de réussite.

Les différents types de relations entre les processus

Quatre-vingts pour cent des liens, c'est-à-dire des interrelations entre processus pourront être maîtrisés par l'élaboration des contrats d'interfaces. Ceux-ci préciseront les principales données de sortie, les attentes des donneurs d'ordres et des utilisateurs ainsi que les contraintes de faisabilité des fournisseurs.

Dans la vie quotidienne, les processus communiquent beaucoup. Si nous souhaitions montrer ces liens entre les fonctions, les bureaux, les ateliers nous aurions à élaborer des schémas compliqués. Pour effectuer notre travail, nous avons besoin d'informations en provenance de nombreux autres services. Le graphique ci-dessous montre à titre d'exemple quelques-uns des liens qui doivent s'établir en fonction des demandes des uns et des autres. Il y en a certainement bien d'autres qu'il conviendrait de faire figurer sur ce dessin mais pour expliquer l'écriture des contrats d'interfaces, cela est suffisant.

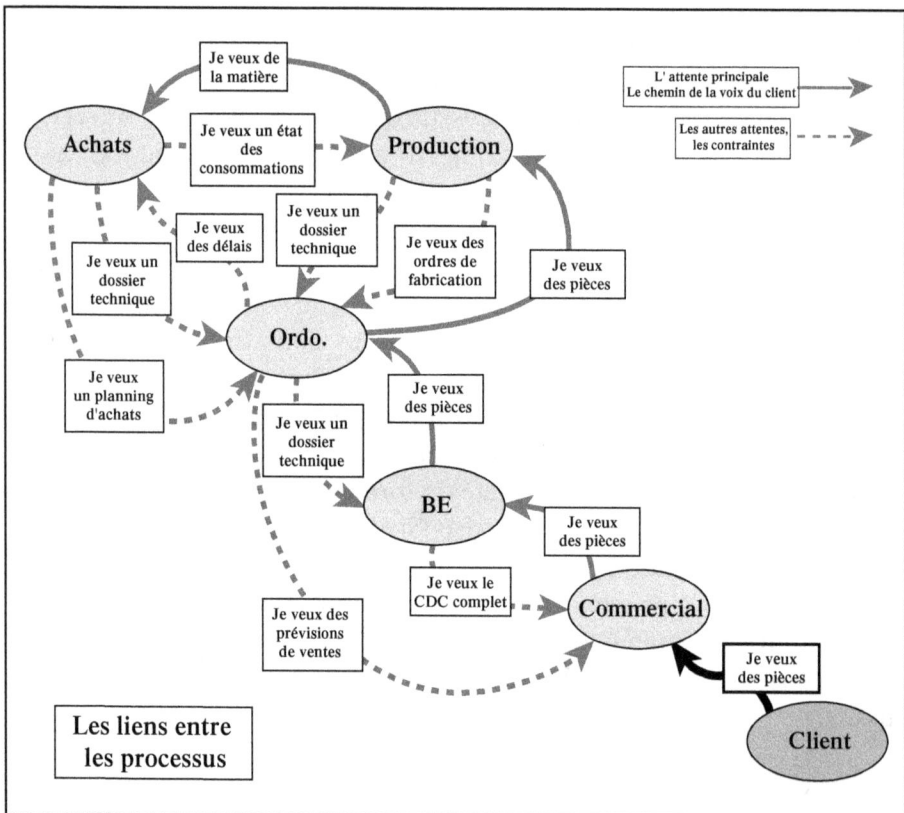

Sur le schéma, les choses se passent de la façon suivante :

Le commercial prend des commandes auprès des clients et il les transmet au bureau d'études pour que celui-ci établisse les dossiers techniques. Ces dossiers comprennent les spécifications des produits qu'il faudra fabriquer, des plans, des nomenclatures, des gammes opératoires, des instructions de travail, etc.

Le travail de préparation terminé, le BE transmet le dossier au service ordonnancement qui va mettre à jour la base de données de sa GPAO, et préparer les ordres de fabrication. Le BE a besoin également des prévisions de ventes que doit lui fournir le service commercial.

La suite des opérations consiste en la production de pièces selon les ordres donnés par la GPAO et le service ordonnancement. L'atelier de production demande des fournitures de matières premières aux achats qui doivent veiller à l'approvisionnement des stocks dont ils ont la charge. Les achats exigent un état journalier des consommations de matière de la production afin de pourvoir au renouvellement des matières au magasin. D'autres informations sont souhaitées par les uns et les autres, par exemple, les achats demandent à l'ordonnancement un planning des productions pour prévoir les cadences des commandes auprès des fournisseurs, le BE demande au commercial un cahier des charges complet des besoins du client, etc.

L'attente principale est désignée par un lien en forme de flèche avec un trait plein. Les autres attentes sont matérialisées par une flèche avec un trait en pointillé.

Nous allons établir la cartographie en suivant la logique de la demande du client qui est donc la demande principale en trait plein. Le client demande des pièces, le commercial prend la commande et à son tour demande des pièces au BE, qui ensuite transmet cette demande à l'ordonnancement, qui lui aussi transmet la commande à la production, qui transmet sa propre commande de matières premières aux achats.

Chacun dans son processus analyse cette demande principale et effectue son travail après avoir établi la liste de ses besoins.

La cartographie de base est donc la suivante :

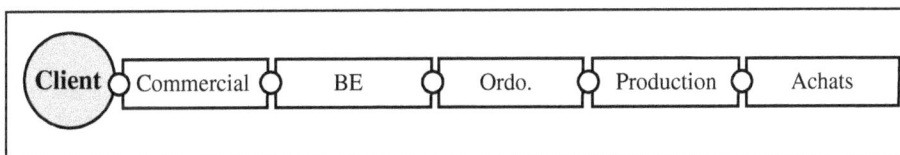

Sur ce deuxième dessin nous pouvons indiquer quelques-unes des données de sortie des processus. Pour mémoire et pour mieux comprendre les liens entre processus, il faut distinguer les données de sortie de la chaîne de processus qui correspondent aux attentes principales (des pièces) commandées par le client et les données de sorties spécifiques à chacun des processus qui sont les prestations effectuées par ces processus (leur valeur ajoutée).

De par notre convention qui vise à rendre un processus responsable des données de sortie de ses propres fournisseurs, nous devons distinguer ce qui est produit et livré par nos fournisseurs de ce qui est produit par nous-mêmes.

De plus, les liens secondaires (en pointillé sur le premier dessin) peuvent être des demandes émanant de n'importe quel processus de la chaîne et qui sont nécessaires pour la réalisation de ses prestations ou qui sont livrables à l'un de ses fournisseurs. Ce peuvent être aussi des éléments qui sont exigés pour assurer la faisabilité de la prestation. Par exemple, pour assurer des stocks approvisionnés, j'ai besoin que le processus ordonnancement me fournisse un planning d'achats et j'ai besoin que la production m'informe de ses sorties de stock chaque jour.

L'identification de ces divers besoins et attentes ne pose pas de problème compliqué. Lors de l'établissement des contrats d'interfaces, chaque processus connaît parfaitement ses contraintes et est capable de les exprimer à son donneur d'ordres. Si celui-ci ne peut y répondre, il veillera à ce que le processus concerné, capable et compétent, s'en charge.

Pour illustrer cette situation, nous pouvons montrer ces données de sortie sur la cartographie de base et cela donne le schéma suivant :

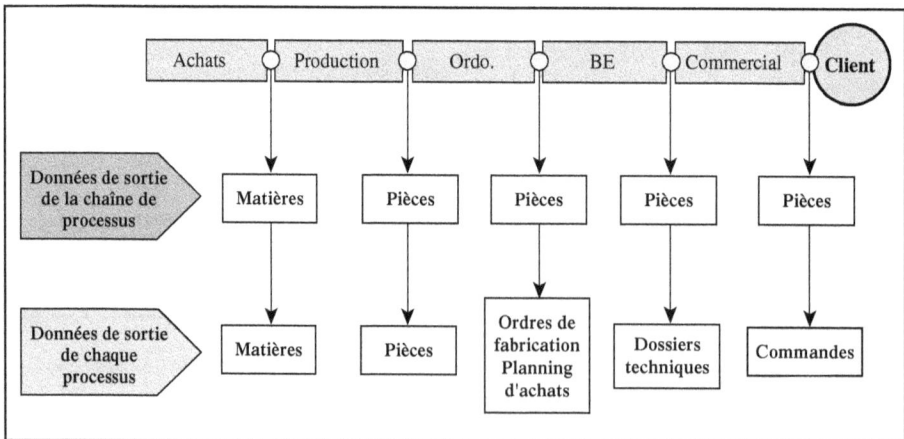

Un autre schéma peut illustrer l'origine de ces attentes et distinguer les données de sortie des données d'entrée. Les données de sortie de chacun des processus peuvent être, comme observées précédemment, celles de la chaîne de processus et celles du processus lui-même. Les données d'entrée expriment les besoins de chaque processus. Bien entendu, certaines d'entre elles sont les données de sortie d'autres processus, mais d'autres peuvent provenir de sources extérieures comme par exemple une réglementation, de la documentation ou bien encore des normes techniques.

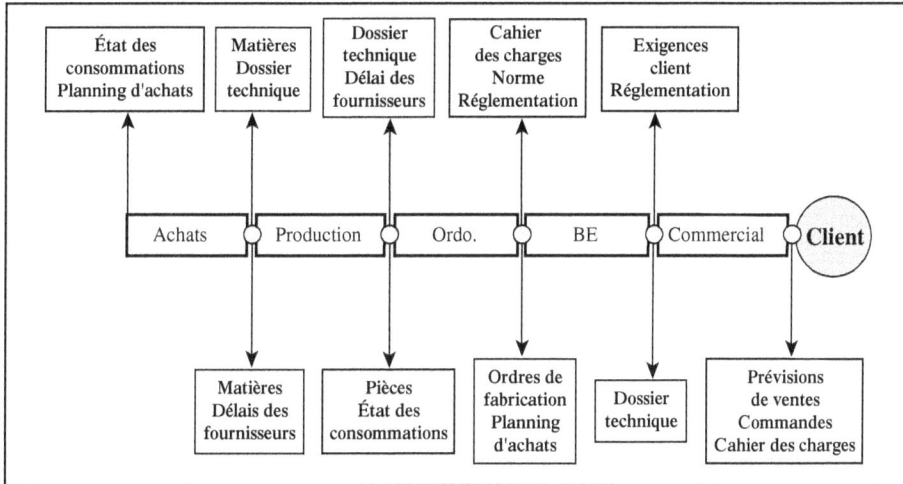

État des consommations Planning d'achats	Matières Dossier technique	Dossier technique Délai des fournisseurs	Cahier des charges Norme Réglementation	Exigences client Réglementation

Achats ○ Production ○ Ordo. ○ BE ○ Commercial ○ **Client**

Matières Délais des fournisseurs	Pièces État des consommations	Ordres de fabrication Planning d'achats	Dossier technique	Prévisions de ventes Commandes Cahier des charges

Comme nous l'avons signalé ci-dessus, chaque processus connaît sa position dans la chaîne et connaît donc son statut de client ou de fournisseur par rapport aux processus qui sont en amont ou en aval. Les contrats élaborés par chacun des processus en tant que fournisseur devront prendre en compte les besoins et les attentes de tous les utilisateurs de prestations.

Info flash. La responsabilité ne se délègue pas

Un propriétaire de processus autrement dit un responsable de service ou de bureau, ou bien encore un chef d'équipe, prend des engagements. Il fait des promesses, que ce soit dans le cadre de son contrat d'interfaces ou dans d'autres circonstances.

Ces engagements mettent en jeu les ressources de son processus ainsi que l'ensemble de ses données d'entrée. Ces dernières sont en principe issues de processus fournisseurs c'est-à-dire de processus « amont ». Nous avons déjà évoqué la responsabilité d'un propriétaire de processus par rapport à l'ensemble de ses ressources et l'ensemble de ses données d'entrée (données de sortie de ses fournisseurs). C'est le principe absolu de la non-délégation de ses engagements et de sa responsabilité. Cette règle du jeu fondamentale n'autorise jamais un propriétaire de processus à rejeter la cause d'un problème constaté par son donneur d'ordres ou par un de ses utilisateurs sur un processus fournisseur. Elle ne souffre aucune exception. La chaîne de processus autorise la délégation des tâches, et notamment par le biais de l'appel à sous-traitance mais elle ne délègue pas pour autant la responsabilité quant aux résultats obtenus.

LES PROCESSUS SONT LIÉS PAR DES CONTRATS

La logique habituelle qui guide généralement une approche processus est celle des flux de produits (produit étant pris au sens large de prestation matérielle ou immatérielle). C'est effectivement la base de la première analyse mais il convient de se poser en permanence la question de savoir qui est à l'origine d'une prestation interne. Ce n'est pas toujours celui qui est en aval d'une opération dans le flux. Ce qui nous intéresse dans la mise en œuvre du principe de relation client/fournisseur c'est de connaître le véritable client c'est-à-dire celui qui déclenche une activité, celui qui la commande. La cartographie prendra ainsi en compte non pas celui qui reçoit mais celui qui commande. Ce ne sont pas toujours les mêmes.

La chaîne des processus est-elle seulement une relation de livreur à client ?

> La première analyse des processus est souvent une analyse des flux de pro-
> duction. Cela nous permet de déterminer les relations qui existent entre les
> processus qui livrent les produits et les processus qui reçoivent les produits.
> Cette cartographie qui est celle des flux n'est pas la plus déterminante pour
> rendre une organisation plus efficace.

Nous avons l'habitude de considérer les processus de l'entreprise comme un flux qui traverse l'organisation. Les interfaces entre les processus sont constituées par les zones de contact entre le processus amont et le processus aval. Cela s'analyse depuis les données d'entrée (fournisseurs et fournitures achetées) jusqu'aux données de sortie (clients).

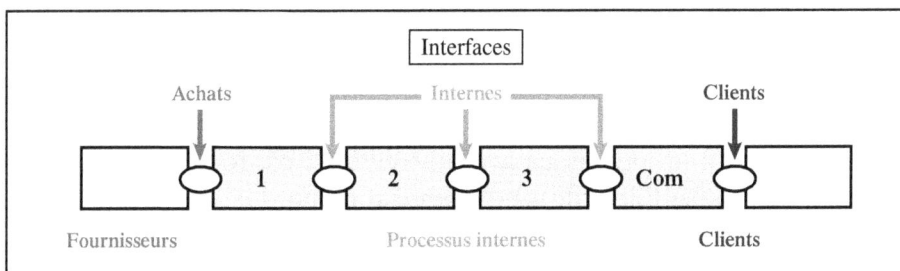

Il y a donc des zones de contact entre les fournisseurs et le premier processus interne qui utilise les fournitures. Ces interfaces sont gérées à travers la procédure « achats ». Il y a aussi des zones de contact entre les divers processus de production. Chacun de ces processus fonctionne avec des pratiques définies mais les interfaces, en général, ne sont pas maîtri-sées. Il y a enfin des zones de contact entre le processus qui fait office de fonction commerciale et le client. Cette interface est gérée à travers la procédure « revue de contrat » ou « client ».

Lorsque nous établissons la première cartographie, celle qui part de l'aval pour aller vers l'amont en tenant compte des relations de client à fournis-seur, nous obtenons un graphique qui présente la forme de la figure ci-dessus.

Nous avons élaboré dans ce cas une cartographie que nous pourrions quali-fier de « fluxienne » car elle montre le flux de production dans une relation chronologique. Le client ne peut commencer à exercer son activité que lorsque le fournisseur lui a livré la marchandise ou la prestation nécessaire. Ce n'est pas forcément une prestation matérielle. Par exemple, dans le cas d'un coiffeur, la coupe de cheveux ne peut démarrer qu'après l'opération du shampooing.

Le processus livré n'est pas toujours le vrai client

Le processus qui reçoit la prestation dans le flux de la production n'est pas toujours celui qui l'a déclenché (le donneur d'ordres). Il convient donc, lorsque nous établissons une cartographie des processus, de distinguer celui qui reçoit de celui qui commande.

Nous devons, à cette étape, nous demander si la relation de flux est réellement une relation de client à fournisseur, c'est-à-dire si une relation déclencheur/déclenché peut être établie entre les deux parties. En effet, il existe des situations dans lesquelles le processus en aval n'est pas le client «déclencheur» véritable du processus en amont. Ce n'est pas parce qu'on livre un produit à un processus aval que celui-ci est forcément le client (celui qui déclenche l'activité). Le client est d'abord celui qui déclenche l'activité. Celui qui, par sa demande, met en route le processus « fournisseur ». C'est en quelque sorte le donneur d'ordres. La notion de client est ambiguë. La norme ISO 9001 affirme que le client est celui qui utilise la prestation, le service. C'est plus compliqué que cela. Le client peut être celui qui, lorsqu'il n'est pas satisfait, peut avoir une incidence négative sur l'activité de l'organisme. Le client est donc celui qui déclenche, celui qui utilise, celui qui paie, celui qui subventionne, celui qui dirige, etc. Par exemple, dans une école d'apprentissage par alternance, le client est l'élève mais aussi le parent de l'élève, l'entreprise qui accueille l'élève, l'État et la région qui subventionnent, le syndicat professionnel qui participe à la direction de l'établissement, etc.

Dans ces cas de figure, un donneur d'ordres n'est donc pas forcément un processus aval. Ce peut être un processus autre que celui en aval qui commande et qui déclenche l'activité dans un processus éloigné et demande de livrer ailleurs les données de sortie.

Dans la vie courante, cette situation est assez fréquente. Par exemple, moi (donneur d'ordres), je commande des fleurs à mon fleuriste (fournisseur), lesquelles sont à livrer chez un parent (une tierce personne). En fait, ce qu'il est important de considérer dans les contrats d'interfaces, ce sont les relations que chaque processus entretient avec une seule catégorie de processus, celle des utilisateurs de ses données de sortie.

Dans l'exemple industriel ci-dessous, les processus ont effectivement un contact de flux, de livraison, mais il existe un service logistique qui s'occupe de la gestion des flux et, de ce fait, déclenche les productions par le biais d'OF (ordre de fabrication) et décide des approvisionnements entre les processus. C'est aussi ce service qui s'occupe des achats en fonction des commandes enregistrées auprès du service commercial.

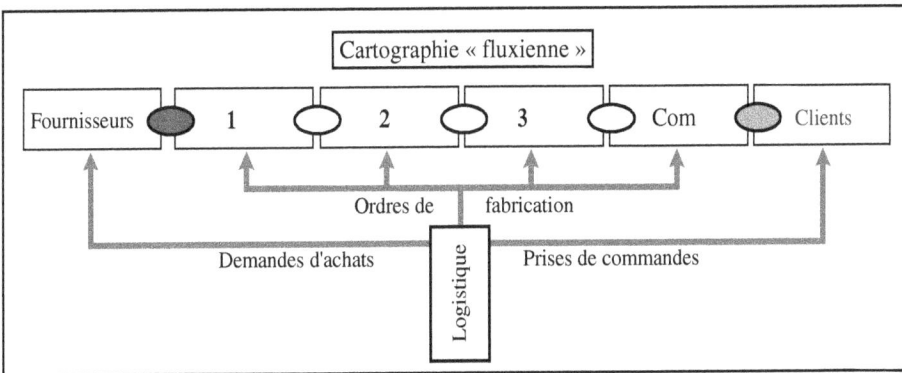

Ceci est donc une approche un peu différente et qu'il nous faut intégrer dans notre cartographie des processus. Pour cela, il nous suffit de convenir d'une nouvelle règle qui considèrera le donneur d'ordres et non pas forcément celui qui reçoit.

La relation donneur d'ordres/fournisseur est la base de la cartographie

La cartographie montrera les relations qui existent non pas entre les processus qui reçoivent la donnée de sortie et ceux qui la livrent mais entre les processus qui déclenchent l'activité et ceux qui la réalisent.

Ce qui nous intéresse dans la cartographie, c'est de résoudre les problèmes et les conflits qui peuvent exister entre les processus du fait du manque de précision des responsabilités respectives. Nous devons donc considérer uniquement les relations entre responsables et non pas les relations entre les livreurs. Les contrats que nous souhaitons établir concernent les

décideurs, ceux qui donnent les ordres et ceux qui demandent les prestations. Dans le cas montré précédemment, il est clair que le donneur
d'ordres est le service logistique.

La cartographie doit être établie pour montrer les interfaces importantes
client/fournisseur, celles qui doivent concerner la relation «déclencheur/
déclenché».

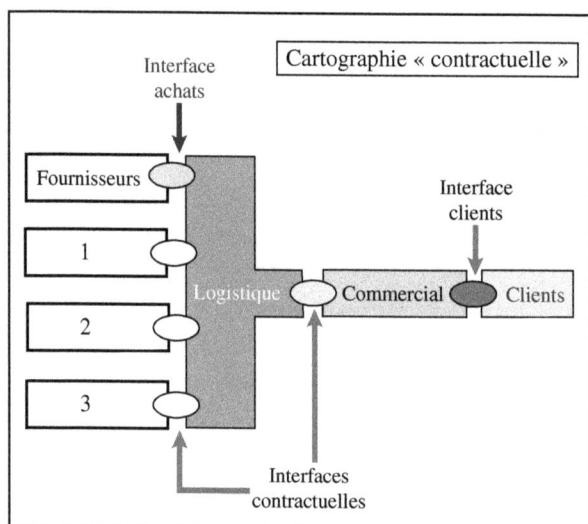

Il est important qu'un processus soit une entité homogène, un territoire fermé, afin que les responsabilités qui lui incombent soient parfaitement définies. Nous examinerons plus loin un autre cas particulier qui est celui du contrôle qui peut encore parfois gêner la définition de responsabilités.

La cartographie contractuelle des processus, celle qui nous intéresse
véritablement, est celle qui est montrée ci-dessus. C'est cette cartographie
qui est importante car l'interface qui apparaît est celle entre le donneur
d'ordres et le fournisseur.

Dans le cas illustré dans le logigramme ci-dessus, le processus logistique
est celui qui déclenche des activités de production dans les processus
successifs numérotés 1, 2 et 3. Les interfaces doivent donc être établies
entre la logistique et chacun des processus de production. En revanche, il
n'y aura pas d'interface entre les processus numérotés 1, 2 et 3 même s'ils
se livrent des pièces entre eux.

Les clients internes sont les processus donneurs d'ordres et les processus utilisateurs

Il convient de distinguer, comme dans la vie courante, les processus qui donnent les ordres et les processus qui reçoivent les prestations car ce ne sont pas toujours les mêmes. Sous l'appellation globale de client, nous trouvons donc les donneurs d'ordres et les utilisateurs.

Comme dans la vie de tous les jours pour les entreprises, il est parfois utile de distinguer la notion de client de celle d'utilisateur. Le client est celui qui nous paye. Celui à qui nous facturons nos prestations. Il est parfois le destinataire de nos prestations et parfois il nous demande de livrer un tiers. Où la situation se complique encore un peu plus, c'est quand notre client est le receveur de nos prestations mais qu'il est un intermédiaire entre nous, fabricants, et l'utilisateur final. Par exemple dans le cas où un producteur d'échafaudages livre à une grande surface de bricolage. Cette situation est fréquente en interne. Dans le cas présenté ci-dessous, la chaîne de processus s'organise ainsi :

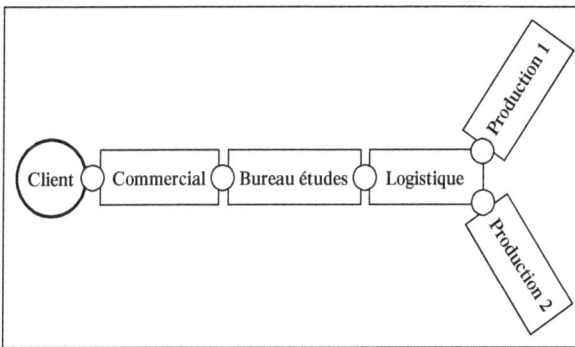

Le commercial apporte des commandes qu'il confie au bureau d'études pour élaboration d'un dossier technique. Celui-ci transmet le dossier à un service logistique qui doit alimenter la base de données de la GPAO (gestion de production assistée par ordinateur). C'est ce dernier processus qui déclenche ensuite les ordres de fabrication aux deux ateliers de production. Le processus logistique est un intermédiaire car les dossiers techniques sont aussi utiles à la production qui ne peut fabriquer sans plan et sans spécification technique. Dans cette même chaîne, nous pouvons également constater que l'atelier numéro un fournit à l'atelier numéro deux mais c'est le service logistique qui déclenche les fabrications depuis l'ordinateur. L'atelier deux reçoit les pièces de l'atelier un mais il n'est pas le donneur d'ordres. Il est seulement l'utilisateur. Cette situation s'éclaircit lorsque nous avons élaboré la cartographie. Elle nous indique les relations contractuelles entre les processus et nous permet d'identifier les statuts de chacun des processus qui est donc soit donneur d'ordres, soit fournisseur, de part et d'autre d'une interface.

Elle s'éclaircira encore un peu plus lorsque nous établirons les contrats d'interfaces des processus. Pour chacun d'entre eux nous définirons les données de sortie c'est-à-dire les prestations fabriquées. Celles-ci devront correspondre à des exigences des donneurs d'ordres mais aussi à des exigences de certains receveurs. Par exemple, lorsque le service logistique établit un contrat avec la production, celle-ci va exiger de disposer des dossiers techniques issus du bureau d'études avant de fabriquer. Dans ce cas, la logistique devra s'assurer que, lorsqu'elle caractérise un nouveau produit dans sa base, les informations seront transmises à la production. Pour simplifier, il pourra s'établir une règle de communication directe entre le bureau d'études et la fabrication.

Les relations entre les ateliers seront définies par les contrats passés entre la logistique et les deux ateliers. Ces contrats préciseront par exemple que l'atelier numéro un doit livrer les pièces à l'atelier numéro deux dans un certain conditionnement défini.

Les relations pourront se matérialiser ainsi :

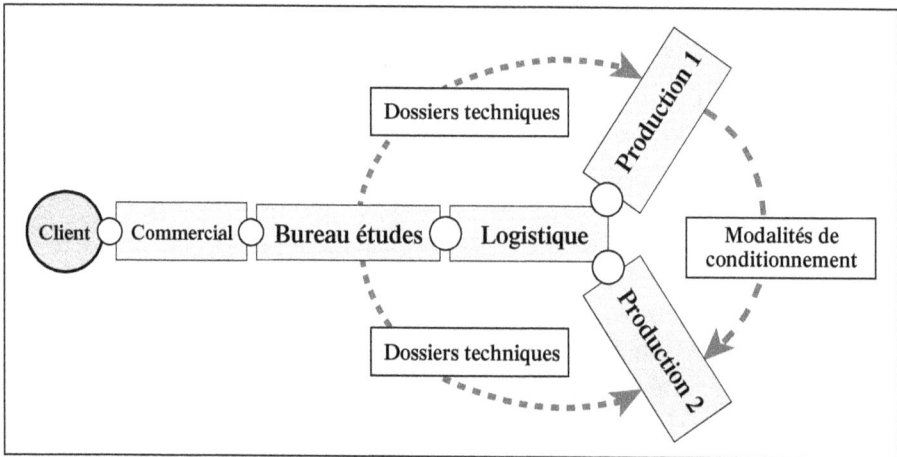

Si des relations directes sont nécessaires pour raccourcir un circuit de communication, elles devront faire l'objet de règles formelles élaborées avec le donneur d'ordres et son fournisseur. La pratique de ces règles ne diminuera en aucun cas la responsabilité du fournisseur par rapport à son donneur d'ordres ni celle du fournisseur par rapport à ses propres fournisseurs.

Règle

Lorsqu'une cartographie laisse apparaître plusieurs donneurs d'ordres pour un founisseur (pour des prestations différentes bien sûr) qui mobilisent les mêmes ressources dans le processus, il conviendra de définir une règle en accord avec les différents donneurs d'ordres. Par exemple une règle du type « premier arrivé, premier servi ».

Dans le cas de relations client/fournisseur en externe, il arrive fréquemment que le client donneur d'ordres, celui qui paye, ne soit pas l'utilisateur de ce qu'il nous achète. Dans ce cas, dans le cadre de notre système de management de la qualité, nous pouvons nous poser la question de savoir qui est notre vrai client ? Est-ce celui qui achète et à qui nous adressons nos factures ? Est-ce celui qui utilise notre produit ou notre prestation ? Parfois même, il existe un troisième voire un quatrième intermédiaire entre nous et l'utilisateur final. Pour respecter les règles du management de la qualité, il est convenu que le client, celui dont il est question dans le référentiel ISO 9001, est celui qui utilise ou qui nous paye. C'est une convention logique car c'est lui qui est à la source de notre richesse, de nos revenus. S'il s'en va à la concurrence, notre chiffre d'affaires en sera diminué d'autant. Donc, il faut d'abord considérer les besoins de ce client et de ce fait, les exigences de revue des contrats et les pratiques de communication seront déterminées pour ce client. Cela se comprend d'autant plus que, très souvent, nous n'avons pas de contact direct avec l'utilisateur. Le producteur qui vend à une grande surface ne connaît pas le consommateur final. Notre fabricant d'échafaudages ne connaît pas le bricoleur qui se servira de son matériel. Faut-il pour cela ne pas se préoccuper des besoins de l'utilisateur ? Non bien sûr car c'est lui en final qui demande, non pas notre produit à nous, notre marque qu'il ne connaît pas ou qui n'existe peut-être même pas (produits génériques), mais un produit qui réponde à ses attentes et que la grande surface lui proposera plus volontiers. Notre détermination des attentes de ce consommateur ou de cet utilisateur, que nous ne connaissons pas, devra se faire en plus de celles de notre client, de notre acheteur, dans le cadre de notre stratégie de développement, du souci de notre futur.

En interne, il n'y a pas de client (de processus) « payeur ». Mais il y a le processus « donneur d'ordres » et c'est cela qui est important. Comme à l'extérieur, le contrat s'établit toujours entre celui qui déclenche et celui qui exécute. Ensuite, chaque partie exprime ses propres besoins qui peuvent parfois devenir des données de sortie pour d'autres processus (utilisateurs). Le centre de notre organisation et par conséquent des risques de dysfonctionnement est l'interface qui marque le déclenchement de l'activité et donc de la mise en œuvre du contrat.

Nota : Dans notre approche processus, il convient de distinguer la cartographie du contrat d'interfaces. La cartographie est le document global qui donne une vue d'ensemble sur les processus. Il est forcément simple et ne donne pas le détail de toutes les relations entre les processus. Les interfaces qui sont représentées sur la cartographie sont celles, comme nous l'avons déjà évoqué, qui expriment les relations de déclencheur à déclenché et seulement celles-ci. Nous aurions pu choisir un autre mode de représentation mais il nous semble que cette relation est celle qui montre le mieux le cheminement de la voix du client dans tout l'organisme. Pour compléter cette cartographie (un peu réductrice) des relations entre les processus, nous proposons des contrats d'interfaces qui reprennent chacun des processus inventoriés par la cartographie générale et qui précisent toutes les relations de chaque processus avec les autres processus de l'organisation. Ces relations sont matérialisées par les données de sortie qui sont produites par chacun des processus. Ces données de sortie sont autant de fils qui relient les processus les uns aux autres. Mais il est impossible de montrer cette richesse de relations à travers un seul document, la cartographie générale. Avec les contrats d'interfaces, chaque processus explique toutes les relations qu'il a avec les autres.

Un organisme sera efficace si la voix de ses clients ne s'altère pas tout au long de la chaîne des processus

L'expression des attentes des clients doit se transmettre à travers les maillons de la chaîne de processus sans se déformer afin que chacun d'entre nous puisse travailler à les satisfaire. Les contrats d'interfaces doivent préciser ce mode de transmission de la voix du client.

Nous travaillons dans une entreprise, dans un organisme et celle-ci ou celui-ci a pour finalité de livrer des prestations matérielles ou immatérielles à des clients, à des usagers. Cela signifie que nous effectuons tous un travail qui participe de près ou de loin à la fabrication de cette prestation. Nous ne pouvons pas imaginer que les fruits de notre travail ne correspondent pas à satisfaire l'une des demandes de notre client. Sinon, notre travail ne serait d'aucune utilité. Dans le cas où notre travail est utile, et il l'est, nous devons admettre que nous le réalisons pour répondre à un besoin exprimé à un certain moment par le client ou pour répondre à un besoin exprimé par un processus qui, lui-même, travaille à satisfaire un besoin exprimé par le client. C'est le principe de notre chaîne client/ fournisseur en interne. Le problème qui se pose est relatif à la longueur de la chaîne et à la quantité de maillons qui la composent. Plus le nombre de maillons est important et plus le risque de déperdition de la voix du client est élevé. À chaque passage d'un maillon à un autre, d'une cellule à une autre, d'un processus à un autre, la voix se déforme, se transforme, s'altère, se perd, etc.

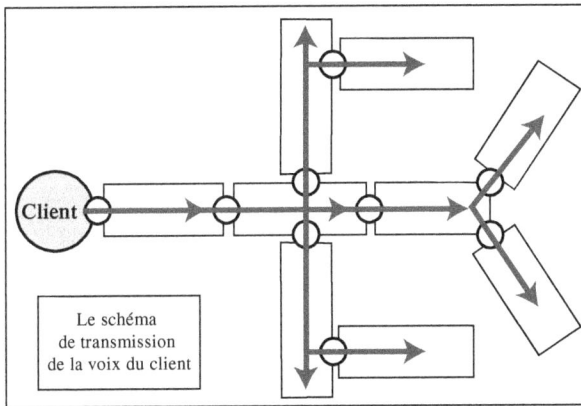

Le schéma
de transmission
de la voix du client

Tous les problèmes à résoudre concernent donc essentiellement la nécessité de conserver l'intégralité de la voix du client à travers ses passages d'un processus à l'autre. Dans l'entreprise, tout le monde communique. Les portes sont ouvertes et sauf dans certaines industries pratiquant le secret ou dans certaines fonctionnant avec des règles d'hygiène et de sécurité, il n'y a pas d'interdit en ce qui concerne la communication. Cela fait qu'il est quasiment impossible de réguler toutes les communications et c'est pourquoi nous devons porter toute notre attention sur celle qui est capitale, celle qui transporte les attentes des clients.

C'est pourquoi nous devons nous organiser pour que la voix du client, l'expression de ses attentes nous parvienne intacte, sans déformation ni distorsion quelle que soit notre place dans l'organisme. C'est pourquoi notre cartographie va s'appliquer à identifier le chemin emprunté par la voix du client et surtout les points de contact, c'est-à-dire de passage entre les processus. En effet, ce sont à ces endroits précis que la déperdition s'opère. Comme le message se déforme lors du passage d'une personne à une autre dans le jeu du téléphone, la voix du client se déforme surtout lorsqu'elle sort d'un processus pour entrer dans le suivant. Dans notre logique d'analyse par l'aval, la voix du client passe du processus donneur d'ordres à celui du processus fournisseur puisque c'est le donneur d'ordres qui déclenche l'activité. C'est donc à cette interface que sera située la cause des problèmes d'interfaces, et pas ailleurs. Les problèmes, les effets constatés peuvent se produire partout mais l'origine en sera au point de passage de la voix du client, à l'interface entre donneur d'ordres et fournisseur interne.

Ce sont en réalité les interfaces contractuelles, celles qui se créent entre les processus donneurs d'ordres et les processus fournisseurs. Nous respectons ainsi également le principe du commandement unique puisque la voix du client ne peut arriver de deux donneurs d'ordres différents. Les contrats d'interfaces entre processus devront être élaborés avec le souci de transposer la voix du client, ses attentes, sans aucune déformation. C'est le rôle du contrat.

LA NORME ISO 9001-2000 ET L'APPROCHE PROCESSUS

L'élaboration d'une cartographie des processus et de maîtrise des interfaces répond parfaitement aux exigences de la version 2000 de la norme ISO et elle permet d'apporter des solutions à de nombreuses questions. Elle est à la base de l'identification des processus importants, elle est utile pour préparer les programmes d'audits internes, elle aide à la mise en place des dispositifs de mesure et de surveillance des processus et elle peut servir à mettre en œuvre les programmes d'amélioration.

L'évolution des concepts de processus dans les différentes versions des normes

Le terme de processus a été utilisé dans les normes ISO de la série 9000 depuis leur adoption par la Communauté européenne en 1987. Il était, à l'origine, utilisé pour désigner les activités de production. Dans la dernière version, il concerne toutes les dispositions qui répondent aux exigences du référentiel.

À l'origine, le mot de processus était surtout utilisé pour désigner un mode opératoire, c'est-à-dire une façon spécifiée de fabriquer un produit ou une partie de produit. Le terme en usage dans les écoles et dans les entreprises était alors « gamme d'opérations ». Un processus de fabrication présentait dans le détail et dans un ordre chronologique les différentes étapes de cette fabrication, les différentes phases ou opérations. Il présentait ensuite pour chacune de ces étapes les modalités de réglages, les ressources à mettre en œuvre c'est-à-dire les machines et les outillages. Il proposait également les moyens et les méthodes de mesurage à utiliser pour vérifier la conformité des réalisations par rapport aux cahiers des charges.

Dans la première version des normes ISO 9000, celle de 1987 mais aussi dans la deuxième version, celle de 1994, le terme « processus » est utilisé pour désigner les processus de fabrication. Nous les trouvons au chapitre 4.9 « Maîtrise des processus », sous-entendu, processus de fabrication.

Dans la version 2000, le terme de processus se généralise à toute activité qui produit des données de sortie identifiables. Autrement dit, toute réponse à une exigence de la norme qui nécessite la mise en œuvre de dispositions agissantes peut être caractérisée comme un processus. Nous parlerons ainsi de processus de planification, de processus de revue de direction ou de processus de traitement de non-conformité ou encore de processus d'actions correctives.

C'est d'ailleurs ce qui provoque beaucoup de difficultés lorsque nous voulons mettre en œuvre une approche processus. Devons-nous considérer l'ensemble des processus, c'est-à-dire tous les postes de travail de l'entreprise ? Comment déterminer les interfaces entre les processus de planification et les processus de ventes ou d'achats ? Autant de questions auxquelles nous avons répondu en convenant de distinguer les processus « territoires », des processus « règles et valeurs ».

En ce qui concerne la nouvelle norme ISO, sa présentation n'est pas en contradiction avec les conventions que nous avons établies pour élaborer notre cartographie. Le schéma de la page suivante montre une représentation de la norme qui convient à nos façons de cartographier et de maîtriser nos processus et nos interfaces.

Dans les cinq chapitres qui exposent les exigences de la norme, nous pouvons y distinguer des processus « territoires » qui figurent dans le chapitre 7 « *Réalisation du produit* », nous pouvons y trouver des processus « règles et valeurs » qui figurent dans les autres chapitres c'est-à-dire dans les numéros 4 « *Management de la qualité* », 5 « *Responsabilité de la direction* », 6 « *Management des ressources* » et 8 « *Mesures, analyse et amélioration* ».

La distinction entre processus « territoires » et processus « règles et valeurs » est arbitraire. Dans certaines entreprises de petite taille, l'exigence relative à la formation est traitée par une procédure « règle » et dans d'autres, lorsqu'il y a un service formation, cette exigence est traitée par un processus territoire. Le manuel qualité doit donc, comme cela est exigé par la norme, présenter une cartographie des processus. C'est une demande logique. Il est normal en effet de montrer avant toute chose une carte du territoire de l'organisme qui dispose d'un système de management de la qualité et qui souhaite être certifié. La cartographie permet ainsi au lecteur, que ce soit un client ou un auditeur d'un organisme certificateur tierce partie, de comprendre la mécanique de l'entreprise, d'identifier les processus et leurs interactions et d'identifier toutes les règles qui sont appliquées sur le terrain.

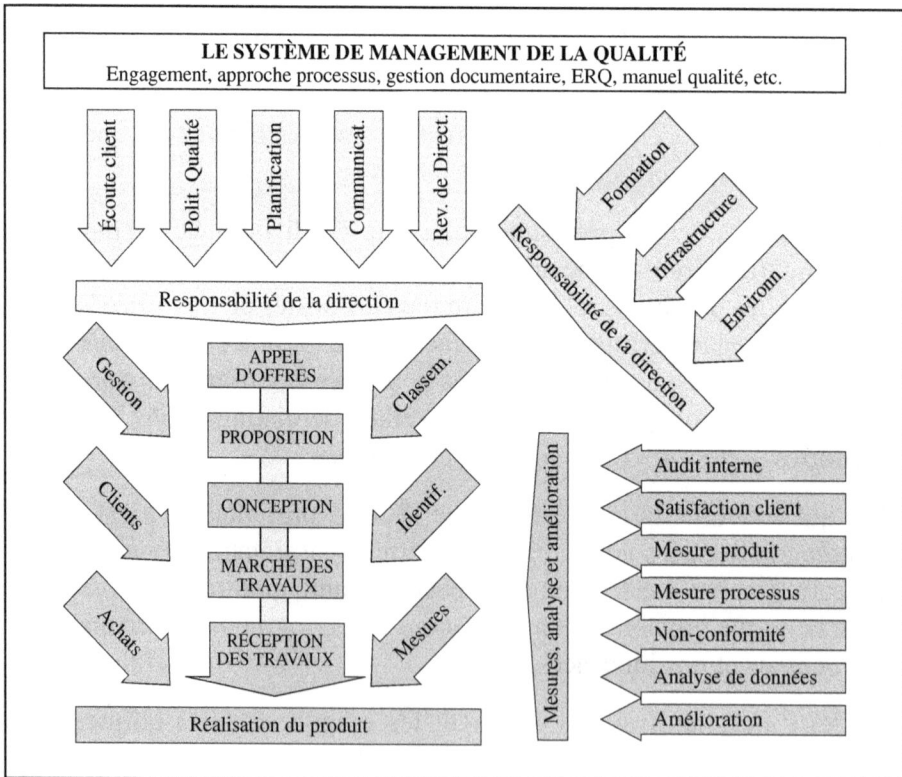

Comment appréhender le manuel qualité de l'entreprise avec la méthode de la voix du client ?

Le manuel qualité de l'organisme doit faire état (entre autres) des processus et de leurs interactions. Il est donc utile d'y inclure la cartographie générale qui répond à cette exigence.

Le référentiel ISO nous demande dans son chapitre 4 (§ 4.2 « Exigences relatives à la documentation. Généralités. ») de disposer d'un manuel qualité. Il exige que ce manuel (§ 4.2.2) comprenne le domaine d'application du système de management de la qualité, les procédures documentées ou la référence à celles-ci et une description des interactions entre les processus du système de management de la qualité. Les procédures documentées, c'est-à-dire formalisées sur un support quelconque, sont au nombre de six (maîtrise des documents, maîtrise des enregistrements relatifs à la qualité, audit interne, maîtrise du produit non conforme, action corrective et action préventive). Si nous nous en tenons à la stricte exigence de la norme, le manuel qualité que nous avons l'obligation d'élaborer ne comptera pas plus de deux pages. Un recto verso. Or, dans la réalité, nous voyons plus souvent des manuels qui comptent entre trente et cinquante pages, quand ce n'est pas plus. Qui donc exige ce volume documentaire ? Les clients ? Lorsque nous leur envoyons un manuel, même à leur demande expresse, ils jettent un coup d'œil sur les cinq premières pages puis le classent dans notre dossier fournisseur. En fait, les seules personnes qui en ont besoin sont les auditeurs et les organismes certificateurs car avant de procéder à un audit d'un organisme, ils doivent réaliser une étude de faisabilité. En principe, l'examen du manuel qualité ou de documents nécessaires à une étude documentaire, n'est obligatoire que lors des audits initiaux ou lors des audits de renouvellement, c'est-à-dire tous les trois ans. Cela signifie que beaucoup de responsables qualité prennent un temps considérable pour établir un manuel qui ne sert qu'une fois toutes les trois années.

Avec la version 2000, il est donc possible de procéder autrement. Le manuel peut contenir les informations suivantes :

Première page, une présentation de l'entreprise avec la situation géographique, ses références, ses activités, etc. C'est une page introductive.

Deuxième page, description du domaine d'application du système de management de la qualité de l'organisme. Comme il nous reste un peu de place, nous pouvons y ajouter une déclaration d'engagement du manager. Attention, il ne s'agit pas d'y mettre comme nous le faisions avec la version 1994 une description de la politique qualité et des objectifs. Vous remarquerez que cela n'est plus une exigence du référentiel. En effet, aujourd'hui, les managers élaborent des politiques plus pertinentes, plus spécifiques et plus précises et répugnent à les exposer sur la place publique dans leurs manuels.

Troisième page, une cartographie des processus qui montre le fonctionnement de l'organisme et les points de contact entre les processus. Nous utiliserons à cette fin notre cartographie générale montrant les processus d'opération, les processus de service et les règles. Nous pouvons, soit sur cette page soit sur la précédente, y ajouter un texte explicatif.

Quatrième page, une liste des procédures documentées comprenant au moins six éléments.

Ce manuel qualité a l'avantage d'être concis, et il peut, pourquoi pas, être utilisé comme une plaquette de présentation dans laquelle nous glisserons des documents complémentaires sur nos compétences, nos produits ou bien encore des devis. ⌐

En ce qui concerne le document à fournir à l'auditeur, nous pouvons lui transmettre, outre le manuel qualité, l'ensemble des cartes d'identité de nos processus et règles et l'ensemble de nos contrats d'interfaces. Il aura ainsi toutes les informations nécessaires pour réaliser son étude documentaire avant de procéder à l'audit sur le terrain. Cela représentera environ une quarantaine de pages mais celles-ci n'auront pas été fabriquées à son intention, elles constitueront des documents de travail utilisés chaque jour dans l'entreprise.

Devons-nous encore disposer de procédures écrites pour décrire nos méthodes de travail ?

La norme exige que chaque processus de l'organisme soit maîtrisé. Cela signifie que des pratiques de travail efficaces doivent être décidées et mises en œuvre mais aussi que l'existence de ces méthodes soit démontrable.

La nouvelle version nous perturbe un peu car elle n'exige pas de procédure documentée pour décrire nos bonnes pratiques de travail. Que devons-nous alors écrire ? Pour répondre à cette difficile question, il convient d'abord de revenir à la logique de cette nouvelle version.

Sa finalité est toujours de satisfaire le client. Pour cela, il faut mettre en œuvre des dispositions qui garantissent l'obtention de cette satisfaction. L'approche processus, les exigences en matière de mesure et d'amélioration ont quelque peu changé les règles du jeu. Auparavant, avec la version 1994, notre seule assurance d'efficacité était de formaliser nos pratiques de travail et de les appliquer de manière rigoureuse. Nous étions ainsi assurés (le mot n'est pas innocent) que nos méthodes de travail devaient générer des résultats en matière de conformité des prestations fabriquées.

Aujourd'hui, nous avons constaté que les procédures ont des limites. Ce n'est pas parce que nous avons écrit une procédure formalisant une méthode de travail que cette méthode est la bonne (qu'elle donne les résultats escomptés).

Et puis, nous avons tendance à parfois écrire beaucoup trop. Cela a généré des systèmes qualité complexes et rigides.

En fait, ce qui est important pour disposer d'une organisation efficace, c'est d'avoir des méthodes et de pouvoir mesurer les résultats de la mise en œuvre de ces méthodes. C'est exactement ce que la norme nous demande. Avez-vous des méthodes ? Pouvez-vous démontrer leur efficacité ?

Or avec la nouvelle approche processus, nous pouvons faire cela. Nous avons déjà commencé par identifier la finalité de tous nos processus et par identifier les données de sortie. Ensuite, nous sommes convenus du choix d'un ou de plusieurs indicateurs de performance pour chacun d'entre eux. Il nous reste donc à décider des méthodes à pratiquer pour que cet indicateur de performance aille dans le sens où nous le désirons. Ces méthodes existent déjà et elles nous satisfont ou bien elles n'existent pas et il faut les définir. Troisième et dernière hypothèse, elles existent mais doivent être modifiées pour une plus grande efficacité. Lorsque ces pratiques ont été identifiées, nous devons alors nous poser la question de la formalisation. L'écriture est un outil, pas une finalité. La finalité, c'est la satisfaction du client. Il fut un temps où nous entendions dire que « Entreprendre une démarche d'assurance qualité, c'est écrire ce que l'on fait et faire ce que l'on a écrit ». Avec du recul, nous nous rendons compte de l'inanité de cette déclaration. Cela explique aussi que très souvent, nous avons confondu la finalité avec l'outil d'écriture.

Nous avons compris cela et l'écriture des méthodes sous forme de procédures documentées n'est plus régie par les mêmes règles. La question que nous devons nous poser est la suivante :

Si nous ne formalisons pas cette méthode, cette pratique, y a-t-il un risque de mécontenter le client ? Autrement dit courons-nous le risque de voir apparaître un dysfonctionnement préjudiciable pour nos prestations ?

À cette question, plusieurs éléments peuvent influer sur la réponse. D'abord est-ce que la pratique est récente ? Si oui, peut-être devons-nous écrire quelques règles fondamentales. Par contre, si la pratique est ancienne, bien rodée, le risque d'une dérive est plus faible car les habitudes l'ont bien ancrée dans le quotidien.

Ensuite, est-ce que la pratique est mise en œuvre par une seule personne ou plusieurs ? Dans le premier cas, il est peut-être utile de formaliser cette activité afin de pourvoir plus rapidement au remplacement de ce poste en cas d'absence. Il faut cependant être prudent car nous savons que nous pouvons rarement remplacer au pied levé une compétence ou un métier. Si vous êtes outilleur, dépanneur, pâtissier ou chirurgien, ce n'est pas un texte ou un logigramme qui permettra au premier venu d'effectuer cette tâche. La solution à ce risque n'est pas toujours dans l'écriture de procédures.

Pour les entreprises désireuses d'obtenir une certification ISO, elles devront se poser le problème de la démontrabilité de la méthode. Mais cela ne change rien au métier d'auditeur d'aujourd'hui. L'existence d'une procédure ne signifie pas qu'elle est appliquée de façon régulière et rigoureuse. Il convient en plus, par des entretiens avec les personnes concernées ou par des observations sur le terrain, d'en vérifier la mise en œuvre.

Comment organiser le système documentaire de notre organisme ?

> L'organisation doit être formalisée d'une manière quelconque pour pouvoir se montrer et s'expliciter. Ce formalisme peut se traduire soit par un système documentaire « papier » soit par un système documentaire « informatique ».

Une entreprise qui regroupe diverses entités de production en France et en Europe propose une solution originale. Cette solution est appliquée chez eux par le biais d'un réseau de communication Intranet. Chaque site et chaque personne ont accès au réseau à partir de n'importe quel PC.

Le système fonctionne de la manière suivante :

Lorsque quelqu'un se connecte au réseau et entre dans le système de management de la qualité, il voit apparaître sur son écran la cartographie générale des processus. Elle constitue en quelque sorte un sommaire de l'organisation de l'entreprise. Nous y voyons donc les chaînes des processus d'opérations, les processus de services, les processus fournisseurs ainsi que les règles.

Si la personne est intéressée de connaître la politique qualité (dans la mesure où elle en a oublié quelques caractéristiques), elle positionne son pointeur sur le rectangle de la règle en question « Politique qualité », elle clique et voit apparaître en lien hypertexte ladite politique.

Si cette même personne souhaite connaître les procédures ou les méthodes de travail du service recherche et développement, elle pointe sur la flèche du processus en question, elle clique et voit apparaître, toujours en hypertexte, les procédures de ce service.

Elle souhaite ensuite s'informer sur les relations entre le processus de production et le processus de recherche et développement, elle pointe et clique sur le cercle qui symbolise le contact entre les deux processus et voit apparaître le contrat d'interface correspondant.

L'informatique et l'existence d'un réseau présente un net avantage pour la communication de l'organisation à tout le personnel. Cependant, cette technique peut être transposée sur papier. Dans ce cas, imaginons que nous disposons d'un gros classeur avec de nombreux intercalaires.

En première page de ce classeur, nous y mettrons notre cartographie générale. Là aussi, elle sert de sommaire au contenu du classeur. À l'intérieur, nous pouvons y ranger les règles en les sous-classant, si nous le souhaitons, en fonction des grands chapitres de la norme (règles relatives à la responsabilité de la direction, règles relatives au management des ressources, règles relatives à la mesure, à l'analyse et à l'amélioration). Nous y rangerons ensuite les procédures ou autres documents concernant les processus d'opérations en les classant dans l'ordre de déclenchement des activités (à partir du client). Nous y rangerons ensuite les procédures ou documents relatifs aux processus de services puis nous finirons par y positionner nos contrats d'interfaces.

CHAPITRE 3

LA MÉTHODE POUR CARTOGRAPHIER LES PROCESSUS SELON LA VOIX DU CLIENT

L'INVENTAIRE DES PARTENAIRES ET DES PRESTATIONS

Les activités de notre organisme, de notre entreprise sont déclenchées par nos partenaires extérieurs. Ce sont bien entendu d'abord nos clients mais il y a aussi l'État par exemple. Il peut y avoir également des organismes de tutelle, des financeurs, les actionnaires, bref toute entité qui a des relations avec nous. La première étape de la méthode est donc d'identifier ces partenaires extérieurs car ils sont à l'origine de la mise en route de nos processus en interne. Cette étape concerne surtout les organismes comme les administrations, les collectivités territoriales, les chambres consulaires qui fonctionnent avec de nombreux partenaires extérieurs.

Il convient aussi en préalable d'identifier les typologies de prestations que nous fournissons à nos clients. Il faut élaborer des cartographies spécifiques à chaque famille de prestations. Une activité de négoce par exemple ne déclenche pas au sein d'une même entreprise des processus identiques à une activité de production.

Connaître nos partenaires extérieurs et nos prestations

L'élaboration d'une prestation fait appel à une suite de processus spécifiques à la nature même de la prestation en question. Chaque type de prestations offertes est donc représenté par une cartographie qui lui est propre et, en conséquence, il convient d'inventorier les divers produits et services que nous proposons à nos partenaires extérieurs.

Pour identifier la liste exhaustive des processus internes à notre organisme, nous devons d'abord identifier la liste exhaustive de nos partenaires, c'est-à-dire de toutes les entités qui nous font travailler. Pour l'entreprise classique, commerciale ou de production, cette liste est simple à établir et il n'est point besoin d'outils. Il y a les clients, ceux qui achètent nos prestations et il y a l'État qui réclame des impôts et nous impose une réglementation comptable. N'oublions pas également notre direction lorsqu'elle est au dehors de notre organisme, par exemple dans le cas où nous appartenons à un groupe ou que notre organisation est un élément d'un ensemble plus important. Nous pouvons citer les entreprises qui s'organisent en centres de profit. Par contre, pour les organismes publics ou para-publics, l'approche est souvent différente. Ce sont pour la plupart des entreprises que nous pouvons considérer comme des entreprises de services, dont la palette de prestations est souvent très large. Pour prendre le cas d'un organisme consulaire, une Chambre de Commerce et d'Industrie par exemple, il est possible d'identifier une bonne trentaine de partenaires potentiels, qui sont à même de commander une prestation. Nous pouvons citer les autres Chambres avec lesquelles les CCI entretiennent des relations suivies, les Conseils régionaux ou généraux, les entreprises bien entendu, les particuliers qui souhaitent créer leur entreprise ou qui demandent de l'information ou de la formation, etc. La liste est longue et il convient dans ce cas, avant d'élaborer la cartographie, d'établir cette liste de partenaires extérieurs.

Dans un deuxième temps, il conviendra de faire l'inventaire des familles de prestations offertes par notre organisme. Cela peut être simple, comme dans le cas de certains commerces où la prestation est uniquement de la vente. L'activité en elle-même est complexe mais il n'y a qu'un type d'activité. Au contraire, dans une entreprise, nous pouvons avoir affaire à un éventail plus varié de prestations. Il est possible de trouver au sein d'une même entreprise des prestations de production, des prestations de négoce, des prestations de formation et des prestations de maintenance. Et pour compliquer le tout, il est possible, en production de distinguer aussi des familles diverses de produits. Par exemple, des fabrications de machines spéciales d'assemblage, de la sous-traitance sur plan et de la production d'outillage. En général, la constitution d'une chaîne de processus est spécifique à une famille de prestations et il est nécessaire d'élaborer une cartographie par type de prestations.

Lorsque nous avons à travailler avec une entreprise qui vend des produits multiples, il faut là aussi formaliser une liste et au besoin utiliser un outil simple d'inventaire. Cette éventualité est fréquente dans les organismes publics.

Utiliser une matrice à double entrée

> Le client/partenaire est une entité qui déclenche une ou des activités à l'intérieur de notre organisme suite à une demande spontanée ou que nous sommes allés chercher. Il est extérieur à l'organisme.

Les produits ou les services proposés par une entreprise ou un organisme dépendent des clients et réciproquement. Il est donc parfois utile, dans le cas de prestations variées et diverses, de faire appel à un outil simple comme par exemple une matrice à double entrée. D'un côté nous y trouverons la liste des partenaires extérieurs et de l'autre la liste des prestations. Bien entendu, il faudra au préalable avoir inventorié ces éléments. C'est l'expérience qui nous guidera et cela n'a rien de difficile.

Voici un exemple de matrice à double entrée :

Prestations Partenaires									

Dans la colonne de gauche nous y inscrirons les partenaires et dans la ligne supérieure, nous y inscrirons les prestations ou plus exactement les familles de prestations. Aux intersections, nous pointerons l'existence d'une prestation offerte aux partenaires concernés. Ce tableau peut être utilisé avantageusement par les directions pour communiquer sur les prestations ou tout simplement pour les présenter en interne à tous les personnels.

L'exemple d'une CCI

PRESTATIONS DE LA CHAMBRE / CLIENTS & PARTENAIRES	Conseils et appuis	Formalités réglementées	Opérations collectives et manifestations	Développement économique et territorial	Partenariats opérationnels et financiers	Informations et documentation	Représentation	Recherche nouvelles prestations
1. Conseil Régional			✗	✗				
2. Conseil Général			✗					
3. Collectivités Loc.			✗	✗				
4. ACFCI			✗		✗		✗	
5. CRCI			✗		✗		✗	
6. CCI	✗		✗	✗				
7. C Agri. + C Métier			✗		✗			
7bis. Nous						✗		✗
8. ÉTAT			✗			✗	✗	
9. DRIRE	✗		✗					
10. ANVAR		✗						
11. Réseaux		✗				✗		
12. Agence Eau	✗		✗	✗				
13. DDE				✗				
14. État / Europe	✗		✗					
15. Entreprises	✗	✗	✗	✗		✗	✗	
16. Assoc.			✗		✗			
18. Banques			✗					
19. Individus	✗	✗	✗			✗		

L'INVENTAIRE DES PROCESSUS D'OPÉRATIONS ET DE SERVICES

L'identification des processus doit se faire d'abord en distinguant ceux qui concernent les « métiers », qui apportent la valeur ajoutée, et ceux dits « connexes », qui apportent un service aux processus « métiers ». La métho-de par l'aval démarre à partir de la prestation fournie au client, identifie le ou les processus en contact direct avec celui-ci, puis ensuite recherche en amont les processus fournisseurs en interne. La chaîne des processus est ainsi établie de l'aval vers l'amont, jusqu'à ce que l'on retrouve les fournis-seurs extérieurs. Le principe de cette technique est que chaque processus « métier » ou « connexe » est lié avec d'autres processus par une relation chronologique, l'objectif étant de retrouver cette relation et de la formaliser sous forme graphique.

Les processus d'opérations

Ce type de processus est identifié à l'aide de la méthode d'analyse par l'aval. C'est par ceux-ci que commence l'opération d'identification. En même temps, nous identifions les contacts d'interface entre donneurs d'or-dres et fournisseurs.

L'inventaire des processus s'établit d'abord pour le niveau des opérations. Cela concerne donc tous les processus qui concourent à la réalisation du produit (de la prestation complète). Nous utiliserons pour cela la méthode par l'aval, partant du principe que nous reconstituerons la chaîne des processus à partir des clients externes et en appliquant la relation déclen-cheur/déclenché en interne.

Postulat

Quels que soient notre fonction, notre poste ou notre activité, nous devons nous situer dans la chaîne des processus. Le cas contraire signifierait que nous ne contribuons pas à la réalisation du produit ni à la satisfaction du client.

En théorie, la méthode par l'aval est facile mais dans la réalité des analyses que nous pouvons être conduits à réaliser, nous nous heurtons parfois à quelques petites difficultés. Il faut se souvenir que cette approche ne permet pas toujours d'élaborer la bonne cartographie du premier coup. Il est parfois nécessaire de tâtonner, de procéder par approches successives jusqu'à ce que nous trouvions la bonne (provisoire) solution. Cela est parfaitement normal et il ne faut pas se rebuter devant une impasse apparente. Il nous faut toujours conserver à l'esprit les principes de la méthode. Celui qui déclenche l'activité est le client. Il n'y a pas de solution cartographique unique. C'est nous qui décidons de la chaîne. Et dans tous les cas, il convient de se rappeler que la cartographie générale n'est qu'une représentation simplifiée de l'organisation. Elle permet d'en comprendre la mécanique mais ne donne pas de règle de fonctionnement ni de relations. Par conséquent, si elle ne correspond pas, à quelques détails près à la réalité, cela ne porte pas à conséquence. Ce que nous demandons à une cartographie générale, c'est de montrer l'inventaire exhaustif des processus ainsi que l'ordre normal de déclenchement des activités dans l'ensemble des processus. Des petits exemples pour être plus clair :

Premier exemple

Une entreprise fonctionne de la manière suivante :

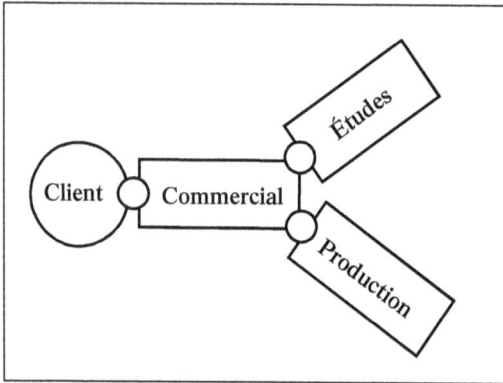

Les commandes sont prises par un service commercial qui est donc fournisseur du client externe. Ce service commercial sous-traite l'étude au bureau d'études qui devient ainsi le fournisseur du commercial. Le commercial, lorsque le produit est défini par le bureau d'études, récupère le dossier technique et le fait réaliser par le service production qui est son deuxième sous-traitant. La cartographie est alors celle-ci :

Une deuxième solution peut être envisagée. Il se trouve que le service commercial ne souhaite pas s'occuper de la gestion de la sous-traitance « fabrication ». Il demande alors au bureau d'études de s'en occuper. Dans ce cas, il sous-traite toute l'affaire au BE et celui-ci sous-traite à son tour la production. Il est alors le client de la production et la cartographie s'établit ainsi :

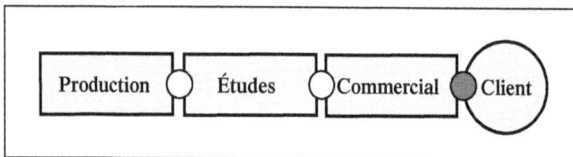

En ce qui concerne le mode d'enchaînement des processus, les deux configurations sont possibles et dépendent uniquement de choix organisationnels pris par la direction et les responsables de service. Dans la première cartographie, les relations de déclenchement s'établiront entre le processus « commercial » et les processus « bureau d'études » et « production ». Dans la seconde, les relations de déclenchement s'établiront d'une part, entre le processus « commercial » et le processus « bureau d'études » et d'autre part, entre le processus « bureau d'études » et le processus « production ».

Deuxième exemple

Il existe également une autre possibilité que nous trouvons souvent dans les entreprises qui traitent des affaires et des projets. Selon l'importance des affaires, les processus mis en œuvre sont parfois différents, ou bien ils sont mis en œuvre dans une chronologie différente. De plus, ces affaires sont souvent complexes et demandent un suivi plus particulier que dans une entreprise de production où les activités s'enchaînent souvent dans un ordre répétitif.

Il apparaît alors une fonction particulière, celle de chef de projet, nommé aussi chargé d'affaire. Cette fonction est-elle un processus ? Si oui, comment la cartographier ?

Cette fonction peut être effectivement considérée comme un processus car elle est donneuse d'ordres. La direction ou le commercial lui confie une affaire et le chef de projet a la mission de la mener à bien, sans problème. C'est un coordinateur, un maître d'œuvre en quelque sorte.

La cartographie d'une chaîne de processus avec un chef de projet dans le schéma précédent pourrait s'établir ainsi :

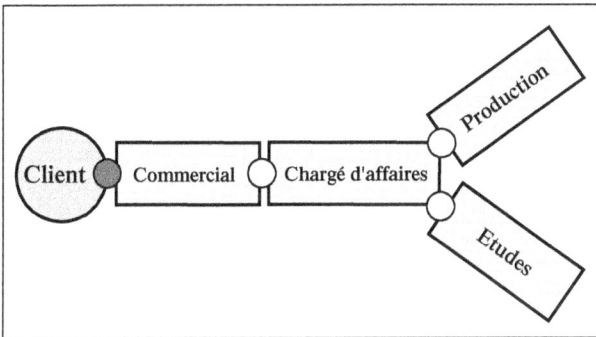

Le processus « commercial » sous-traite toute l'affaire complexe à un maître d'œuvre. Celui-ci sous-traite à son tour à différentes entreprises internes comme le processus « bureau d'études » et le processus « production » et assure la coordination et le suivi de l'affaire.

Les cartographies de processus à cette échelle de raisonnement ne sont pas compliquées. Elles prennent en compte des services et des fonctions existantes et les enchaînent les uns aux autres selon notre principe de client/ fournisseur.

Dans cet exemple, nous avons symbolisé le passage de la voix du client par une flèche qui part du client et qui indique le sens du déclenchement d'un processus à l'autre. Le symbole qui désigne l'interface déclencheur/ déclenché peut être ainsi un cercle ou une flèche ou bien encore n'importe quel signe graphique. Chacun doit s'approprier le graphisme de sa cartographie.

Troisième exemple

Voici par exemple une cartographie d'une entreprise de 500 personnes environ qui exerce dans le domaine de la production agroalimentaire.

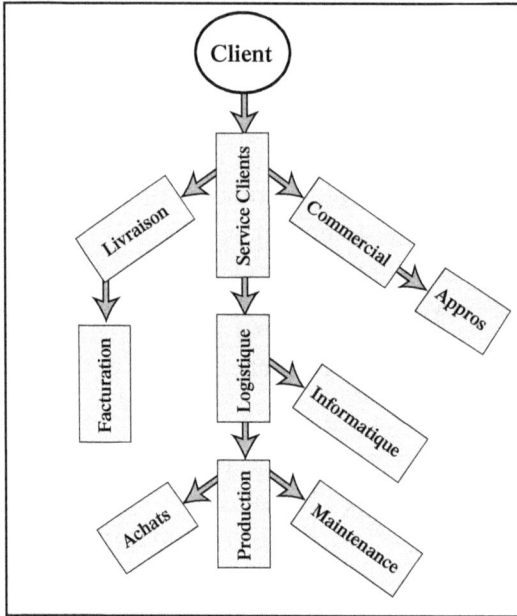

À partir de la commande des clients pour des produits de catalogue, un processus « service clients » enregistre l'information puis sous-traite l'affaire aux divers processus concernés. Vers le bas, c'est le processus « logistique » qui coordonne la production. Vers la droite, c'est le processus « commercial » qui s'occupe des approvisionnements. Vers la gauche, c'est le processus « livraison » qui déclenche le processus « facturation ».

La logique de cette organisation appartient à l'entreprise mais l'intérêt de cette cartographie est d'établir sans ambiguïté les relations entre les processus, entre les services.

Règle

Le principe de la relation client/fournisseur s'appuie sur un principe d'organisation vieux comme le monde et comme l'entreprise. Ce principe affirme que quelqu'un travaillera efficacement et sans problème s'il n'a qu'un donneur d'ordres, autrement dit qu'un seul chef.

C'est l'objectif numéro un d'une cartographie. Pour chaque processus « fournisseur », une activité définie est déclenchée par un donneur d'ordres et un seul. Bien évidemment, un fournisseur peut avoir plusieurs clients mais chacun d'entre eux lui commandera une prestation particulière. Et si un cas de figure différent se produit, il faudra alors modifier le contrat entre les processus. Imaginons par exemple un boulanger qui enregistre une commande de pâtisseries donnée par une mère de famille. Le père de cette même famille apparaît quelques minutes après et annule la commande. La mère plus tard vient la chercher et s'entend dire que celle-ci a été annulée par son mari. Après constat de ce dysfonctionnement, il conviendra bien évidemment de modifier le contrat pour préciser l'identité de ceux qui ont l'autorisation de commander ou de décommander et pour préciser les règles d'informations réciproques.

Cela ressort ensuite de définitions de règles de fonctionnement internes des processus, c'est-à-dire des procédures qu'il conviendra de définir et d'appliquer. Mais cela est une autre histoire.

Quatrième exemple

Une autre configuration peut se produire, lorsqu'une entreprise dispose de deux cartographies, l'une est le circuit de traitement des produits dits « catalogue » et l'autre est le circuit de fabrication des produits dits « nouveaux ».

Dans ce cas, nous pouvons avoir la cartographie suivante qui est celle de notre fabricant de produits agroalimentaires :

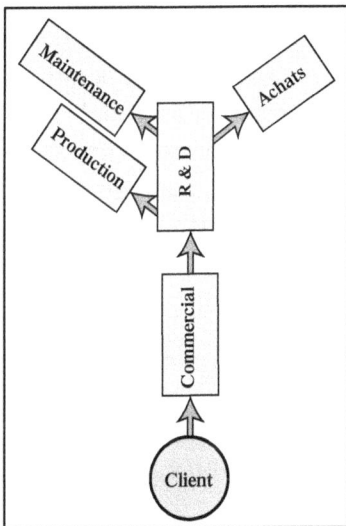

Dans ce cas, c'est le processus « commercial », celui qui doit trouver de nouveaux clients et promouvoir de nouveaux produits qui prend en charge la commande particulière. Il la sous-traite alors au processus « R & D » qui établit le dossier technique du produit et qui sous-traite à son tour la fabrication de prototypes au processus « production ». Le processus « R & D » sous-traite également au processus « maintenance » la mise à disposition d'outillage pour la fabrication des prototypes de nouveaux produits et il sous-traite également au processus « achats » les approvisionnements de la nouvelles matières premières nécessaires à la production des prototypes.

Les processus de services et les processus de management (règles et valeurs)

L'identification des processus de services se fait par différence entre les services figurant sur l'organigramme et les processus d'opérations figurant sur la première cartographie. Les interfaces sont déterminées en examinant les relations entre les processus de services et l'ensemble des processus de l'entreprise.

L'analyse des processus par l'aval, en partant du client, permet d'identifier tous les processus d'opérations puisque ceux-ci sont liés les uns aux autres et participent tous, sans exception, à la réalisation de la prestation offerte au client.

Pour les processus de services, il n'y a pas de méthode pour les identifier. Le risque d'en oublier un est mineur car il suffit de prendre une liste des personnels ou un organigramme pour comptabiliser ce qui n'a pas été inventorié dans notre cartographie d'opérations. Ces processus ont donc une finalité différente de ceux d'opérations. Ils existent afin d'aider les processus d'opération à accomplir leur travail et à l'améliorer dans le temps. Leur existence est liée à un choix de direction et aussi à la taille de l'entreprise. Ils travaillent pour tout ou partie des processus d'opérations mais ils peuvent aussi travailler pour d'autres processus de services. Par exemple, un processus de ressources humaines et de formation va travailler pour aider à la gestion des personnels des ateliers et des bureaux mais aussi pour la formation des personnels des services qualité, finances et marketing. Un processus de service peut également travailler pour la direction (propriétaire du processus « entreprise ») et réaliser pour ce compte des missions particulières. C'est d'ailleurs souvent le cas des services marketing, qualité et techniques.

Les interfaces de type «déclencheur/déclenché» seront matérialisées sur notre cartographie par des conventions d'écriture ou de couleur. Nous utiliserons notre symbole en cercle pour désigner l'interface.

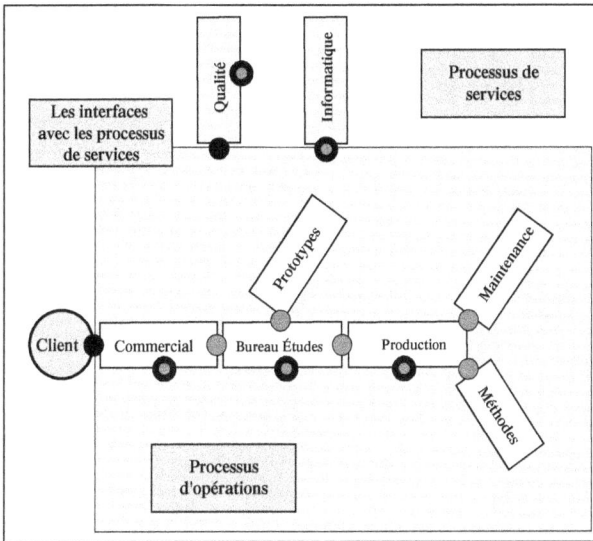

Par exemple, dans la figure ci-contre, le service qualité travaille pour l'ensemble des processus de l'entre-prise. Dans ce cas, nous convenons que l'inter-face se matérialise par un cercle plein entre le processus et le carré qui entoure les processus d'opération. Dans le même schéma, nous trouvons un service informatique qui ne travaille que pour quel-ques processus de l'entreprise, en l'occurrence le commercial, le bureau d'études et la production pour l'opérationnel et aussi pour le service qualité. Dans ce cas, nous symbolisons les interfaces par un cercle au trait épais et nous retrouvons ce cercle accroché aux processus concernés pour signifier leurs relations et signaler l'existence d'une interface.

Il est possible que des processus d'opérations soient aussi parfois des processus de services. C'est le cas de certains services qualité par exemple qui effectuent encore des travaux de contrôle en fabrication. Ce peut être le cas également de certains services informatiques qui effectuent des tâches de routine pour la production et qui effectuent en parallèle des missions pour la direction ou pour des propriétaires de processus.

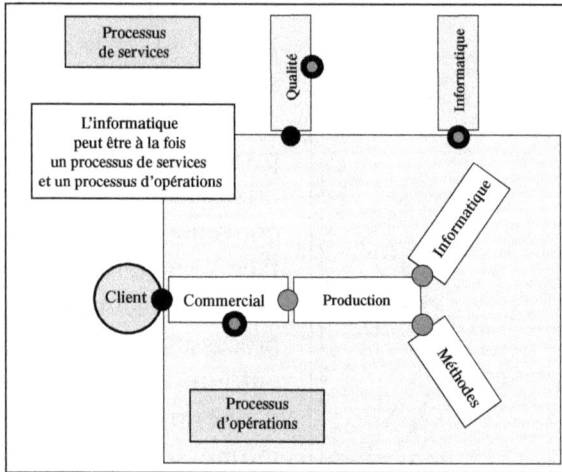

Il conviendra dans ces cas de figure de distinguer deux sous-processus et de caractériser chacun d'entre eux par le biais des cartes d'identité et des contrats d'interfaces. Le propriétaire est la même personne pour l'opération et pour le service. Nous trouverons donc par exemple un processus « informatique » sur la cartographie des opérations et un processus « informatique » dans la cartographie des services.

Nous pouvons également trouver parfois des entreprises qui sont constituées d'un certain nombre de sites ou d'agences. Dans ce modèle d'organisation, nous avons affaire à des services ou des fonctions centrales et des représentations de ces fonctions dans toutes les agences. Comment peut-on alors représenter une cartographie des processus de services ?

A *priori*, notre méthode ne se préoccupe pas de la situation géographique des processus. Nous identifions les suites d'activités nécessaires pour livrer la prestation au client (pour l'opération) puis ensuite nous constatons que tel processus est à Paris et tel autre à Lyon ou à Besançon.

En ce qui concerne les processus de services, si nous examinons l'organigramme d'une agence ou d'un site et que nous trouvons un représentant d'un service qualité, celui-ci figurera sur la cartographie comme un processus de service qualité. L'existence d'une hiérarchie, c'est-à-dire d'un directeur de la qualité, sera alors visible à travers la lecture de l'organigramme hiérarchique. La cartographie des processus est un complément à l'organigramme hiérarchique. Elle montre les liens fonctionnels entre les processus en suivant la logique de la voix du client.

Un cas de figure intéressant à examiner est celui des processus éphémères, autrement dit des activités qui existent le temps d'une mission. Nous trouvons dans cette catégorie, les groupes projets, les groupes de réflexion, etc.

Plusieurs solutions sont possibles :

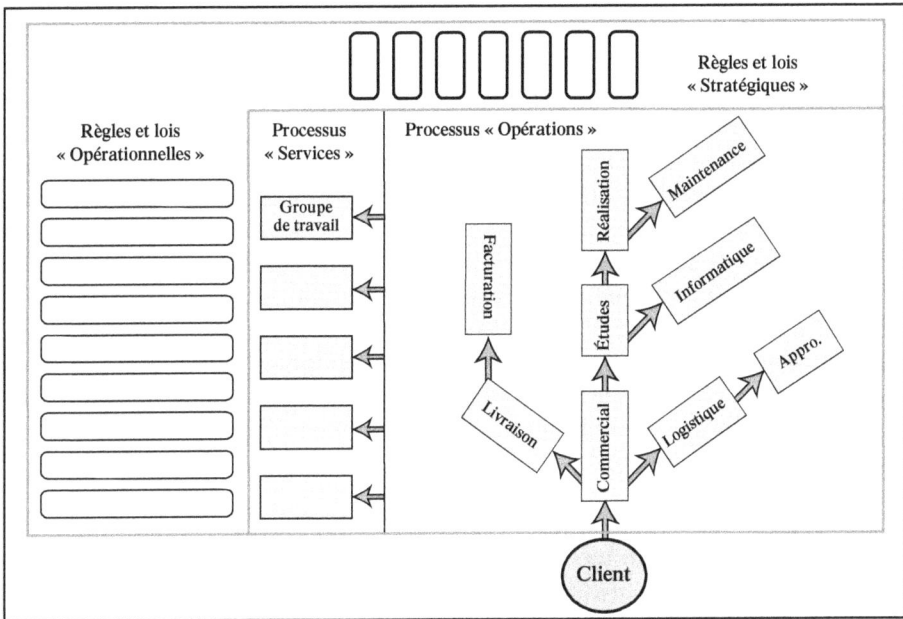

La durée de vie du groupe est important, de l'ordre d'une année ou plus, et dans ce cas, il est possible de présenter un processus sur la cartographie dans la catégorie « processus de services ».

La durée de vie n'est pas importante et le projet est confié à un responsable propriétaire de processus. Dans ce cas, il est possible d'insérer cette mission dans le contrat d'interface de ce processus ou bien alors de créer un autre contrat spécialement destiné à définir cette nouvelle mission. La solution du contrat temporaire est souvent la plus simple car elle peut être utilisée pour toute création de groupes. Si l'existence de groupes de réflexion est une constante dans l'entreprise, la solution graphique consiste alors à créer dans la cartographie, en catégorie « processus de service », un processus « groupe de travail ». Puis il conviendra de tenir à jour dans cette rubrique, comme des pratiques internes à ce processus, les contrats successifs entre la direction par exemple et les pilotes de ces divers groupes.

Un autre cas de figure intéressant. Dans certaines entreprises nous pouvons trouver des personnes exerçant des fonctions diverses mais ayant une activité commune. Par exemple les achats peuvent être effectués par chaque responsable de service qui achète les fournitures et les matériaux nécessaires à sa propre activité. Dans ce cas, il semble évident que l'acti-

Les donneurs d'ordres des processus de service

Les processus de services ont comme donneurs d'ordres et comme utilisateurs des processus opérationnels. Mais il est tout à fait possible qu'ils travaillent pour d'autres commanditaires. Leurs activités peuvent être déclenchées, et le cas est fréquent, par la hiérachie c'est-à-dire par des propriétaires de groupes de processus. Un exemple courant de donneur d'ordres est le patron de l'entreprise. Par exemple, il confie la misssion de la mise à niveau de son système qualité au processus qualité. Il commande une étude de satisfaction client à son service marketing. Il commande la mise en œuvre d'une GPAO à son service informatique. Lorsque les processus de services ont des contrats permanents avec d'autres processus d'opérations ou d'autres processus de services, cela peut être précisé sur la cartographie en représentant les points de contact par des couleurs ou des signes conventionnels. Dans le cas de missions ponctuelles, cela sera précisé dans un contrat spécifique élaboré entre le donneur d'ordres et le fournisseur, à l'initiative du fournisseur bien entendu.

vité d'achat n'est pas un territoire c'est-à-dire un processus au sens de nos conventions. Si les pratiques d'achats obéissent à des règles précises (évaluation des fournisseurs, validation par la direction, budgets, etc.), nous aurons alors à établir ces règles qui concerneront toutes les personnes susceptibles d'acheter. Sur la cartographie des processus, la pratique d'achat sera symbolisée par un rectangle figurant dans la catégorie « règles et valeurs ».

Un autre cas de figure est possible et doit être traité de manière analogue. Il s'agit de l'activité commerciale. Dans l'entreprise KREBS SA, il existe un processus commercial avec un propriétaire directeur commercial mais il se trouve que certaines personnes n'appartenant pas à ce processus soient amenées à vendre aussi. Par exemple des techniciens qui interviennent sur le terrain et qui sont appelés à rencontrer le client et promouvoir de ce fait les prestations de leur entreprise.

Comment dans ce cas pouvons-nous cartographier ce processus ? Il existera dans la cartographie des processus d'opérations mais sera aussi symbolisé par une règle (rectangle présenté dans la catégorie « Règles et valeurs »).

Les « règles et valeurs » sont de simples textes qui définissent telles ou telles pratiques, tels ou tels fonctionnements, telle valeur ou tel comportement. Ce peut être un engagement, un règlement, une charte ou bien encore une procédure. Peu importe la forme. Ce ne sont pas à proprement parler

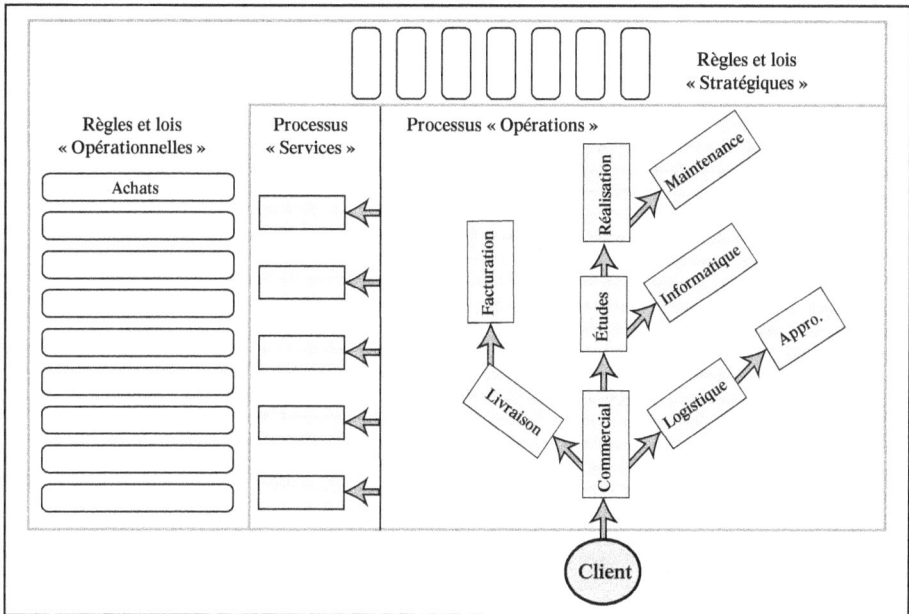

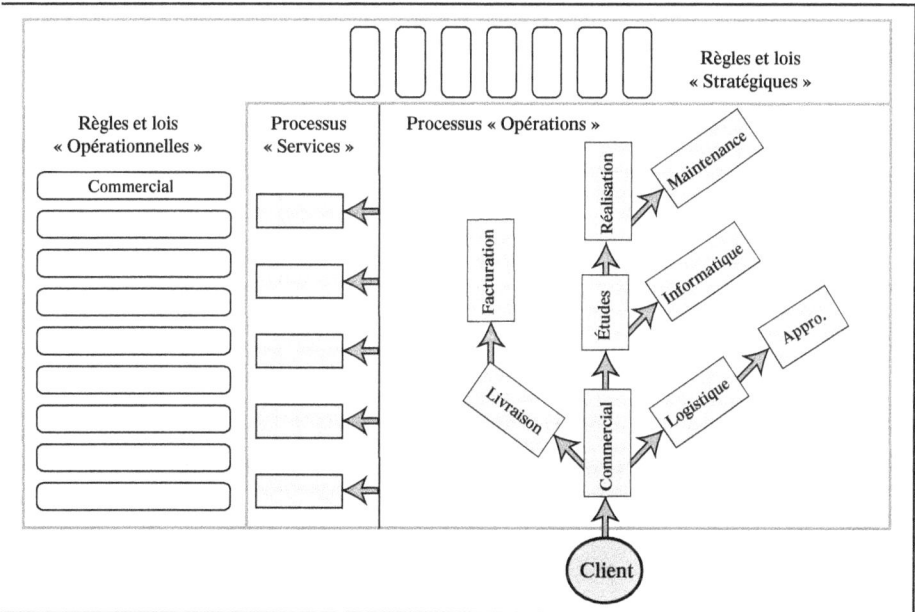

des processus même si parfois ils demandent des activités pour être mis en application. Elles sont surtout identifiables par le fait qu'elles n'ont aucun territoire qui leur est dédié. Les règles et valeurs ont aussi pour finalité d'empêcher les territoires processus d'avoir des comportements de type féodaux. Ce sont des éléments régulateurs de l'ensemble.

LA MÉTHODE MONTRE QUE CERTAINS PROCESSUS SONT INUTILES

L'analyse par l'aval met en évidence des processus qui ne servent à rien. Ils sont mis en œuvre en général pour pallier des déficiences d'autres processus et ne correspondent pas à un besoin exprimé par un processus donneur d'ordres ou par un processus utilisateur.

Il arrive parfois que nous trouvions des processus chargés de finalités discutables. Souvent ces situations existent lorsque l'identification des processus se fait sans méthode et sans logique. Ils surgissent de cerveaux d'organisateurs comme des solutions intéressantes mais la plupart du temps, ils ne résistent pas à une analyse sérieuse. Ce sont le plus souvent des processus de services car en ce qui concerne l'opérationnel, il n'y a pas de danger de création de processus inutiles. Les processus d'opérations sont tous issus des besoins exprimés par les clients. Ce sont donc les processus de services qui comptent parfois dans leurs rangs des éléments dont la finalité ne se justifie ni en terme de besoin exprimé par des utilisateurs ni en terme de rentabilité économique.

La naissance d'un processus de service nouveau a pour origine, très souvent, la création d'une règle interne ou d'une mission nouvelle qu'il convient de mettre en œuvre sur le terrain. Lorsque l'application de cette règle ou la mise en œuvre de cette mission demande des ressources importantes, il arrive parfois qu'il devienne nécessaire de transformer cette règle ou cette mission en processus, c'est-à-dire de lui conférer des ressources qui lui sont propres et de constituer ainsi un territoire.

Pour être plus clair, prenons l'exemple de la formation. Une entreprise de petite taille entame une démarche qualité en vue d'être certifiée ISO 9001. Elle doit mettre en œuvre des dispositions pour assurer que le personnel est compétent et qualifié dans tous les postes de travail. Il convient de noter au passage que c'est un souci de bon sens et que toute entreprise soucieuse de réaliser des prestations professionnelles fait en sorte que ses collaborateurs soient qualifiés.

Cette entreprise doit donc mettre en œuvre une méthode pour évaluer les besoins en formation de son personnel, y pourvoir et évaluer les acquis des actions réalisées. Comme cette entreprise est de petite taille (mettons une vingtaine de personnes), la méthode s'impose comme une règle. Chaque chef de service devra se conformer à la procédure, écrite ou non, qui définit les modalités de formation continue du personnel. Quelqu'un parmi les responsables sera nommé pour formaliser le plan de formation et en suivre l'exécution. Cette personne sera peut-être le responsable qualité, le responsable administratif ou le patron lui-même.

Quelques années plus tard, l'entreprise s'est agrandie et la formation demande beaucoup de temps à tous les responsables de service. Le patron décide donc de créer un service nouveau qui devra s'occuper de la gestion des ressources humaines et il embauche un spécialiste pour occuper le poste qui vient de naître.

Nous passons donc d'une organisation dans laquelle la formation était intégrée aux processus opérationnels à une organisation dans laquelle la formation devient un processus de service spécialisé. L'avantage est que cette spécialisation améliore la performance de la mise en œuvre de la règle (la formation). L'inconvénient est que ce processus devient une institution et sa performance peut diminuer dans le temps avec l'usure de l'habitude et de la routine.

Principe

Un processus ne doit jamais être créé pour pallier une déficience ou un dysfonctionnement d'un autre processus. Le principe de la responsabilité inclut la nécessité de fournir des prestations c'est-à-dire des données de sortie qui soient conformes. La non-conformité fabriquée par un processus, le cas échéant, doit obligatoirement être prise en charge et solutionnée par le processus qui en est à l'origine, même si celui-ci n'est pas coupable, même si la cause du problème provient d'un autre processus. C'est le principe de la « responsabilité amont » qui est développé dans un chapitre précédent.
Dans l'approche par l'aval, il n'y a pas de service après-vente séparé. Celui-ci, s'il s'avère nécessaire, doit être intégré au processus de production de la prestation en question.

Comme ce processus ne s'auto-régule pas à la façon d'un processus d'opération, il peut multiplier les actions qui ne sont pas utiles (voir chapitre sur le réaménagement des processus).

La création d'un tel service se justifie néanmoins car il correspond à un besoin des processus opérationnels qui doivent en permanence former leur personnel pour maintenir voire améliorer ses compétences. En effet, la polyvalence, le *turn-over*, les progrès de la technologie rendent ce service quasiment indispensable.

A contrario, nous pouvons aussi évoquer à titre d'exemple le cas d'un processus que nous découvrons assez fréquemment dans les organismes certifiés ISO. Il s'agit du processus de réclamation client.

La création d'une telle activité part d'un bon sentiment. Quand un client réclame suite à un problème, il est normal que quelqu'un s'occupe de régler ce problème le plus rapidement possible. Est-ce que cela correspond à un besoin d'un processus opérationnel ou à un besoin d'un propriétaire de processus tel qu'un manager commercial ou un directeur général ? Peut-être oui. Mais est-ce que cela justifie la création d'un processus de service ? Certainement non. D'une part parce que cela n'est pas exprimé par le client. Le client externe, si nous le consultons, ne serait certainement pas d'accord pour que nous lui fassions payer le traitement de ses réclamations. Non seulement nous lui livrons des prestations qui ne le satisfont pas mais nous lui facturons en plus un coût de leur traitement. Ce que le client veut, c'est qu'il ne soit pas obligé de réclamer c'est-à-dire que les prestations soient sans défaut. D'autre part, si nous créons un processus de traitement des réclamations client, nous officialisons le fait que ces réclamations existent et demeurent. Comment pourrons-nous ensuite essayer d'en réduire le nombre si cela doit entraîner la suppression d'un poste de travail ? La personne qui s'occupe de ce processus n'aura aucun intérêt à ce que les réclamations disparaissent.

Principe

Un processus ne doit jamais être créé pour déployer une règle majeure comme l'amélioration, l'hygiène ou la sécurité par exemple. Il convient de faire en sorte que la mise en œuvre de telles règles s'intègre dans le travail quotidien et que chacun s'implique réellement dans le respect de ces valeurs. Il est bien entendu possible que des spécialistes existent dans certaines grandes entreprises pour aider les opérationnels à cette mise en œuvre. Mais la mission de ces spécialistes doit être temporaire et sa durée limitée à l'appropriation des méthodes et des outils par ceux qui sont responsables des résultats.

Encore un autre contre-exemple, celui d'un processus d'amélioration permanente. Ce cas existe. La création d'un tel processus part aussi d'un bon sentiment, celui de permettre à notre organisation de progresser en continu. C'est une exigence de bon sens et, par conséquent, elle figure parmi les exigences importantes du nouveau référentiel ISO 9001. Nous ne sommes pas dans une configuration analogue à la situation précédente. Il ne s'agit pas de traiter un dysfonctionnement. Alors pourquoi pensons-nous que la création d'un processus d'amélioration n'est pas une bonne chose ? Parce que, là encore, cela risque de décharger les autres processus de ce souci. L'amélioration, ce n'est pas nous ! Adressez-vous au service « progrès permanent ». C'est pour cette même raison que les services qualité ont tant de difficultés à déployer les méthodes et les outils de management de la qualité. Il y a un problème qualité ? Alors adressez-vous au « responsable » de la qualité. Ce terme de responsable est déjà en lui-même une hérésie. Nous devrions plutôt utiliser le terme de « gestionnaire » par exemple. La création d'un processus d'amélioration avec un responsable, un propriétaire est contraire à l'esprit de déploiement qui doit nous guider en matière de qualité. Nous ne pouvons à la fois demander à chacun de se mobiliser pour améliorer son propre travail et enfermer dans un territoire le concept de l'amélioration. Nous pensons que la promotion de l'amélioration est une des missions d'un processus qualité (d'un service qualité). Mais ce processus doit agir comme un processus de service, autrement dit il doit aider les autres processus à améliorer leurs performances, il ne doit pas agir à leur place. Les résultats d'actions d'amélioration doivent permettre de juger de la performance de tous les processus et pas uniquement du spécialiste.

Histoire vécue

Un visiteur entre dans un entreprise. Il a rendez-vous avec M.Calyzo, le responsable de la qualité. Il s'adresse à l'accueil où un employé lui demande gentiment l'objet de sa visite et le nom de son correspondant.
« J'ai rendez-vous avec Monsieur Calyzo », dit le visiteur.
« Ah oui ! La qualité c'est là-bas. Vous longez les ateliers puis vous prenez l'escalier. C'est au premier étage, deuxième porte à gauche ».
Voilà un bel exemple d'organisation, pensa le visiteur en traversant les zones de non-qualité qui le séparaient de son correspondant.

Imaginons un patron qui demande à ses responsables commerciaux ou logistique s'ils ont amélioré leurs performances et que ceux-ci lui répondent que cette question doit être traitée avec le responsable du service « amélioration ». Comment ce patron réagirait-il ?

Il existe une autre catégorie d'activités qu'il est parfois difficile de carto-graphier. L'accueil par exemple qui n'a pas de données de sorties. Il n'entre pas dans un schéma relationnel entre donneurs d'ordres et fournis-seurs. Il ressemble plutôt à un organe de transmission et non pas à un terri-toire. Bien entendu, lorsque l'accueil est une règle à appliquer dans un processus commercial, il ne pose pas de problème. Les règles qui doivent être observées dans les contacts d'une catégorie de personnel avec les clients (comptoirs de vente par exemple) sont définies et déployées dans les services concernés. Le problème de l'accueil se pose lorsqu'il est maté-rialisé par un poste de travail, en général dans les entreprises qui ne vendent pas de prestations en direct au public. Dans ce cas, la personne occupant ce poste reçoit les visiteurs, les introduit auprès de leur corres-pondant. Elle est souvent chargée du standard téléphonique et d'autres travaux comme de la saisie par exemple. Pour permettre une cartographie logique, il suffit le plus souvent d'affecter ce poste au service commercial. En effet, il est en contact permanent avec les clients soit au téléphone soit au comptoir et de ce fait relève plus d'activités commerciales que d'autres catégories de tâches.

Histoire vécue. L'esprit du délai

Dans une entreprise de production de produits en béton réfractaire dans le nord-est de la France, il n'y quasiment jamais de problème de retard de livraison. Lorsque j'ai eu l'occasion de travailler avec cette société, cette performance (réelle) m'a étonné et j'ai souhaité en percer le secret car cette situation est plutôt exceptionnelle dans les milieux industriels.

Peut-être disposaient-ils d'un outil puissant de GPAO (gestion de production assistée par ordinateur) ? Non, les plannings étaient établis manuellement.

Peut-être avaient-ils des clients sympathiques qui passaient des commandes régulières et n'avaient jamais de besoins en urgence ? Non, ils connais-saient des situations de dépannage où il faut décaler le planning et faire de nouvelles prévisions.

Peut-être avaient-ils des processus entièrement automatisés et qu'il suffisait d'accélérer la chaîne pour fabriquer la demande ? Non, le processus res-tait fortement manuel avec un savoir-faire très spécialisé.

—| ... |—

—| ... |—

Après avoir pris connaissance de leur mode de fonctionnement, j'ai déjà compris le contexte dans lequel ils travaillaient. Leurs clients sont des entreprises de production de métal, des sidérurgistes. Il n'en existe pas des centaines et ils sont présents chez tous les clients potentiels. S'ils perdent un de leurs clients, ils ne peuvent pas le remplacer car il n'y en a pas d'autres (compte tenu de certaines contraintes de proximité). Chacun sait donc qu'il ne faut pas perdre de client. De plus, lorsqu'un client fait appel à leurs services, c'est pour remplacer les briques des fours ou des chemins de coulées. Pendant l'opération, la production de métal est arrêtée. Le moindre retard de livraison est donc catastrophique et cela, chacun le sait dans l'entreprise.

Dans ce contexte, les demandes des clients sont soigneusement étudiées et analysées en terme de faisabilité. Les urgences sont discutées avec les responsables. Si un autre client doit voir son planning de livraison décalé pour faire face à une urgence, il est consulté et son accord est demandé. Des solutions de remplacement sont mises en œuvre, des équipes de nuit sont constituées et le personnel, bien qu'un peu réticent aux changements d'horaires, car cela bouleverse toujours peu ou prou la vie familiale, se plie de bonne grâce malgré tout à ces contraintes qu'il comprend et qu'il sait nécessaires. Et de temps à autre, quand toutes les solutions envisagées ne permettent pas de garantir une satisfaction de la demande, l'entreprise décline la commande du client. Aucune commande n'est prise si l'entreprise n'est pas capable à ce moment-là de l'honorer. Les rares retards constatés ont toujours eu à l'origine des impondérables graves.

Bien sûr, des outils de gestion sont nécessaires pour connaître les charges, et gérer les flux mais ce n'est pas l'outil qui fait la performance, c'est l'état d'esprit et l'acquisition des valeurs de respect des clients.

QUELQUES EXEMPLES D'ANALYSE DE PROCESSUS ET DE CARTOGRAPHIES

La méthode n'impose absolument pas une cartographie standard. Elle n'est pas réductrice des organisations. C'est une méthodologie, une façon d'approcher et d'expliquer une mécanique que constitue un organisme ou une entreprise. Chaque entreprise doit donc déterminer l'organisation qui lui convient le mieux, celle qui correspond à ses valeurs, à ses activités, à ses habitudes et à ses usages, celle qui donne les meilleurs résultats en termes d'efficacité et de satisfaction des clients.

La première cartographie que nous devons élaborer est celle qui correspond à un mode de fonctionnement habituel. La cartographie va, dans un premier temps, se borner à reproduire l'existant mais en l'ordonnant selon la logique de la voix du client, du chemin de la qualité, de la chaîne des processus. La cartographie fait alors apparaître un certain nombre de situations qu'il convient de traiter ? Parfois effectivement, il faut modifier la façon d'opérer ou changer quelques enchaînements de processus pour respecter les conventions et les règles d'organisation basiques que nous nous sommes données au départ.

Quelques exemples de cartographies et de problèmes classiques soulevés par l'établissement d'une cartographie sont traités ci-après afin de montrer que la méthode est au service de l'entreprise et qu'elle n'impose rien dans l'enchaînement des opérations.

Un cas classique

Ce premier exemple montre une construction sans difficulté particulière. Il existe déjà dans l'entreprise une logique de processus et si des problèmes surviennent c'est dans les interfaces entre les fonctions ou de par un manque de clarté dans la définition des responsabilités de la maîtrise.

Une entreprise de mécanique d'une trentaine de personnes vend des prestations de sous-traitance sur plan. Il y a un commercial salarié mais le chef d'entreprise vend aussi les prestations de la société. C'est lui qui l'a créée et il a de nombreuses relations qui lui apportent des affaires.

C'est ce même chef d'entreprise qui fait les devis. Quand la commande est acceptée, il la transmet à son responsable technique qui n'a pas d'autorité hiérarchique sur la production mais qui a la charge de s'occuper des outillages (sous-traitance) et de régler les problèmes éventuels de mises au point car les produits sont souvent complexes et la production en petites et moyennes séries est parfois difficile à démarrer. C'est un des plus anciens et sa compétence technique est reconnue de tous.

Il prépare les dossiers techniques, etc. Sa fonction est un peu une fonction de méthode, d'industrialisation. Lorsque la production des premières pièces a été validée par le service qualité, ce sont les responsables de la production qui s'occupent de la fabrication et du flux des produits. Il y a un service maintenance en principe sous la responsabilité du directeur technique mais dans la réalité, ce service intervient à la demande des responsables de production. Il n'y a pas de service achats. Les demandes d'achats sont traitées par la secrétaire du patron et c'est ce dernier qui signe toutes les commandes. Les stocks de matières et de composants sont gérés par les responsables de production. L'organigramme est le suivant :

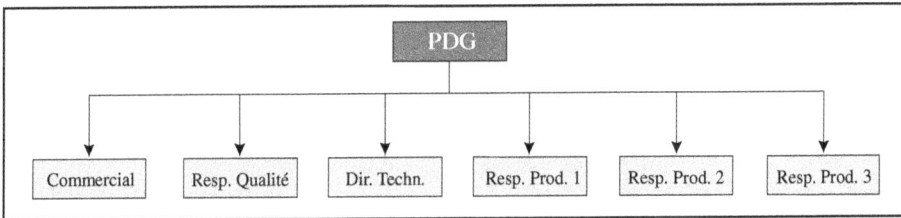

Les responsables de production au nombre de trois, s'occupent chacun d'un secteur défini. Le numéro 1 traite les opérations de fraisage. Il a sous ses ordres une demi-douzaine d'opérateurs et huit machines à commandes numériques. Le second est le responsable du tournage. Selon la configuration des pièces à fabriquer, c'est l'un ou l'autre qui démarre la série et qui donc, sort la matière première du stock. En cours de fabrication et en fonction de l'ordre des opérations à effectuer les pièces passent de l'un à l'autre des responsables. Lorsqu'une opération se termine chez l'un, le responsable avertit son collègue pour qu'il s'occupe de l'opération suivante. Le troisième est celui qui s'occupe de la finition. Il a huit opérateurs sous ses ordres, lesquels font, soit de l'ébavurage, soit de l'assemblage, soit du grenaillage, etc., autrement dit toutes les opérations qui ne sont ni du fraisage ni du tournage numérique.

Il y a quelques problèmes parfois, en raison des responsabilités mal définies pour certaines tâches. Par exemple, le responsable de production vient un jour reprocher au directeur technique de lui avoir donné en production une pièce avec des cotes sans tolérance. Pourtant le PDG analyse les plans pour établir les devis, le directeur technique analyse les plans pour préparer les commandes des outillages et le responsable qualité analyse les plans pour commander les outillages de contrôle.

Par exemple, les opérateurs ont parfois tendance à user leurs outils plus qu'il ne serait nécessaire car ils savent que les bavures sont reprises en finition. Idem pour les problèmes de non-conformité. Ce qui peut être réparé est confié au service finition mais quelquefois, les opérateurs manquent d'attention et des non-conformités apparaissent parce qu'ils savent qu'un atelier est là pour y remédier.

La cartographie s'établit alors ainsi :

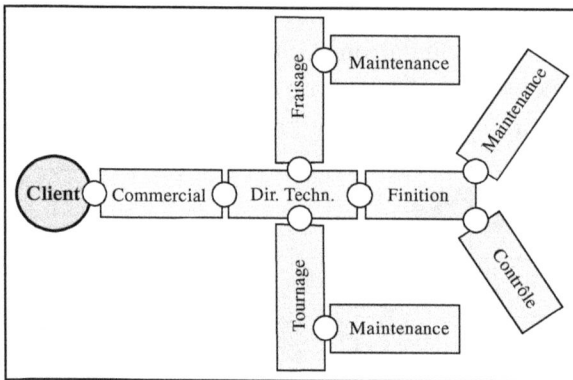

Il n'y a pas de problème particulier pour la construction de cette cartographie. La logique est relativement claire. Le client déclenche l'activité du « commercial » qui déclenche l'activité du « directeur technique », qui à son tour déclenche les activités de production. Celles-ci font appel à la « maintenance » et l'atelier de finition déclenche l'activité du « contrôle » pour les contrôles finals. C'est dans la définition des processus et surtout dans l'établissement des contrats d'interfaces que vont se clarifier un certain nombre de règles et de conventions. Un processus (territoire) doit identifier parfaitement ses données de sortie, autrement dit les prestations que lui achètent son ou ses clients. Ainsi le rôle du directeur technique va demander une meilleure définition. Par exemple, il conviendra de décider des règles de transfert d'un atelier à l'autre pour qu'il n'y ait pas de retard. Dans ce cas, le directeur technique peut jouer un rôle de coordinateur. Par exemple, sur la responsabilité de la faisabilité des produits ou bien encore sur la revue et la validation des plans et des cahiers des charges. La faisabilité sera de la responsabilité du processus « commercial » dont le propriétaire est le PDG et la revue et la validation des documents de la responsabilité du processus « directeur technique »

qui pourra prendre la dénomination de « méthodes ». En effet, c'est le patron qui décide d'accepter une affaire en élaborant un devis. Il n'analyse pas les documents en profondeur. Il vérifie si les dimensions sont compatibles avec ses capacités de production et autres données. Lorsque la commande arrive, alors le directeur technique regarde les documents de plus près et recherche le cas échéant les informations manquantes.

L'élaboration de ces documents et les cas particuliers seront examinés ultérieurement.

Dans cette première étape qui consiste à identifier les processus et à les relier dans une chaîne logique de clients et de fournisseurs, les problèmes d'interfaces ne sont pas encore résolus. C'est seulement dans une deuxième étape que les interactions entre processus seront abordées. Il s'agira alors de définir le contrat, c'est-à-dire la règle de communication entre les processus d'opérations considérés deux à deux, par couple client/ fournisseur. Mais il est important au préalable de positionner les points de contact entre les maillons successifs de la chaîne. Les points de contact ne sont évidemment pas les seuls liens existants entre les processus mais ce sont certainement les plus importants. Ils transmettent en effet l'exigence des clients en déclenchant les activités successives des processus de la chaîne.

Une cartographie avec un processus de coordination

Cet exemple montre que, lorsque plusieurs processus peuvent travailler en même temps pour un client, c'est-à-dire qu'ils ont des activités parallèles ou alternatives, il y a besoin d'un type de processus particulier qui est celui de coordinateur ou bien encore de maître d'œuvre.

Certaines affaires demandent parfois à être traitées en parallèle par plusieurs services à la fois. C'est le cas par exemple d'une entreprise qui réalise des essais divers pour des clients mécaniciens. Ils effectuent des essais chimiques, métallographiques, de résistances de matériaux, de fatigue, etc.

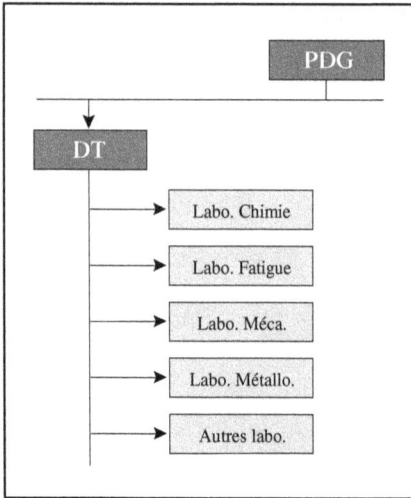

Le processus commercial transmet les affaires à un service technique dirigé par un directeur technique (DT). Il s'occupe donc de faire réaliser les essais par ses divers laboratoires placés sous sa responsabilité. Il y en a six, de compétences différentes. L'organigramme correspondant à cette situation est le suivant :

La cartographie établie au départ est celle ci-dessous. Le processus « commercial » transmet les affaires au service technique considéré comme un processus. Celui-ci exécute le travail qui est demandé par le client et, au besoin, utilise les services d'un processus « achats » pour se procurer les fournitures dont il a besoin.

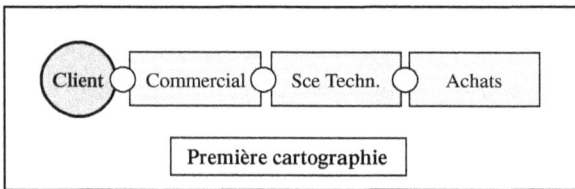

En fait, dans la réalité, le commercial transmet l'affaire au directeur technique qui lui-même distribue les tâches aux divers laboratoires sous sa responsabilité et coordonne ces diverses activités. Cette situation fait que cette première cartographie est peu claire en ce qui concerne les interfaces entre les laboratoires qui ont tous à leur tête un responsable. Les interfaces entre ces laboratoires posent parfois problème et il convient de régler ces dysfonctionnements. Il est donc possible d'en faire une seconde car en réalité ce sont les laboratoires qui exécutent les travaux demandés par les clients et le DT n'est dans la plupart des cas qu'une boîte aux lettres. Mais cette seconde cartographie n'est pas tout à fait le reflet de la réalité car le DT joue malgré tout un rôle de coordination des activités, surtout lorsque des essais concernant

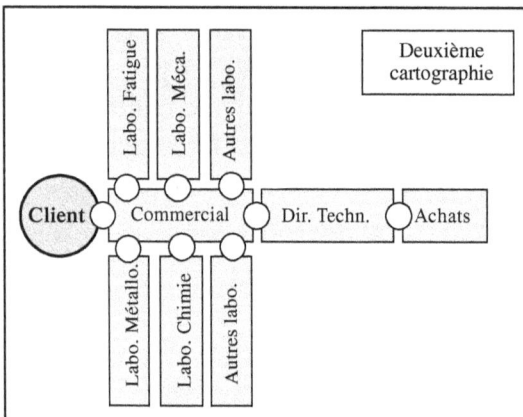

plusieurs laboratoires sont demandés. Il convient donc d'établir une troisième cartographie qui matérialise la fonction du DT en tant que coordinateur. Ce processus entérine la mission du DT par rapport aux laboratoires et il devient ainsi le propriétaire du processus « coordination ». Celui-ci s'intercale entre le commercial et les divers laboratoires. Cette organisation permet de définir avec précision le rôle du coordinateur et ses responsabilités vis-à-vis des laboratoires. Le rôle pourrait être proposé à une personne sous la responsabilité du DT. Il se trouve que, dans le cas évoqué, c'est le DT qui a pris cette responsabilité. C'est un choix de la direction qui est acceptable, sur le principe de la clarté, dans la distribution des rôles et des missions. Dans cette organisation, le DT, en tant que coordinateur est aussi l'intermédiaire (client) pour les achats de matériel et de sous-traitance.

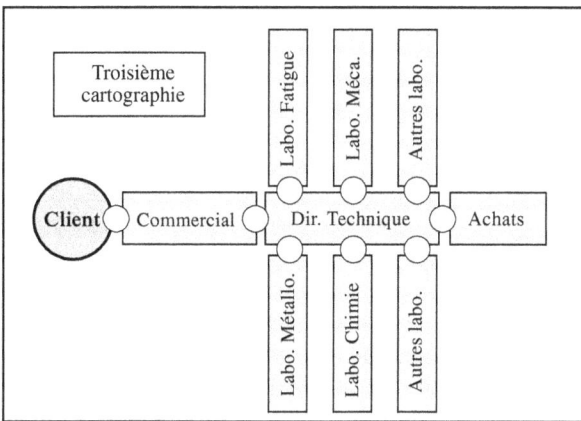

Ce type d'organisation (et donc de cartographie) est très répandu dans les entreprises qui travaillent par projets ou en lignes de produits ou dans les entreprises qui disposent d'un service ordonnancement ou logistique. Ceux-ci déclenchent les activités dans les processus de réalisation.

Cartographier un produit « propriété du client »

Dans ce cas de figure, le processus réception n'est pas au contact avec le client car ce dernier n'est pas le véritable donneur d'ordres. Le processus déclencheur d'activité est un processus d'opération.

Dans une entreprise qui effectue des étalonnages d'appareils de contrôle, de mesure et d'essais, la compétence s'exerce sur les appareils fournis par les clients. Ceux-ci les confient à l'entreprise pendant la durée de l'opération.

La cartographie qui a été élaborée au départ est la suivante :

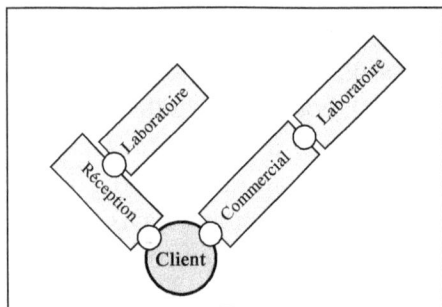

Le processus commercial vend les prestations et enregistre les commandes. Il déclenche ensuite l'activité du laboratoire qui effectue les étalonnages. En parallèle, les clients déposent les appareils et c'est le processus de réception qui travaille sur cette dépose. Ensuite ce même processus de réception transmet les appareils au laboratoire pour que celui-ci effectue son travail.

En réalité, ce n'est pas tout à fait cela. Le client n'est pas donneur d'ordres en réception. Il ne fait que livrer des produits à ce processus qui les enregistre bien entendu. Le vrai donneur d'ordres du processus réception est le laboratoire. Entre eux, il y a un contrat du type : « Dès que vous recevrez un matériel vous devrez, etc. ». C'est donc bien le laboratoire qui donne le travail à la réception selon ses propres attentes, qui sont celles du client, traduites en tâches à effectuer en réception. Puisqu'il y a vraisemblablement un contrat entre le laboratoire et la réception, la relation déclencheur/déclenché et donc la cartographie s'établissent ainsi :

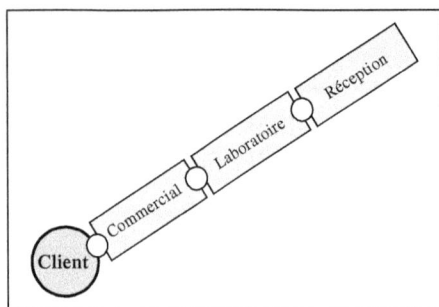

Pour confirmer cette organisation, nous pouvons constater que, s'il existe un contrat réel entre le client et le commercial (c'est le contrat de vente de la prestation), il n'existe pas, à l'inverse, de contrat entre la réception et le client. Il n'est pas dans les préoccupations de ce dernier d'avoir des attentes en matière de réception de ses produits.

En revanche, la réception peut exprimer un certain nombre d'exigences dans son propre contrat avec le laboratoire par exemple, sur des modalités de conditionnement des appareils par le client pour éviter une détérioration de ceux-ci pendant le transport vers l'entreprise. Ces exigences de la réception seront alors transmises au client par le biais du contrat passé entre le commercial (l'entreprise) et le client. Il est intéressant de constater, dans ce cas de figure, qu'il n'y a qu'un contrat dans une transaction. Le client ne signe pas un contrat avec le commercial pour telles ou telles prestations et un autre contrat avec la réception pour telles ou telles autres prestations. Le client, lui, ne connaît qu'un point de contact officiel et c'est le service commercial. Toutes les exigences souhaitées par lui-même et par l'entreprise doivent figurer dans un contrat unique. Il conviendra de mettre en œuvre ce même principe lorsque nous aurons des relations client/fournisseur en interne. Il ne devra y avoir qu'un seul donneur d'ordres pour une prestation donnée.

Ce principe se traduit bien sur la cartographie par le deuxième schéma.

La création d'un service « achats »

Cet exemple montre comment une activité qui fait partie intégrante des bonnes pratiques de plusieurs services, en l'occurrence celle d'acheter, peut passer du statut de « règle » à celui de « processus ».

Dans cette organisation, chaque service gère ses propres achats. La société est certifiée et elle dispose d'une procédure « achats » avec, entre autres, des dispositions pour évaluer ses fournisseurs. Pour l'instant, cette pratique est donc considérée comme une loi, une règle, applicable dans tous les services qui achètent leurs propres fournitures. Ce n'est pas un processus avec un territoire. La cartographie que nous pouvons proposer est celle-ci :

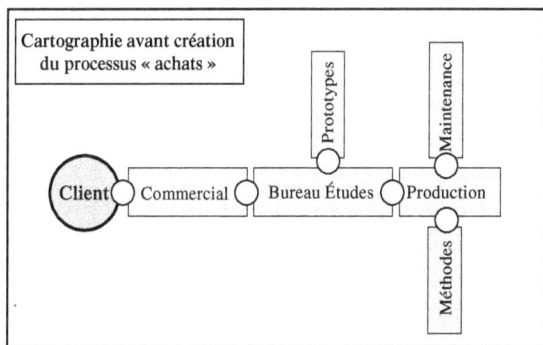

L'entreprise se développe plutôt fortement et la charge de tous les services s'accroît régulièrement. Pour rendre un peu de disponibilité aux responsables des processus « bureau d'études », « prototypes », « production », « méthodes » et « maintenance » et leur permettre de se recentrer sur leurs métiers respectifs, la direction décide de créer un service « achats », c'est-à-dire un processus « achats ».

La règle d'achat devient alors processus « achats » et figure désormais sur la cartographie en tant que cellule opérationnelle. Le fait que le service « achats » soit représenté plusieurs fois sur la cartographie n'est pas un problème. Si un processus fournit plusieurs clients différents, et si nous

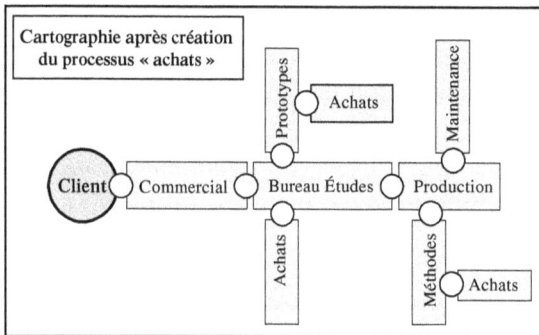

Cartographie après création du processus « achats »

souhaitons éviter ce mode de représentation, il est toujours possible de faire figurer alors ce processus comme étant de la famille « service » et de le sortir de la chaîne comme nous le ferons plus loin avec le processus « ressources humaines » ou bien encore le processus « qualité ».

Distinguer processus « commercial » et « administration des ventes »

> Quand le client, qui ne connaît pas forcément notre organisation interne, ne rentre pas dans la bonne cartographie, il convient d'établir des règles de communication entre les divers processus d'entrée du client externe.

Une entreprise vend des outils coupants pour l'industrie et les grandes surfaces du bricolage. Il y a deux familles de produits, les standards catalogue et les produits spéciaux. Il y a donc deux circuits différents de traitement de ces commandes clients et, en conséquence, deux cartographies différentes.

Les commandes de produits standards sont enregistrées par un service ADV (administration des ventes) qui traite l'information directement avec un service logistique. Il y a vérification des stocks, etc.

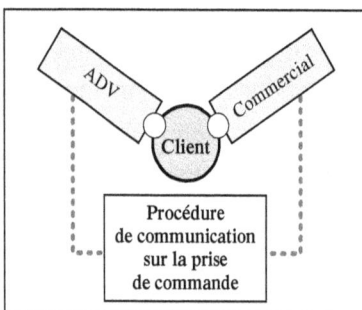

Procédure de communication sur la prise de commande

Les commandes de produits spéciaux sont traitées par un service commercial. Les représentants visitent régulièrement les clients et prennent les commandes particulières non standards. Les clients ont donc deux correspondants avec chacun une mission précise mais lorsqu'ils ont un représentant devant eux ou quand ils ont leur correspondant ADV au téléphone, ils en profitent pour régler toutes les affaires et ils commandent du spécial à l'ADV et du standard au représentant. Il n'est évidemment pas question de répondre au client qu'il doit s'adresser à la bonne personne. Le client ne comprendrait pas cette complication administrative. Il a en face de lui un représentant de l'entreprise et celui-ci doit être capable de répondre à toutes ses questions. Les problèmes qui en résultent sont des enregistrements de commandes en double ou des oublis de transférer une information d'un processus à l'autre.

La solution dans ce type de problème est de formaliser une règle de communication entre les processus concernés. Par exemple sur l'obligation d'information de l'un ou de l'autre et sur le mode de communication de l'information à passer. Il ne faut pas laisser ce genre de situations se régler selon le bon vouloir de chacun. Ces règles seront considérées comme des procédures communes aux deux processus et à ce titre feront l'objet d'audits réguliers afin d'en garantir l'application.

Un cas de communication directe : les courts-circuits

En cas d'urgence, le non-respect possible d'un circuit établi doit être soigneusement étudié et une solution de remplacement doit être formalisée comme une règle. L'organisation doit prévoir même et surtout l'imprévu.

Dans une entreprise de production d'outillage en petites et moyennes séries, le bureau d'études prépare les dossiers techniques et transmet ces dossiers à la production afin que celle-ci produise sur plan.

Les dossiers comprennent des plans d'ensemble et de détail des outillages, des nomenclatures et des spécifications techniques. La production a pour finalité la fabrication d'outils conformes aux dossiers techniques. C'est l'accord notifié sur les contrats d'interfaces.

Mais il arrive fréquemment que les produits commandés par le client soient urgents et que celui-ci demande un ou deux prototypes rapidement ou bien encore que la commande se limite à un seul exemplaire d'un outillage. Les solutions n'étant pas évidentes, le bureau d'études procède d'abord à des essais en fabrication pour vérifier la faisabilité des solutions envisagées par les ingénieurs. Ensuite, en fonction des choix opérés, le bureau d'études réalise les dossiers et lance les séries.

Cela oblige donc la production à travailler sans dossier et il y a des litiges entre les deux services sur les résultats obtenus. Il a donc fallu édicter une règle qui traite cette situation et définisse un avenant au contrat initial.

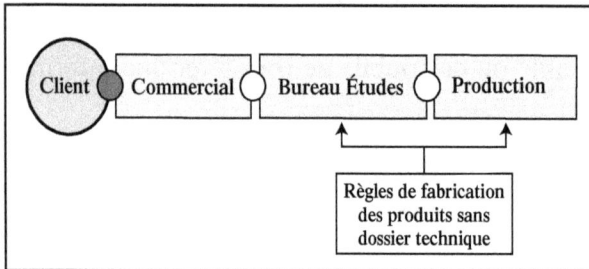

Cette règle précise par exemple que, lorsqu'un outillage doit être fabriqué sans dossier technique, c'est le bureau d'études qui est responsable de la conformité. Celui-ci loue les moyens de produire (machines et opérateurs) et détache un de ses ingénieurs sur le terrain pour diriger les opérations.

Ce genre de situation à risques où les conflits existent est mis en évidence, soit lors de la construction de la cartographie, soit lors de l'élaboration des contrats d'interfaces. Dans ces cas-là, il faut immédiatement décider d'une bonne pratique et la formaliser dans un contrat ou dans une procédure documentée commune. Dans l'exemple proposé ci-dessus, il est clair que nous verrons apparaître dans les données de sortie du bureau d'études une prestation supplémentaire qui sera la production d'outillage prototype ou de petites séries sans dossier technique. Le contrat d'interface spécifiera les conditions d'utilisation (de location) des machines de la production par le BE.

Comment analyser un macro-processus

Cet exemple montre comment traiter le cas fréquent d'un macro-processus complexe c'est-à-dire qui comprend lui-même des sous-processus importants. Par exemple une fonction production qui se compose de plusieurs services ou ateliers.

L'entreprise de cet exemple est une société qui fabrique des produits frais agroalimentaires. Elle a mis en place une chaîne de processus particulière pour le traitement des commandes de produits standards catalogue. Le service ou plutôt le processus qui est en contact avec le client s'appelle « service clients ». Il se compose d'un certain nombre d'activités qui ont pour but de traiter une quantité considérable de commandes car ce sont des produits frais qui sont vendus et, bien entendu, les clients passent des commandes chaque jour.

La cartographie qui a été établie en ce qui concerne les macro-processus est la suivante :

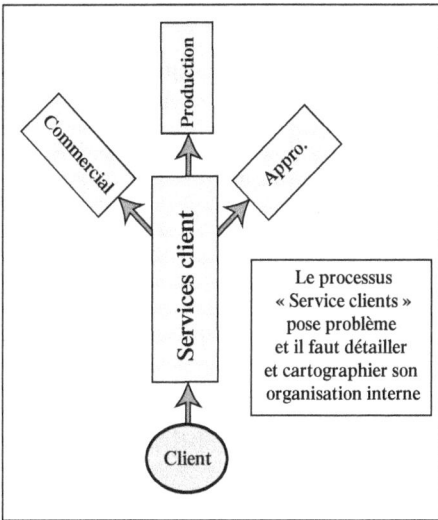

Or, il se trouve que ce processus « service clients » vit en interne de nombreux problèmes de communication. Il a un effectif d'une quarantaine de personnes qui exécutent de nombreuses tâches. Ces tâches sont organisées en équipes qui constituent autant de sous-processus.

Il est donc nécessaire de passer à une analyse plus fine en établissant la cartographie des sous-processus. Celle-ci peut remplacer le macro-processus sur la cartographie générale ou bien faire l'objet d'un autre document de détail. Cela dépend de la complexité de la cartographie générale car il convient de faire en sorte que la lisibilité soit claire et facile.

Pour établir un détail d'un macro-processus il y a une règle de base simple, il faut que les données de sortie du macro-processus soient les mêmes que les données de sortie du premier processus de la cartographie détaillée, c'est-à-dire du premier processus donneur d'ordres. Il faut également que les interfaces des processus fournisseurs du processus que nous nous proposons d'agrandir soient les mêmes sur la cartographie détaillée.

Mais avant de détailler un processus en sous-processus il conviendra de se poser la question de l'utilité de cette opération. En effet, il faut se montrer raisonnable dans la formalisation des fonctionnements des organisations. Nous avons tous en mémoire les excès qui ont été constatés lors de l'élaboration et de la mise en œuvre des premiers systèmes de management de la qualité que nous appelions encore systèmes d'assurance qualité. Nous avons souvent fabriqué des usines à gaz qui comportaient des quantités effroyables de documents, de procédures et d'imprimés de toutes sortes. La méthode sage et raisonnable est de mettre d'abord en place une cartographie simplifiée, celle qui correspond aux macro-processus et d'attendre les problèmes. Ceux-ci conduiront alors à entrer un peu plus dans l'organisation et à définir des règles de détail. Bien entendu, certaines tailles de services et d'entreprises demandent sans attendre de cartographier à une échelle plus fine.

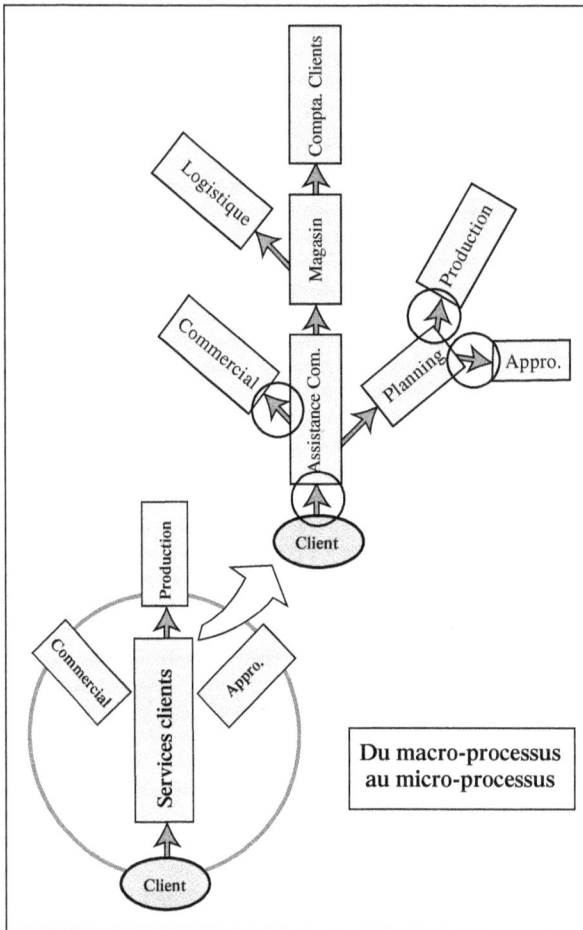

Du macro-processus au micro-processus

Dans le cas montré ci-contre pour exemple, le processus de « service clients » qui fait l'objet d'un détail se décompose en un ensemble de cinq sous-processus qui sont :
Assistance commerciale ;
Logistique ;
Planning ;
Magasin ;
Comptabilité client.

L'interface d'origine entre « service clients » et « appro. » se retrouve entre « planning » et « appro. ». Celui entre « service clients » et « production » se retrouve entre « planning » et « production » et enfin celui entre « service clients » et « commercial » se retrouve entre « assistance commerciale » et « commercial ».

Un autre exemple de passage de macro-processus à micro-processus. Il s'agit ici d'une entreprise qui pratique de la gravure industrielle. Nous avons un processus central d'ordonnancement qui coordonne les activités entre les divers services. Ce processus ordonnancement est alimenté par le processus commercial. Il déclenche ensuite les activités des études, des méthodes et de l'usinage. Il se trouve que le responsable de ce processus « ordo » est en même temps le responsable du processus usinage. Pour éviter une lecture complexe, la première cartographie fait apparaître en production un seul macro-processus dénommé « usinage ». Par la suite, le responsable de l'ordonnancement a souhaité passer des contrats avec les différents chefs d'équipe de son service production et une autre cartographie détaillée de l'usinage a été élaborée. Elle est montrée dans le schéma ci-dessous.

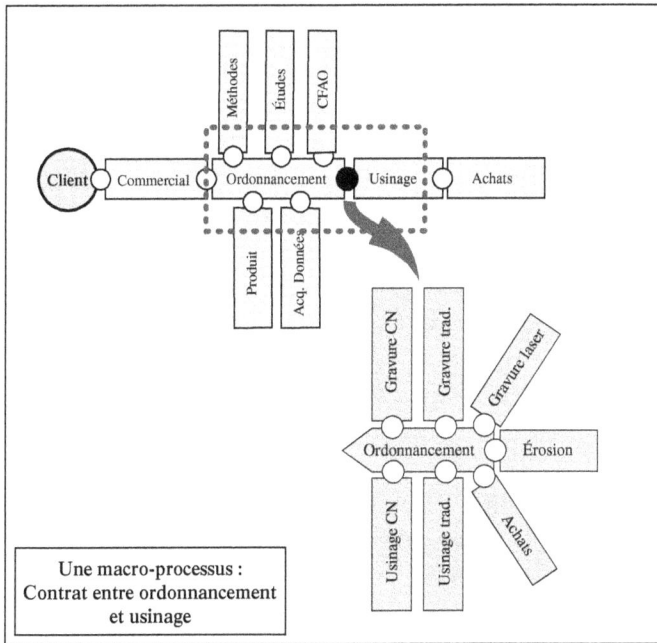

Les conditions de passage d'un processus à un sous-processus sont identiques à celles que nous pratiquons lorsque nous travaillons sur des processus d'opérations. Un processus se caractérise par des données de sortie quantifiables. Par exemple, pour une fabrication d'une chemise, le processus complet se termine par la donnée de sortie constituée par le produit fini. La chemise possède des dimensions précises, une taille déterminée, un tissu identifié et répertorié, etc.

Si nous souhaitons entrer dans le détail de la fabrication et identifier des sous-processus c'est-à-dire des étapes du processus principal, nous pouvons par exemple identifier une première opération qui serait la découpe des éléments. Les données de sortie, mesurables, seraient donc en l'occurrence les morceaux de tissu découpés aux dimensions requises.

La seconde opération pourrait être l'assemblage des éléments, la troisième la mise en place des boutons et la quatrième le conditionnement et l'étiquetage. Chacune de ces parties du processus principal montre des données de sorties identifiables. Les boutons sont ceux prévus et ils sont en quantité souhaitée, cousus au bon endroit, etc.

Le graphique ci-dessous montre un découpage d'un processus en sous-processus.

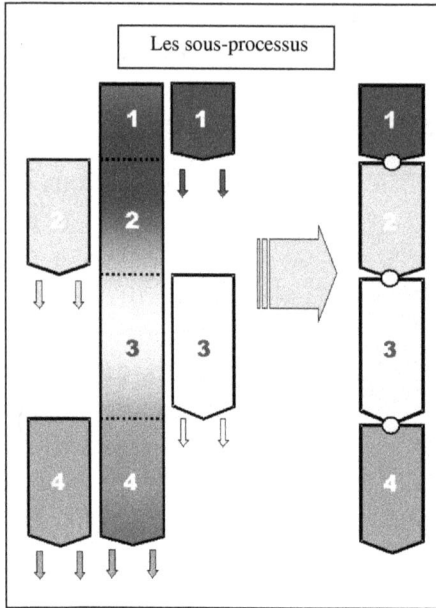

Les sous-processus

Il y a une règle de base qu'il convient de respecter de façon absolue lorsque nous établissons une cartographie des processus. Nous devons considérer que chaque processus a la responsabilité de livrer des données de sortie (des prestations) conformes aux attentes des processus utilisateurs internes. Cette règle est donc applicable lorsque nous découpons des macro-processus en sous-processus. Les sous-processus doivent produire des données de sortie mesurables et identifiables et surtout, elles doivent être conformes aux attentes des processus utilisateurs.

C'est pour cette raison que des organisations qui montrent des processus de contrôles distincts des processus de production par exemple continue-ront à générer des problèmes d'interfaces.

LES CONTRATS D'INTERFACES

Chaque processus de la chaîne, lorsqu'il a été identifié, doit être caracté-risé de manière précise. Nous devons lui donner une identité qui lui est pro-pre et le rendre en état de fonctionnement efficace. Il conviendra d'en montrer la finalité, d'identifier les données de sortie, d'en connaître le pro-priétaire, de proposer des indicateurs de performance et de lui donner des objectifs à atteindre. Il conviendra également d'identifier ses liens avec les autres processus de l'organisme et d'améliorer ces relations. Pour cela, nous utiliserons une méthode simple et pragmatique.

Caractériser un processus

Caractériser un processus c'est définir ses signes distinctifs afin de le distinguer des autres. L'objectif final étant de le maîtriser et de l'optimiser, il est naturel d'abord de le connaître à travers ses éléments constitutifs.

Lorsque les processus ont été inventoriés et que les interfaces contractuelles (de type déclencheur/déclenché) ont été identifiées, il convient de caractériser chaque processus c'est-à-dire de lui donner une identité spécifique. Cette identité est précisée à travers un certain nombre d'éléments qu'il faudra formaliser dans un document particulier. Ces paramètres peuvent être nombreux et la norme ISO sur le management par les processus en propose une liste impressionnante. Il faut savoir que la connaissance de ces caractéristiques n'est pas une obligation. De plus, certaines d'entre elles sont à géométrie variable. Il n'est donc pas nécessaire (d'ailleurs, c'est souvent impossible) d'en faire un inventaire exhaustif continu puisqu'elles varient en permanence. Pour être plus clair, prenons l'exemple des ressources. Un processus est un ensemble de ressources en activité. Pour caractériser un processus, il faudrait en théorie disposer d'un inventaire permanent de ses ressources. Ce n'est pas possible. Dans un contexte changeant, un processus va ajuster ses ressources à son environnement pour accomplir sa finalité. Par exemple, un atelier de production devra-t-il comptabiliser les personnes qui y travaillent, les moindres outillages qui sont mis en œuvre ? Certes non. Chaque organisme définira ses processus avec un nombre minima de paramètres. Nous pensons que dans la plupart des cas, la liste qui suit est suffisante. Nous y avons ajouté d'autres éléments qui nous permettent de maîtriser les processus et ses relations avec les autres entités de l'organisation mais ces listes n'ont aucun caractère obligatoire. Nous caractériserons ces paramètres de la mention « capitales » (sachant que rien n'est véritablement obligatoire) pour ceux qui nous paraissent très importants et nous expliquerons l'utilité de ceux que nous mettons habituellement dans nos contrats d'interfaces.

Mais tout d'abord, nous devons expliquer ce qu'est un contrat d'interfaces. Nous pensons qu'il est utile de formaliser sur un document (encore un de plus penseront certains !) les descriptifs des processus qui composent notre organisme. Ce document supplémentaire (mais simple) nous permettra par la suite d'alléger notre système documentaire (si nous sommes déjà certifiés ISO 9000 en version 94 et si la paperasse nous étouffe un peu). Ce document sera la propriété de chaque responsable de processus. Sa carte d'identité en quelque sorte. Il décrira les caractéristiques que nous considérons comme essentielles. Il décrira aussi les liens avec les autres processus ainsi que les modes de relations. Chaque processus est une composante d'un ensemble qui est l'organisme. Il est important de savoir qui il est et comment il travaille avec les autres. Le contrat d'interfaces d'un processus présentera donc les informations suivantes :

- La dénomination du processus, c'est-à-dire son intitulé,
- La finalité,
- Les données de sortie,
- Les indicateurs de performance,
- Les objectifs,
- Le nom du propriétaire,

Ces informations sont capitales.

Il est possible de préciser les données d'entrées, les ressources, etc. mais cela nous paraît être sans véritable utilité, nous l'expliquerons plus loin.

Nous ajouterons à cette liste les informations suivantes, car elles sont utiles pour l'amélioration des relations entre processus, pour la maîtrise des compétences et des ressources humaines en interne dans chaque processus et pour la maîtrise documentaire :

- Les utilisateurs des données de sortie (les processus qui travaillent avec les données de sortie du processus en question).
- Les attentes de ces utilisateurs (les possibilités d'amélioration des relations entre processus).
- L'identité des personnes qui savent produire les données de sortie inventoriées.
- Les documents qui expliquent comment produire ou réaliser les données de sortie.

Nous expliquerons le contenu des contrats d'interface dans les pages suivantes.

Dans les années précédentes, lorsque nous avions à maîtriser des processus au titre des exigences des normes ISO 9000, nous avions coutume d'affirmer que mettre en place un système d'assurance qualité consistait à « écrire ce que l'on fait et faire ce que l'on écrit ». Il s'ensuivait souvent une formalisation de toutes les pratiques dans tous les domaines de l'entreprise concernés par le référentiel qualité. Cela n'était guère efficace. Historiquement et surtout sous la pression des exigences des normes ISO 9000 successives, nous avons abordé la maîtrise des processus un peu à l'envers. Nous avons commencé le plus souvent par écrire nos pratiques de travail à l'intérieur de nos processus. Nous avons ainsi formalisé nos procédures d'achat, de vente (revue de contrat), de contrôle, de stockage, etc.

Aujourd'hui, et cela est plus logique, nous identifions d'abord un processus (un territoire), nous nous demandons quelle est sa finalité et quelle est sa contribution dans la chaîne qui aboutit à fournir un produit au client. L'opération qui consiste à caractériser un processus passe donc avant l'écriture des bonnes pratiques de travail à l'intérieur du processus en question. C'est logique. Dans le premier des cas, nous écrivons ce que nous faisons, sans nous soucier si cela est efficace ou pas puisque la finalité de notre travail n'est pas définie. Dans le second cas, nous précisons d'abord l'objectif de notre activité puis nous écrivons la meilleure manière (la meilleure méthode) pour y parvenir.

Pour approcher un organisme à travers ses processus, et pour construire une organisation simple, il est important de distinguer le QUI du COMMENT dans la description d'un processus. Dans de nombreux cas de figure, nous constatons que les processus sont décrits par des logigrammes complexes qui tentent d'expliquer toutes les activités internes d'un processus. Ces descriptifs mélangent allègrement les données de sortie avec les méthodes de travail, les compétences nécessaires et les documents à utiliser. Comme toujours lorsque nous souhaitons tout expliquer en même temps, nous construisons des usines à gaz illisibles et rebutantes pour notre compréhension.

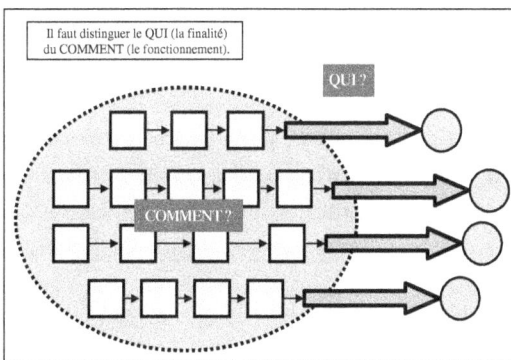

Il faut distinguer le QUI (la finalité) du COMMENT (le fonctionnement).

QUI ?

COMMENT ?

Nous pensons qu'il est préférable de procéder en deux étapes distinctes qui sont le QUI et le COMMENT. Nous allons approcher chaque processus en répondant séparément aux questions :

QUI sommes-nous ? Puis, COMMENT travaillons-nous sans faire d'amalgame entre les deux réponses.

La première réponse, celle qui correspond à la question « QUI sommes-nous », sera contenue dans les contrats d'interfaces.

La seconde sera contenue dans les modes opératoires et les procédures documentées qui décrivent nos bonnes pratiques et nos activités.

Pour connaître et caractériser un processus, il n'est pas besoin de savoir COMMENT le processus travaille. Il est uniquement besoin, dans un premier temps de savoir QUI il est. La connaissance du QUI s'acquiert à travers la définition de la finalité, des données de sortie et des utilisateurs des données de sortie. Ce sont les éléments minimums indispensables. En effet, il est important de savoir ce que fait un processus (quel est son rôle dans l'organisation) et quelles sont ses relations avec les autres composantes de l'organisation. Cette connaissance s'acquerra par l'établissement de contrats d'interfaces ou de documents équivalents.

Par la suite, la connaissance des modes de fonctionnement interne des processus est importante pour les responsables de ces processus et pour les personnes qui y travaillent. Cette connaissance n'est pas utile pour ceux qui ne sont pas les acteurs des processus. C'est pour cette raison que la caractérisation des processus doit se faire en deux étapes car si la première étape est importante aussi pour des personnes extérieures au processus étudié, la seconde n'est intéressante que pour des personnes internes, appartenant au processus étudié.

La dénomination et l'expression de la finalité d'un processus

Un processus n'existe que parce qu'il a une finalité, un but précis. Il faut en conséquence exprimer formellement cette finalité.

Identifier un processus commence naturellement par l'attribution d'un nom. C'est par ce patronyme, en quelque sorte, que l'on appellera ce processus. Par exemple « achats », « conception », « atelier de reprise » ou encore « finition ».

C'est le nom par lequel nous désignons habituellement le service, le bureau ou l'atelier concerné dans notre organisme. Il est inutile de créer un nouveau nom. Cet intitulé figurera dans la cartographie des processus et au sommaire des cartes d'identité. En principe, notre cartographie des processus s'appuie au départ sur le découpage en fonctions existant. Il convient que la désignation des fonctions précisées sur les organigrammes hiérarchiques soit identique à celle des processus montrés sur la cartographie générale.

Ensuite, il s'agit de décrire pourquoi ce processus existe. La description d'une finalité est importante car c'est seulement lorsque nous l'avons définie que nous pouvons envisager de mesurer l'efficacité d'un processus. En effet, comment pourrons-nous savoir si nous sommes efficaces quand nous ne savons pas à quoi nous servons ? C'est du simple bon sens mais c'est cela qui permet également de répondre à une exigence de la norme ISO version 2000 qui demande que les processus soient surveillés et lorsque cela est possible qu'ils soient mesurés afin d'évaluer leur aptitude à atteindre les résultats planifiés.

Cette finalité doit s'exprimer de façon très fine. Ceci est important car des processus dénommés identiquement peuvent avoir des finalités différentes. Prenons l'exemple des achats. Dans telle entreprise, la finalité de ce processus sera : « acheter au plus bas prix », si la politique de développement est une politique de moindre coût. Dans telle autre, elle sera : « Acheter des produits de haute fiabilité », si la politique de développement est une politique de durabilité des produits.

Il ne faut pas oublier qu'il est important de surveiller l'activité et l'efficacité des processus. À cette fin, il conviendra de trouver un indicateur (ou des indicateurs) qui soit pertinent c'est-à-dire qui soit représentatif de cette finalité à atteindre. Il faut donc que celle-ci soit définie précisément.

Un autre exemple de finalités différentes : un processus commercial ou ventes peut s'exprimer d'une dizaine de manières différentes selon le type de politique commerciale.

Une entreprise caractérisera la finalité de son processus en terme de :
- « Augmenter le chiffre d'affaires par client », ce qui peut être le résultat d'une politique de fidélisation.
- « Augmenter le portefeuille de clients », ce qui peut être le résultat d'une politique de diversification.
- « Augmenter la marge à l'export », ce qui peut être le résultat d'une politique encore différente.

La connaissance de la finalité de nos processus donne un sens à notre travail. Dans nos organismes, très souvent, elle n'est pas définie. Nous travaillons par habitude, sans trop nous poser de questions. Lorsqu'elle est exprimée, la finalité de nos processus nous permet de vérifier que nous sommes dans la logique de l'attente de nos clients et dans la logique des attentes de notre direction (ses objectifs généraux). Par exemple, que penserions-nous d'une entreprise qui montrerait une politique qualité exprimant un souhait de fabriquer des produits de haute fiabilité et au sein de cette même entreprise, un service achats dont la finalité serait d'acheter au moins-disant ?

La notion de finalité est un concept de la plus haute importance. Lorsque nous commettons des erreurs dans nos activités, c'est souvent parce que nous n'avons pas pris le temps de réfléchir à la finalité de ce que nous faisons. Nous confondons souvent finalité et moyens. Par exemple, lorsque nous avons commencé à mettre en place des systèmes d'assurance qualité, nous avons formalisé nos pratiques de travail. Nous avons rédigé des procédures. Et pour bon nombre d'organismes, la finalité implicite d'une démarche qualité a été de fabriquer des procédures. Pour être certifié, il fallait des procédures dans tous les secteurs concernés par la norme ISO. Nous avons oublié que l'objectif était de maîtriser la qualité de nos produits, et que, pour cela, nous devions maîtriser nos processus de travail. Or, il existe une façon (parmi d'autres) de maîtriser une pratique et c'est de la mettre par écrit. C'est le principe de la recette de cuisine. Mais il s'agis-sait uniquement de formaliser les activités importantes. Là où un non-respect de la procédure pouvait générer des risques de non-qualité pour le client. Au lieu de cela, l'écriture forcenée de procédures dans tous les secteurs a souvent ralenti l'activité des organismes au lieu de la rendre plus efficace. Par exemple, les délais de livraison qui s'allongeaient parfois sous prétexte qu'il y avait de nombreux documents à remplir et à valider.

Pour montrer l'importance d'identifier la finalité d'une mission ou d'un organisme, Hervé Seriex, dans son dernier ouvrage, compare la finalité d'une entreprise à une étoile dont la lumière guide la marche de l'organi-sation. Il convient d'abord de trouver l'étoile, c'est-à-dire la valeur qui nous fera avancer dans un environnement chaotique et incertain et puis il faudra en parler pour que chacun soit capable de la reconnaître et de la suivre.

Plus prosaïquement, dès l'instant où nous identifions un processus, autre-ment dit «un ensemble de ressources et d'activités liées...», il semble important, dans une recherche d'efficacité, de définir ce que nous atten-dons de ces ressources. Qu'elles soient humaines ou matérielles, les ressources représentent un coût pour un organisme et il est donc naturel de se préoccuper de ce que ces ressources vont produire. C'est tout simple-ment ce qu'exige la norme ISO 9001 dans le chapitre intitulé «Surveillance et mesure des processus». Elle demande que nous identifions les résultats attendus d'un processus (des résultats planifiés bien évidemment) puis que nous comparions les résultats réellement obtenus par le processus avec ce qui était prévu. Si un écart important apparaît entre ces deux informations, nous devons réagir pour corriger la situation et au besoin modifier nos pratiques de travail ou nos prévisions.

L'inventaire des données de sortie

> Les données de sortie sont constituées par l'inventaire des prestations fournies par un processus. Il est important de les connaître. Il faut, lorsque cela est possible, établir un catalogue des produits et services fabriqués.

Les données de sortie sont constituées par les prestations d'un processus. C'est le résultat de ses activités. L'inventaire des données de sortie est rarement exhaustif dans le détail car un processus peut parfois fabriquer des dizaines de produits ou de services.

Par exemple, un service « méthodes » proposera des plans, des modes opératoires, des spécifications d'outillages, des études, des analyses, etc.

Par contre, l'inventaire sera exhaustif en ce qui concerne les types ou catégories de données de sortie. Pour en revenir à l'exemple ci-dessus, la liste des données de sortie précisera « plans des outillages » mais ne donnera pas la liste de tous les plans par référence d'outil. Si cette liste est nécessaire, elle sera tenue à jour à part, sur un autre document mais pas dans le contrat d'interface.

Certains processus fournissent des prestations répétitives, de type « catalogue ». Dans ce cas, il sera possible d'établir une liste de celles qui sont les plus importantes. Il se peut également qu'un processus fournisse des produits sur mesure. Dans ce cas, les données de sortie sont à définir au coup par coup. Ces deux situations sont fréquentes dans le paysage industriel en production à l'unité ou en série.

En ce qui nous concerne, pour les processus répétitifs, il conviendra de préciser toutes les données de sortie afin de les faire figurer sur la carte d'identité.

Pour les processus non répétitifs, il nous suffira de préciser que cela sera défini par des contrats au coup par coup.

La notion de données de sortie est parfois difficile à identifier. Pour nous aider dans ce travail, il nous faut considérer chaque processus comme une micro-entreprise et nous mettre dans la peau du client qui sous-traite. Nous nous posons alors la question suivante :

« Que me vend exactement cette entreprise ? »

Cette question, les donneurs d'ordres se la poseront mais aussi les utilisateurs. Par exemple, les données de sortie principales d'un processus commercial sont les commandes. Elles peuvent être également les nouveaux clients dans le cas où nous demandons à notre micro-entreprise commerciale de trouver de nouveaux clients. C'est bien cela que nous lui achetons dans ce cas précis. Les données de sortie secondaires pourront être des cahiers des charges complets concernant les attentes des clients, lesquels cahiers des charges sont demandés par notre fournisseur bureau d'études pour établir les dossiers techniques des produits vendus aux clients.

La connaissance des données de sortie est liée souvent étroitement avec la description des finalités d'un processus. Parfois, il arrive même que la finalité soit décrite à travers l'expression des données de sortie. Par exemple pour un processus « magasin de stockage », la finalité pourra être « produits du catalogue disponibles » et les données de sortie seront les produits du catalogue avec un indicateur de rupture de stock.

Il conviendra de ne considérer comme données de sortie que les demandes des processus utilisateurs ou donneurs d'ordres.

L'exercice qui consiste à inventorier les données de sortie est parfois difficile lorsque nous avons affaire avec des services qui produisent de l'immatériel. Nous nous apercevons aussi parfois que nous travaillons au sein d'organisations sans trop savoir ce que les activités produisent exactement. Nous fonctionnons par habitude et, de ce fait, nous avons parfois quelques difficultés à répondre à cet exercice. Le cas des services « recherche et développement » ou « bureaux d'études », pour citer des processus d'opérations, pose souvent problème pour identifier les données de sortie. Le cas de certains services « achats » aussi ou de certains services « logistique » ou « ordonnancement ». Dans la catégorie des processus de services, la difficulté est souvent encore plus grande. Que vend un processus « ressources humaines » ou un processus « qualité » ? Que vend un processus « finances » ou un processus « marketing » ?

Les réponses exprimant les données de sortie doivent bien entendu pouvoir se quantifier. En effet, une donnée de sortie doit être mesurable puisqu'elle est achetée par un client, un donneur d'ordres ou un utilisateur. Si elle n'est pas mesurable, elle doit être pour le moins évaluable.

Si nous souhaitons mesurer les performances d'un processus, la définition de la finalité et des données de sorties principales est indispensable. Comment déterminer l'efficacité d'une activité si nous ne savons pas ce qu'elle produit ni à quoi elle sert ?

Les données de sortie se manifestent sous la forme suivante : elles peuvent être :
- matérielles comme des pièces qui sortent d'un atelier;
- documentaires comme des rapports, des bases de données ou des procès-verbaux ou bien encore comme des comptes rendus de réunions;
- informatives non formalisées comme des réponses à des questions, des conseils, des informations orales;
- décisionnelles comme des priorités, des autorisations, des validations, etc.

Elles sont la matérialisation de l'activité des ressources d'un processus. Ce sont les résultats de la production des personnes et des matériels. Cela représente la valeur ajoutée apportée par le processus aux données d'entrée.

Un processus peut compter très peu de données de sortie ou, au contraire, montrer des listes importantes. Par expérience, le nombre de données de sortie d'un processus varie généralement entre une demi douzaine et une vingtaine, rarement au-delà. Le nombre de données de sortie d'un processus ne préjuge en rien de la quantité de travail effectué par ses ressources ni de l'efficacité du processus. Par exemple, un processus qui serait consacré à la réalisation d'audits internes dans une grande entreprise aurait pour donnée de sortie quasi unique le rapport d'audit.

Pour aider à l'inventaire de données de sortie, il convient de s'appliquer à les formuler en terme de résultats et non en terme d'activités. Par exemple, « gérer un stock » n'est pas une donnée de sortie mais une activité. La donnée de sortie qui matérialise cette activité de gestion pourrait être dénommée « pièces disponibles en stock ». L'intérêt de caractériser un processus à travers l'établissement d'une liste de ses données de sortie est de fournir une image exhaustive de ses activités. Alors que si nous tentons, comme c'est le cas dans la plupart des organisations, de décrire les missions et les fonctions par des listes d'activités, celles-ci ne sont jamais exhaustives. De plus, une activité n'est pas souvent formulée de manière précise. Par exemple, que signifie, dans un service commercial, l'activité : « suivi des clients » ou pour reprendre l'exemple du magasin, que signifie l'expression « gestion des stocks » ? Jusqu'où allons-nous dans ce suivi ou dans cette gestion ? Qu'est-ce qui distingue une bonne gestion d'une mauvaise gestion ? Nous ne parlons pas des expressions encore plus dénuées de sens que nous trouvons dans nombre de définitions de fonctions comme par exemple, « contribue à » ou « participe à », etc. L'établissement d'une liste de données de sortie concernant un processus particulier permet au contraire de définir presque complètement l'activité de ce processus à travers ce qu'il produit. Si je sais ce qu'une entreprise fabrique (et/ou vend), je la connais suffisamment pour ne pas avoir besoin de savoir comment elle opère pour fabriquer ce qu'elle vend. Ci-après, une liste d'exemples de ce qu'il convient d'écrire ou de ne pas écrire pour désigner des donnés de sortie.

Exemples de données de sortie :

Activités (ce qu'il ne faut pas écrire)	Résultats (ce qu'il faut écrire)
Gestion de stocks	Etat des stocks
Expédition de pièces	Pièces expédiées
Contrôle	Rapport de contrôle
Interventions de maintenance	Machine remise en état de marche
Facturation	Factures
Saisie de bordereaux	Bordereaux saisis
Déchargement de camion	Camion déchargé
Enquête sur accident de travail	Rapport d'enquête sur accident
Tenue à jour de dossiers	Dossiers tenus à jour
Evaluation de l'efficacité des formations	Formations validées (ou évaluées)
Analyse de données	Rapport d'analyse
Gestion du parc informatique	Matériel informatique en état de fonctionnement
Détermination des compétences	Compétences identifiées
Evaluation de la qualité des lots	Décision d'utilisation des lots ...

...	
Activités (ce qu'il ne faut pas écrire)	**Résultats (ce qu'il faut écrire)**
Etalonnage et vérification	Instruments étalonnés et rapports d'étalonnage
Evaluation des fournisseurs	Rapport d'évaluation des fournisseurs et liste des fournisseurs sélectionnés
Etude d'attentes des clients	Synthèse des attentes des clients
Organisation de réunions techniques	Comptes rendus de réunions
Suivi des formations	Rapport de suivi des formations

Il existe des activités internes qui ne se traduisent pas par des données de sortie. L'embauche de personnels par le chef de service est un exemple mais ces activités sont peu nombreuses. En principe, la plupart des activités effectuées dans un processus doivent se matérialiser par des données de sortie. Le travail utile est celui qui ajoute de la valeur et qui est utilisé par un autre processus ou par le client externe.

Nous essayons d'élaborer un inventaire le plus exhaustif possible de ces données de sortie car ce sont ces éléments qui lient les processus les uns aux autres et c'est la qualité de ces liens qui assurent la qualité des interrelations entre les processus. Si ces listes ne sont pas tout à fait exhaustives, ce n'est pas grave. Pareto nous rappelle qu'il est certainement probable que vingt pour cent des données de sortie d'un processus sont à l'origine de quatre-vingts pour cent des problèmes d'interfaces. Si nous en oublions quelques-unes, il y a fort à parier que ce ne seront pas des liens majeurs.

D'autre part, si chaque processus identifie de manière systématique et régulière les dysfonctionnements constatés dans ses activités, l'analyse de ces dysfonctionnements peut indiquer un problème d'interaction et montrer ainsi des données de sortie qui auraient été ignorées lors de l'inventaire de départ.

Les données d'entrée

Les données d'entrée ne caractérisent pas un processus. Elles sont liées aux données de sortie et aux aléas de fonctionnement du processus.

Contrairement à ce que nous pouvons trouver dans certains textes relatifs aux processus, nous pensons que l'identification formelle et documentée des données d'entrée n'est pas très utile pour caractériser un processus. En effet, celles-ci sont définies en fonction des besoins exprimés par les clients et qui constituent les données de sortie. Or, un processus ne maîtrise pas les demandes de ses clients puisqu'il est là pour y répondre selon le besoin. Les données d'entrée sont donc définies au coup par coup selon les marchés traités par le processus et peuvent varier sensiblement. Par ailleurs, il est possible que des aléas viennent perturber le fonctionnement du processus. Par exemple, une ressource est affectée par l'absence de personnes. Dans ce cas, le processus peut décider de se procurer des données d'entrée supplémentaires sous la forme d'une sous-traitance ou sous la forme de personnel intérimaire. Ce n'est donc pas la peine de caractériser les données d'entrée. Cela n'apporte rien à la connaissance d'un processus. L'identification des données d'entrée est de la responsabilité directe du propriétaire du territoire. D'autre part, les variations possibles et fréquentes de données d'entrée obligeraient à une mise à jour régulière et fréquente également des documents d'identité des processus (contrats d'interfaces).

Enfin, comme par principe une donnée d'entrée est forcément une donnée de sortie d'un autre territoire, il n'est pas utile de définir à la fois les données d'entrée et les données de sortie.

Si nous identifions dans les contrats d'interfaces les données de sortie et les processus qui utilisent chacune de ces données de sortie, il devient inutile de disposer en même temps d'une liste de données d'entrée et d'une liste de données de sortie.

Les indicateurs de performance ou d'activité

Puisque chaque processus a une finalité, un but à atteindre, il est indispensable de mesurer son efficacité, c'est-à-dire sa capacité à atteindre cette finalité de façon performante.

Il s'agit d'être capable de mesurer l'efficacité des processus et d'évaluer leur capacité à atteindre leur finalité. Cela suppose un ou plusieurs indicateurs qui soient pertinents, c'est-à-dire en accord, en cohérence avec l'objectif qui est d'atteindre la finalité. Bien entendu, ces indicateurs seront essentiellement fondés sur les données de sortie du processus. Il ne faut pas oublier que les indicateurs sont établis à partir d'informations internes lorsque l'évaluation ne prête pas à confusion (exemple, les délais de livraison) mais qu'ils peuvent être établis à partir du client lorsque l'information ne peut être disponible objectivement en interne. Par exemple, pour un processus de conception qui doit répondre à une politique forte d'innovation, un indicateur pourrait être le nombre de nouveaux produits proposés chaque année. Par exemple, pour un processus commercial qui doit répondre à un politique forte d'écoute du client, un indicateur pourrait être le ratio entre le nombre de commandes enregistrées par rapport au nombre de devis envoyés.

Le problème de la mise en place d'indicateurs est un vaste sujet qui dépasse de loin l'élaboration d'une cartographie. Les indicateurs que nous proposons de mettre en œuvre dans le cadre de cette méthode sont ceux qui concernent uniquement la performance des processus, des fonctions et des services. Nous ne parlerons pas des indicateurs de progrès ou stratégiques. Notre souci correspond à l'exigence du référentiel ISO qui souhaite que chaque processus puisse démontrer sa capacité à atteindre sa finalité et aussi à s'améliorer puisque l'amélioration est une des bases du management de la qualité.

Il conviendra de s'assurer que les indicateurs sélectionnés soient pertinents c'est-à-dire qu'ils soient représentatifs de l'efficacité d'un processus et par conséquent de la responsabilité du propriétaire du processus concerné. Lorsqu'un indicateur montre une variation, il conviendra que celle-ci soit liée étroitement aux performances du processus en question. Si à l'annonce d'une contre-performance, le manager trouve des raisons extérieures pour justifier ses résultats, alors l'indicateur sera inutile.

Il arrive encore trop souvent que les réclamations clients soient un indicateur du service qualité ou que le taux de pannes du parc de machines soit un indicateur du service maintenance ce qui constitue des aberrations.

Pour répondre aux exigences de la norme ISO 9001, nous devons simplement surveiller ou mesurer l'emploi des ressources. Les indicateurs servent surtout à vérifier que les résultats attendus de l'activité d'un processus sont atteints ou, s'ils ne le sont pas, que le processus a réagi. C'est une application du principe de PDCA de DEMING. Pour cela, il convient que le pilote (ou le propriétaire) du processus ait défini et planifié au préalable ce qu'il attend de l'emploi des ressources de son processus (ce pour quoi il existe, sa finalité traduite en données de sortie) et qu'il mesure les résultats réels de son activité. Si la mesure n'est pas possible, autrement dit si certaines activités ne se traduisent pas en données quantifiables, il convient de surveiller le fonctionnement du processus. Par exemple, évaluer si un processus « qualité » a rempli les missions que nous attendions de lui. Un simple commentaire enregistré sur un rapport ou un compte rendu (revue de direction ou audit interne par exemple) peut démontrer l'effectivité de cette surveillance.

C'est en ce sens qu'il est préférable de parler de mesure (ou de surveillance) d'activités plutôt que de performances. La norme n'exige pas, dans cette surveillance, que les processus se surpassent mais simplement qu'ils fassent le travail qui leur est confié et que des actions soient prises si cela n'est pas le cas.

Les objectifs

> Nous vivons dans un contexte de changement et d'amélioration permanente. Les processus n'échappent pas à cette réalité et, à cette fin, il faut leur donner des objectifs d'amélioration réguliers.

Parmi les principes majeurs qui guident une organisation managée par la qualité, figure celui de l'amélioration permanente. À ce stade d'identification du processus, connaître les principales données de sortie et en évaluer les performances ou l'activité n'est pas suffisant. Il faut aussi associer à ces caractéristiques des objectifs d'amélioration. Ceci est nécessaire pour progresser mais aussi pour faire une pression sur le processus en question. Dans notre organisation fondée sur la relation client/fournisseur, nous donnons au fournisseur la possibilité de refuser un contrat ou de l'amender au nom de la faisabilité.

Dans ce contexte, le pire à redouter serait que le fournisseur refuse la plupart des demandes de son donneur d'ordres. Cette éventualité ne sera pas possible avec la présence d'objectifs de performances ou d'activités dans chaque processus, que chaque responsable aura à cœur d'atteindre.

Un des principes de base du management de la qualité est l'amélioration permanente. Pour que cette amélioration ne reste pas un vain mot, il convient que chaque processus contribue à cette amélioration souhaitée et s'implique dans le progrès permanent. Il convient donc de proposer à chaque processus des objectifs d'amélioration. Ceux-ci pourront donc être proposés sur la base des résultats à atteindre avec une exigence de performance de plus en plus élevée chaque année.

La définition d'objectifs d'amélioration n'est pas compliquée puisqu'ils s'appliquent directement sur les indicateurs. Pour être plus clair, si par exemple nous travaillons sur un indicateur de réactivité comme le délai moyen entre commande et livraison, l'objectif pourrait être une réduction de ce délai de X jours.

En conséquence, il y aura autant d'objectifs que d'indicateurs de performance. Les objectifs seront estimés par rapport aux performances de la période écoulée avec bien sûr une revue à l'amélioration. Pour les processus qui ne font pas l'objet de mesure et donc d'indicateurs, il conviendra de surveiller simplement la présence d'actions d'améliorations et de signes de changements dans le processus.

Le propriétaire du processus

> Pour fonctionner de manière efficace, un processus doit travailler sous la responsabilité directe d'une personne qui s'engage dans cette mission.

Il est essentiel qu'un processus appartienne à une personne nommément désignée. Cette personne a la responsabilité de la performance du processus, c'est-à-dire qu'elle s'engage sur la livraison des prestations (des données de sortie) et surtout sur l'amélioration continue des performances. La notion de propriété est indissociable de la notion de responsabilité. Ce terme peut parfois choquer car dans la réalité, nous savons que nous ne sommes pas, la plupart du temps, propriétaire de l'endroit où nous travaillons et des ressources que nous utilisons mais nous devons nous comporter comme si nous l'étions. Chaque processus doit avoir un propriétaire. Si le processus en question est un poste de travail, le propriétaire en sera l'occupant et si le processus est un service, un atelier, un bureau ou une entreprise, le propriétaire sera le chef de ce service, de cet atelier, de ce bureau ou de cette entreprise. Être propriétaire, c'est faire attention à ce qui m'appartient. C'est en être responsable. D'aucuns peuvent également être choqués par le statut de propriétaire de ressources lorsque ces ressources sont des êtres humains. C'est une image, bien entendu, car dans une entreprise, un responsable, un cadre ou un agent de maîtrise est responsable de ses collaborateurs. Il est propriétaire, non pas des personnes, mais de ce qu'elles produisent. Il faut que cette responsabilité soit établie sans ambiguïté. Un chef d'entreprise est responsable pénalement des tâches effectuées par ses collaborateurs. Le principe doit être le même dans toute l'échelle hiérarchique.

Dans la chaîne de processus, chaque propriétaire est investi de deux missions majeures. Une dans le sens aval/amont et une dans le sens amont/aval.

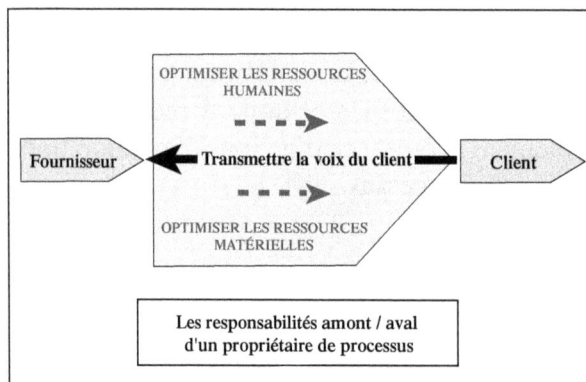

OPTIMISER LES RESSOURCES HUMAINES

Fournisseur ← Transmettre la voix du client ■ Client

OPTIMISER LES RESSOURCES MATÉRIELLES

Les responsabilités amont / aval d'un propriétaire de processus

Dans le premier cas, il est l'amplificateur de la voix du client. Il doit s'assurer que celle-ci passe correctement de son processus donneur d'ordres vers son propre processus puis de son processus vers son processus fournisseur.

Dans le second cas, il est « l'optimisateur » de moyens de son processus. Il doit veiller à ce que les ressources de son processus travaillent le plus efficacement possible pour répondre aux attentes exprimées par la voix du client.

Dans notre système de relations donneur d'ordres/fournisseur, le propriétaire de processus est une personne responsable qui s'engage à effectuer une mission, des tâches, un travail pour un ou des clients à des conditions qui ont été négociées et acceptées. Il va donc mettre toute sa compétence à l'accomplissement des travaux qui lui sont dévolus. Il dispose des ressources nécessaires ou bien il dispose des moyens de se procurer ces ressources. Il est **responsable et capable**.

Dans la littérature relative au pilotage des processus et notamment des processus transversaux, la notion de pilote est parfois aberrante. Un pilote devrait être responsable d'un ensemble d'activités réalisées par des ressources qui ne lui appartiennent pas. Par exemple, dans le traitement des commandes, le processus transversal utilise des ressources du service commercial, du service achats, du service technique, etc. Nous exigeons du pilote de ce processus de rendre des comptes sur les résultats de l'activité de son processus. Si ces résultats ne sont pas atteints, que se passera-t-il ? La responsabilité du pilote sera-t-elle engagée ? Celui-ci répondra par la négative, par exemple en arguant du fait que les responsables des services qui sont parties prenantes dans son processus n'ont pas dégagé suffisamment de ressources pour son propre processus. Comment est-il possible de rendre quelqu'un (un pilote) responsable des résultats d'activités faites par des ressources dont il n'a pas la maîtrise ? Cet arrangement ne peut en aucun cas être efficace.

Dans notre approche où le processus de base correspond à une fonction de l'organigramme, le problème ne se pose pas puisqu'il y a identité entre le pilote du processus et le responsable hiérarchique de la fonction.

Pour illustrer cette réflexion sur les pilotes, je vous propose, à titre d'intermède récréatif, un article écrit sur le pilotage des processus pour le magazine *Tendances qualité* dans une rubrique intitulée « Le petit coin du philosophe ». Le sujet était :

Aujourd'hui, philosophons avec le pilotage des processus

Y a-t-il un pilote dans le processus ?

Si tous les gars du monde...

Notre pauvre petit cerveau (je parle surtout du mien) a une capacité plutôt limitée. C'est pour cette raison que moi et beaucoup de mes semblables sommes obligés de nous spécialiser dans une compétence un peu pointue pour devenir de bons professionnels et gagner correctement notre bœuf quotidien. Cela explique que, pour produire une prestation complexe, qu'elle soit objet ou service, nous devons travailler à plusieurs. Par exemple pour effectuer une opération chirurgicale, nous ferons appel à du personnel administratif, à une ou un anesthésiste, à une ou un chirurgien, à un ou une infirmière, etc. Je ne parle même pas des matériels et matériaux dont nous nous servirons, que nous achetons et qui, de ce fait, ont été fabriqués par d'autres encore. Si la complexité de la prestation est encore plus grande, nous avons carrément affaire à une chaîne élargie de compétences. Le décor est posé, il est universel.

Dans la grande chaîne de la vie...

Dans notre environnement industriel et industrieux, comment s'opère la maîtrise de cette chaîne hétérogène d'activités ?

Le plus simplement du monde, et d'une manière connue depuis la nuit des temps, selon le principe du transfert de responsabilité d'un maillon de la chaîne au suivant.

—| ... |—

—| ••• |—

Pour être plus clair, lorsque je vends un objet ou un service à quelqu'un, j'assure que ledit objet ou ledit service va satisfaire celui qui me l'achète. En cas de problème, il ne me viendra pas à l'idée de me décharger de cette responsabilité en accusant les maillons précédents de m'avoir fourni une mauvaise prestation. Si je suis boucher et si un client se plaint de la qualité du steak que je lui ai vendu, je ne lui dirai pas que mon fournisseur m'a refilé une vieille carne et que je m'en suis débarrassée. Je ne dirai pas non plus que mon couteau est de mauvaise qualité. Je me sens responsable de tout ce qui me précède et je suis en conséquence responsable de ce que j'achète ou de ce que j'incorpore dans la fabrication de ma presta-tion. Tout commerçant digne de ce nom le sait et le pratique. Et, dans l'en-semble, cette chaîne de responsabilités et de civisme ne fonctionne pas trop mal. Au bout, il en sort des produits et des services de bonne qualité.

Pour être dans l'air du temps, au lieu de dire «au bout de la chaîne», je devrais dire plus exactement «au bout de ce processus» car c'en est un!

Et pourtant elle tourne...

Mais alors...

Si la qualité existe en sortie d'un processus, où est le pilote? Je veux un pilote. Cela ne peut pas marcher sans pilote.

Je suis extrêmement étonné, désorienté, dérangé, perturbé, déstabilisé. Car enfin, dans mon entreprise, on vient de m'apprendre exactement le contraire. Avec l'approche processus exigée par la nouvelle version de la norme ISO 9001-2000, des spécialistes ont découpé mon entreprise en processus. Il les ont ensuite classés en famille par ordre d'importance : les stratégiques, les majeurs, les mineurs, les minables et les inutiles. Enfin, pour chacun d'eux, la direction a nommé un pilote chargé de les faire fonc-tionner efficacement et chargé d'en améliorer les performances. Et tout cela pour que notre société devienne plus efficace.

Allô Papa Tango Charlie...

Le pilote est la personne qui «répond en permanence et de manière effi-ciente aux besoins et attentes des clients de ce processus.» (cf. norme X 50-176 sur le management des processus). La norme ajoute qu'il doit avoir l'autorité, la compétence et les moyens nécessaires pour, etc.

Une définition du *Petit Larousse* pour le verbe piloter précise : «Diriger, commander. Par exemple, piloter une entreprise, une équipe.»

Effectivement, dans un avion par exemple, le pilote est investi de la respon-sabilité des personnes et des matériels. Il est le chef suprême, le maître à bord après Dieu. Il est aussi appelé, ne l'oublions pas, commandant de bord.

—| ••• |—

—| ... |—

Dans de nombreuses entreprises, les processus sont des activités transversales qui traversent les fonctions avec la louable intention de décloisonner ces territoires et de créer des interrelations performantes. Hélas, dans cette configuration, le pilote n'a aucune autorité sur les ressources que son processus met en œuvre puisqu'il les emprunte dans ces diverses fonctions qui sont sous l'autorité d'un directeur ou d'un chef de service. Un pilote, qui «répond en permanence et de manière efficiente aux besoins et attentes des clients de son processus» et qui n'a aucune maîtrise ni responsabilité ni autorité sur les ressources dont il a besoin, est vraiment mal en point. Il devra se montrer d'une diplomatie et d'une capacité de persuasion hors du commun. Il négociera avec les responsables de service et de département, avec les chefs de produits et les chefs de projets, avec ses homologues, les autres pilotes des autres processus, qui doivent également défendre leurs propres performances. Il est certain que les cloisons vont sauter. Il est probable que la communication soit certes beaucoup plus animée mais sera-t-elle plus efficace et l'organisation plus efficiente?

Tout simplement…

Au lieu d'empiler les chefs les uns sur les autres en pensant que cela va arranger notre situation, méditons une petite phrase du grand Auguste DE-TOEUF, qui nous affirme :

«Ce qui rend fausses beaucoup de théories économiques, c'est qu'elles sont fondées sur l'hypothèse que l'homme est un être raisonnable.»

Le décloisonnement entre les fonctions peut se faire sans ajout d'une couche supplémentaire de responsables. Il suffit de demander à chaque hiérarchique de se comporter non pas comme un seigneur dans sa forteresse mais comme un commerçant dans une chaîne de transactions. Il suffit de lui demander d'écouter ses clients, ceux qui utilisent les données de sortie de sa cellule fonctionnelle, de s'engager à les satisfaire en veillant à utiliser des fournitures de bonne qualité (d'être responsable de ce qu'il achète, autrement dit de ses données d'entrée). Au bout de la chaîne de clients et de fournisseurs internes, il y a le client, celui qui nous fait vivre et aimerait que sa voix soit le fil qui relie toutes les cellules de l'entreprise.

Les ressources du processus

Les ressources d'un processus sont directement liées aux résultats qui sont négociés avec le propriétaire du processus. Chaque fois que les objectifs sont négociés, les ressources attribuées à un processus doivent, elles aussi, faire l'objet d'une revue et le cas échéant d'une modification.

Dans notre approche qui associe la fonction et le processus, le propriétaire d'un processus engage sa responsabilité quant aux résultats et aux performances de son territoire. Il doit donc disposer des ressources nécessaires car les objectifs qui lui sont demandés dépendent des moyens dont il dispose.

Ces ressources doivent être identifiées et attribuées aux processus jusqu'à ce que les données de sortie et/ou les objectifs soient modifiés. Le propriétaire doit être maître de ses ressources tant que les contrats qui le lient à ses clients restent inchangés. Les ressources sont inventoriées à travers des listes de matériels, de personnels ou de budgets. Le terme de propriétaire qui est employé pour désigner un responsable de processus n'est pas innocent. Il signifie que, dans un territoire donné, le chef du processus peut compter sur des ressources parfaitement définies qu'il connaît. Il connaît leurs qualités et leurs défauts, il connaît leurs performances et leurs limites. Il peut donc s'engager en toute connaissance de cause sur des objectifs à atteindre en exerçant pleinement sa responsabilité, c'est-à-dire en s'engageant sur un résultat. Faute de disposer de ressources finies et définies, ce n'est plus la compétence et la responsabilité qui apporteront le résultat attendu, ce seront la chance ou le hasard.

Il se peut que nous trouvions quelques exceptions à ce principe de définition des ressources au préalable. Par exemple quand un organisme travaille en lignes de produits, il conviendra que le responsable ou le manager d'une ligne adapte ses ressources aux objectifs de production qui lui seront donnés. Il en est de même pour des organisations par projets. Dans ce cas, les chefs de projet négocient l'attribution des ressources en début d'affaires et peuvent renégocier ces attributions en cours d'affaires en fonction des aléas du déroulement des opérations. Mais dans tous les cas, il y a un lien direct entre la définition d'objectifs de performance et l'attribution de ressources et les variations de l'un de ces paramètres seront proportionnelles aux variations de l'autre.

Les ressources sont constituées de deux familles d'éléments. Il y a, d'une part, les ressources matérielles que sont les machines, les infrastructures, les logiciels, les outillages, les véhicules, etc. et, d'autre part, les ressources humaines constituées par le personnel de l'organisme.

Il se peut que nous devions considérer une troisième famille qui sont les ressources financières c'est-à-dire des moyens supplémentaires affectés à un processus pour se procurer des données d'entrée ou pour acheter des ressources supplémentaires comme des équipements par exemple. En général, ces ressources financières se transforment en ressources humaines et matérielles ou bien encore servent à acheter des fournitures (données d'entrée).

En ce qui concerne les achats d'investissement, les pratiques courantes n'influent pas sur la forme des cartographies et ne contrarient en rien les principes adoptés dans nos relations donneur d'ordres/fournisseur et dans nos concepts et conventions de prises de responsabilités. Une pratique courante est, par exemple, de donner aux propriétaires de processus des autorisations de dépenses définies dans le cadre d'un budget préétabli et de règles de maximums prédéfinis. Par exemple, un manager peut acheter des équipements, sans autorisation de la hiérarchie, jusqu'à concurrence de 50 K€. Au-delà, il doit solliciter l'aval de son supérieur et/ou de la direction financière.

Le rôle du manager

La mission principale d'un chef que nous appelons désormais manager ou propriétaire de processus est d'être le porte-parole du client. Il doit s'assurer que la voix du client lui est parvenue correctement à travers le contrat qu'il a négocié avec son processus donneur d'ordres et il doit aussi s'assurer de l'optimisation des moyens dont il dispose, des ressources de son territoire. Autrement dit, lorsque la finalité de son processus est parfaitement définie, que les prestations qu'il produit font l'objet d'une commande par son donneur d'ordres, il doit organiser et assurer la maîtrise d'œuvre de ses ressources avec le souci de la plus grand satisfaction du client dont il est le porte-parole, le représentant.
Par exemple, un grand chef dira :
« Ne restez pas sans rien faire car mon client va payer son produit plus cher qu'il ne vaut. »
Par exemple, un petit chef dira :
« Quand tu auras fini ce travail, tu attendras que je vienne t'en donner un autre. »

En ce qui concerne les dépenses de fonctionnement, il convient surtout de les planifier afin qu'un délai requis pour obtenir un accord d'achat de la part de la hiérarchie ne génère pas de problème de retard. Le cas échéant, cela pourrait conduire le propriétaire de processus à dégager sa responsabilité en cas de retard dans ses propres prestations. Bien que les ressources d'un processus soient capitales pour son fonctionnement, il paraît inutile d'en tenir une comptabilité ou un inventaire de manière formelle pour caractériser le processus en question. Il est important que des accords soient pris entre les responsables de processus et la hiérarchie pour adapter les ressources nécessaires aux objectifs à atteindre. Mais il n'en demeure pas moins vrai qu'une grande souplesse doit être laissée au pilote de processus pour ajuster les ressources aux activités. Par exemple pour un chef d'atelier, une augmentation d'un programme de fabrication exigera que de la main-d'œuvre intérimaire soit embauchée et que des outillages supplémentaires soient fabriqués ou achetés. Si les ressources doivent figurer sur les documents d'identité des processus, cela demandera une mise à jour permanente sans que cela apporte grand-chose à l'efficacité des processus.

Et si cela arrivait chez mon boucher ?

Il est assez fréquent, dans une entreprise, qu'une commande urgente d'un client soit prise alors que le planning de travail affiche complet. Dans ce cas, pour satisfaire ce client pressé, nous intercalons sa commande au milieu des autres commandes des autres clients déjà programmés dans la charge de travail. Très souvent, ce genre de gymnastique engendre un décalage des délais prévus pour la livraison des autres clients. Il arrive, et c'est la moindre des choses, que nous téléphonions aux clients défavorisés pour les informer de ce retard mais il faut reconnaître que cette attitude n'est pas des plus pratiquées. Dans la plupart des cas, le client s'apercevra du retard parce qu'il n'est pas livré à la date promise ou bien au mieux, il sera prévenu la veille que sa livraison est décalée d'une semaine.

Imaginons la situation suivante :

Un dimanche matin, nous faisons la queue chez notre boucher. C'est un excellent professionnel et il a beaucoup de clients. Nous sommes une bonne dizaine de clients à attendre notre tour. Tout à coup surgit un onzième client qui s'écrie : « Vite, je suis pressé, servez-moi tout de suite un rôti de porc, j'ai oublié de le prendre hier. »

Il passe devant nous, sans vergogne et à notre grande surprise, le boucher délaisse le client qu'il était en train de servir pour s'occuper du rôti de porc demandé.

Est-ce acceptable ? Notre commerçant n'aurait-il pas dû par politesse nous demander l'autorisation de prendre cette urgence ? N'aurait-il pas dû essayer de savoir si nous ne sommes pas, nous aussi, pressés par une urgence ?

Que penserions-nous si cette situation se répétait régulièrement ?

Dans l'entreprise, heureusement, nos clients, lorsqu'ils ne sont pas livrés à temps, pensent que nous avons des problèmes techniques. Ils n'envisagent pas un seul instant que nous pouvons faire passer avant eux des clients certainement moins organisés et moins prévoyants.

L'ÉTABLISSEMENT DES CONTRATS D'INTERFACES

L'activité d'un organisme est constituée d'une chaîne de processus liés les uns aux autres. Aucun processus n'est libre et indépendant et en conséquence, les relations entre chacun d'entre eux doivent être aussi caractérisées. La cartographie des processus nous a permis de les identifier et de préciser les points de contact déclencheur/déclenché ainsi que leurs statuts respectifs de clients et de fournisseurs. Nous devons à cette étape élaborer et formaliser des contrats d'interfaces entre processus client et processus fournisseur en interne dans le respect des pratiques commerciales.

Les principes de base de l'établissement d'un contrat

Les interfaces entre les contrats doivent être maîtrisées en appliquant les règles immuables du commerce, discussions avant le contrat et respect des engagements après.

Si nous nous référons aux usages des activités commerciales, un contrat est l'accord qui scelle un échange entre deux parties au moins. Il y a deux étapes pour établir un contrat : l'avant contrat et l'après contrat. L'avant contrat n'est pas contraignant. Chacune des parties discute librement, et chacune des parties est libre d'arrêter la discussion quand elle le souhaite. Cette étape est celle de la négociation, de l'échange d'argumentation, du marchandage même, pourquoi refuser un mot qui signifie que chacun essaie de préserver ses propres intérêts. Par contre, l'après contrat ne laisse plus de place à la discussion. L'affaire est faite et chacun aura à cœur de respecter les engagements qui ont été contractés. Même si le contrat n'est pas écrit, l'honneur, l'honnêteté des contractants les poussera à respecter l'engagement. Dans la vie courante, lorsque nous avons pris un rendez-vous avec notre garagiste et que nous allons récupérer le véhicule à l'heure prévue, il serait impensable d'entendre le garagiste nous dire : « Désolé, je n'ai pas eu le temps, revenez plus tard ». Si cela devait arriver, il serait alors souhaitable que cet événement soit absolument exceptionnel. Dans le cas contraire, nous trouverons rapidement un autre garage pour l'entretien de notre voiture. De même lorsque nous avons passé une commande de cinq cents petits fours à un traiteur pour l'apéritif de mariage de notre fils, que penserions-nous de ce professionnel si au moment de prendre livraison de la commande, celui-ci nous déclarait : « Désolé, je n'ai pas eu le temps, excusez-moi. » et vous laissait avec votre fête ratée sur les bras ?

Pourquoi alors, ce que nous n'acceptons en aucun cas dans nos relations de tous les jours avec nos fournisseurs, nous l'acceptons couramment dans nos entreprises ? Pourquoi, arrivons-nous en retard aux réunions ou pourquoi sommes-nous absents alors que nous avions accepté d'y aller et que ce rendez-vous était noté sur notre agenda ?

Que penserions-nous de notre dentiste qui ne nous recevrait pas car il est parti faire une course en ville ? Je ne parle pas des retards qui sont monnaie courante.

Pourquoi décalons-nous une production pour prendre une commande urgente sans même informer les autres clients qui auront à subir des retards de livraison consécutifs à cette décision ? Si nous décidons de mettre en œuvre une relation client/fournisseur dans notre entreprise, nous devons respecter ces règles et ces usages commerciaux en interne. Bien sûr, il est facile de déroger à ces bons usages puisque nous n'avons pas le choix de notre fournisseur. Si nous sommes mécontents de notre boucher, nous pouvons en changer même si cela nous complique un peu la vie. Dans l'entreprise, nous sommes obligés de travailler avec le même processus fournisseur même si celui-ci ne respecte jamais ses engagements et même s'il prend ses clients et utilisateurs internes pour des imbéciles. Il est facile de déroger à ces bons usages pour une deuxième raison tout à fait importante elle aussi. Nous, donneurs d'ordres, n'avons pas le pouvoir de l'argent. À de rares exceptions, lorsque les services ou fonctions sont organisées en centres de profits, il n'y a pas de facturation entre les processus et donc si nous sommes mécontents de nos fournisseurs, nous n'avons pas la pression du non-paiement pour les faire changer.

Le rétablissement de ces règles et de ces bonnes pratiques en interne est indispensable pour que notre organisation en processus client et fournisseur fonctionne correctement et efficacement. Il est clair que nous devons procéder de la même manière en ce qui concerne la maîtrise des interfaces que pour la maîtrise des processus eux-mêmes. Pour maîtriser un processus nous savons de longue date qu'il nous est nécessaire de déterminer les meilleures pratiques de travail et au besoin de les formaliser si les risques de dysfonctionnement sont élevés. Nous devrons faire exactement la même chose pour traiter et maîtriser les interfaces, à la différence que les bonnes pratiques existent depuis longtemps, ce sont les règles du commerce.

Règle

De nombreuses cartographies se bornent à établir une liste des processus, à identifier pour chacun d'eux les données d'entrée et de sortie et accessoirement à relier les sorties des uns aux entrées des autres et réciproquement.

Ces listes ne constituent pas des éléments organisationnels suffisants pour améliorer les relations entre les processus. L'objectif souhaité par le référentiel ISO n'est pas d'établir une cartographie mais il est d'établir une cartographie pour améliorer le fonctionnement de l'organisme. Si nous réduisions notre travail à une simple carte qui relie les processus entre eux, c'est un peu comme si nous établissions la liste des données de sortie d'un boulanger (pain, croissants, gâteaux, etc.) puis la liste des données d'entrée (eau, farine, sel, etc.) et que nous procédions ainsi également pour ses clients et ses fournisseurs. Est-ce que cela aurait amélioré les relations entre le boulanger et ses processus amont et aval ? Non bien sûr. Ce ne serait pas suffisant. La finalité d'une cartographie des processus est de définir des modèles et des règles de communication entre les processus et si cela est possible, d'établir des règles simples et basiques. Le contrat d'interface est donc la dernière étape de la cartographie des processus C'est aussi la plus importante.

Comment établir un contrat entre processus

> Un contrat d'interfaces sera établi pour chaque processus et décrira les relations entre ce processus et tous les autres qui utilisent ses prestations (données de sortie). Il s'agira de décrire les attentes du processus client pour les prestations fournies et les contraintes de faisabilité du fournisseur.

Le principe du contrat d'interfaces est de définir le mode de relation entre chaque processus considéré comme fabriquant de ses données de sortie (il est réputé «fournisseur») et les autres processus de l'organisme qui utilisent ces données de sortie. Le contrat d'interfaces est le document le plus important de l'approche processus et de la cartographie car il est à la base de l'amélioration des relations entre les composantes de l'organisation c'est-à-dire les processus qui constituent l'organisme. Il est le symbole d'un changement de mentalité dans l'entreprise. Il s'agit là de proposer à chacun de considérer la satisfaction aux attentes des utilisateurs internes comme une priorité. Qui que nous soyons, nous travaillons toujours pour les autres et nous devons donner à ces autres (aux utilisateurs) le droit d'exprimer leurs attentes et leurs satisfactions quant à ce que nous leur fournissons. Les données de sortie du processus dans lequel je travaille sont les données d'entrée des processus utilisateurs. Il est capital que les données de sortie que j'ai fabriquées répondent aux attentes de mes utilisateurs. Mon efficacité est mesurée par ma capacité à fournir des données de sortie qui satisfont mes utilisateurs et qui les aident à accomplir eux-mêmes un travail efficace. Je ne travaille pas pour moi mais pour les autres. Je dois avoir en permanence le souci de ces autres et le désir qu'ils travaillent efficacement avec les données que je leurs transmets. Ce n'est pas plus compliqué et il s'agit du même principe que dans une relation client/fournisseur en externe. Par exemple, celle que nous avons avec les clients dans notre entreprise ou plus simplement celle que nous avons avec nos fournisseurs dans la vie de tous les jours, le boulanger ou le marchand de journaux. Le contrat qu'il convient d'établir concerne, bien entendu, toutes les prestations de chaque processus. Il y aura un contrat et un seul pour chaque fournisseur.

> Le terme de CONTRAT ne signifie pas forcément contrat écrit. Un contrat est un accord entre deux parties au moins et cet accord est clairement compris de tous ceux qui sont concernés. C'est un engagement réciproque qui scelle les termes d'un échange. C'est l'importance du risque lié au contrat qui nous conduira à le formaliser ou non.

Pour l'établissement des contrats, nous avons en général deux alternatives :
- Soit un contrat type pour des prestations répétitives comme des productions de pièces, des études, des essais, des événements récurrents, etc.
- Soit un contrat type pour des prestations de type unitaire et sur mesure.

Dans les deux cas nous utiliserons le même document car, pour les contrats, il est important de formaliser ces relations. Cela n'a pas un caractère absolument obligatoire et il se peut que certaines cultures d'entreprise n'apprécient pas un caractère formel pour l'établissement de contrats. Mais dans la plupart des situations, il vaut mieux écrire.

Pour les prestations répétitives, le contrat sera établi à l'avance et pour les prestations unitaires, il sera établi au coup par coup, juste avant la réalisation de la prestation. Le principe est le même que pour une commande de nos clients. Il convient d'abord que le fournisseur identifie les attentes du client pour les transformer en exigences. Chaque propriétaire de processus va donc, dans un premier temps, établir les contrats d'interfaces en définissant l'identité de son processus. Il va identifier d'abord les données de sortie, identifier ensuite les processus utilisateurs des données de sortie puis enfin, écouter les fournisseurs un par un pour connaître leurs attentes et améliorer ses propres prestations. Ce contrat est établi par le processus en considérant son statut de fournisseur, c'est-à-dire que le propriétaire du processus en question se place dans son rôle de producteur de données de sortie et donc de fournisseur des autres entités (processus) de l'organisme. La base du contrat est l'existant, autrement dit, l'inventaire des données de sortie. Pour chacune de ces données de sortie, le propriétaire du processus identifie tous les utilisateurs et demande à ces utilisateurs leurs attentes par rapports à la donnée de sortie en question. Les attentes expriment les problèmes qui existent entre deux processus par rapport à une donnée de sortie qui ne donne pas satisfaction au processus utilisateur. Si aucun dysfonctionnement ne se manifeste dans le transfert d'une donnée de sortie du processus fournisseur au processus utilisateur, aucune attente n'est exprimée. Le principe de cette approche est de noter uniquement les attentes dans le cas d'interrelations défectueuses.

Le contrat d'interfaces a pour finalité d'améliorer les relations entre les processus et l'identification des attentes, en cas de problème, est la base de l'action d'amélioration. Il serait possible bien entendu d'identifier comme attentes les clauses détaillées d'un contrat entre un processus fournisseur et un processus utilisateur. Par exemple que le dossier de production doit être constitué de tels et tels documents, qu'il doit être transmis dans telles conditions, etc. À notre avis, ce luxe de détails interfère avec les instructions ou procédures éventuellement existantes et nous paraît compliqué par rapport à notre recherche permanente d'efficacité. Nous préférons noter uniquement ce qui ne va pas. Nous considérons que les termes du contrat sont implicites et que nous préciserons uniquement les points qui peuvent être améliorés. C'est ce que nous proposons sachant que chaque organisme fait comme il l'entend, au mieux de ses intérêts. Cette interrogation de nos utilisateurs par rapport aux données de sortie que nous leur transmettons montre l'intérêt que nous leur portons et montre également une ouverture de notre travail vers les autres. Cette façon de faire est difficile à mettre en œuvre car il n'est pas dans nos habitudes de demander le jugement des autres dans la réalisation de nos tâches. Nous avons plutôt l'habitude de fonctionner dans notre coin, en réalisant le travail que nous avons à faire selon l'usage, sans nous préoccuper des autres. L'expression «moi, j'ai fait mon travail, que les autres fassent pareil» est significative de nos manques d'habitudes à travailler avec des relations de type client/fournisseur. Lorsque nous irons écouter nos utilisateurs, nous en profiterons aussi, bien entendu, pour savoir si les données de sortie sont toutes utilisées et si nous ne pouvons pas en profiter pour simplifier notre activité. Nous devons faire uniquement ce qui est utile pour notre fournisseur. Lorsque nous écouterons nos utilisateurs, ceux-ci vont exprimer leurs attentes, c'est-à-dire ce qui ne marche pas très bien, ce qui ne leur convient pas et qu'il serait souhaitable d'améliorer. Ensuite, nous discuterons ces attentes en toute bonne foi pour éviter les demandes saugrenues ou insensées. Contrairement à ce que nous pourrions croire, les propriétaires de processus utilisateurs sont la plupart du temps fort raisonnables. Leurs attentes sont fondées et montrent une réelle intention d'améliorer leurs propres activités.

Le droit de dire NON

Dans une relation commerciale de la vie de tous les jours, le fournisseur peut refuser de servir un client. Il le doit lorsqu'il n'est pas capable de fournir la prestation souhaitée. En tant que client, nous n'accepterions pas d'avoir une promesse de vente non tenue. En interne, ce droit doit être reconnu. Bien entendu, comme nous n'avons pas le choix d'autres fournisseurs internes à l'entreprise ainsi que nous pourrions l'avoir en externe, ce droit au refus doit se justifier par une impossibilité de faire et uniquement par cela. Ce n'est pas un refus catégorique et définitif. C'est un refus qui exprime un manque de ressources. Il est le préalable à une négociation. Devons-nous faire appel à des ressources extérieures comme la sous-traitance ou de la main-d'œuvre intérimaire ? Devons-nous annuler une autre tâche pour exécuter celle-ci qui est plus importante ? Devons-nous rester sur cette impossibilité, identifier les conséquences de cette décision et en informer le client ? Autant de discussions nécessaires pour ne pas croire qu'il suffit d'exiger pour obtenir satisfaction.

Dans cette situation, le contrat s'établit librement entre les deux parties, nous donnons au fournisseur la liberté et le droit de dire non. Ce droit au refus qui pourrait faire peur aux responsables d'organismes, sous prétexte que personne ne s'engagera plus s'il y a le moindre risque, est tempéré par le choix des responsables, des propriétaires de processus. Il est surtout tempéré par l'existence des indicateurs et des objectifs de performances qui constituent des contre-pressions à ce droit. Il est enfin tempéré par l'engagement de principe de chaque processus à satisfaire globalement aux attentes de ses utilisateurs.

Pour illustrer cet état de fait, nous pouvons par exemple évoquer le cas suivant :

Un technico-commercial apporte à son bureau d'études une demande de nouveau produit pour un client. Le responsable du BE hésite car l'affaire lui semble compliquée et il n'est pas sûr de réussir cette conception. Il peut donc refuser, alléguant qu'il n'a pas les ressources disponibles (temps). Nous pouvons dire, entre parenthèses, que cette réponse est fréquente même dans les organisations où il n'y a pas d'approche processus. Mais poursuivons. Si notre responsable du BE a atteint ses objectifs d'innovation qui sont par exemple de réaliser dix nouveaux produits par an, il y aura une discussion pour déterminer la réelle importance de l'affaire et fournir le cas échéant au BE des ressources complémentaires pour absorber cette surcharge d'activité. Par contre, si ses objectifs ne sont pas atteints, le responsable BE n'a aucun argument pour refuser cette demande ou pour la discuter.

Comment détecter un problème d'interfaces ?

Lorsque la cartographie sera établie et que tout un chacun travaillera selon ce modèle, il est évident que des problèmes peuvent subsister. Il est improbable que tout fonctionne parfaitement du premier coup. Il conviendra d'être à l'écoute de l'organisation afin d'en détecter les dysfonctionnements puis de réagir en modifiant au besoin la cartographie ou plus souvent les contrats d'interfaces. Des éléments particuliers sont significatifs de la présence d'un problème d'interfaces. Ce sont deux petites phrases que normalement nous ne devrions plus entendre dans nos entreprises et dans nos organismes. Ces phrases sont : « Je n'ai pas eu le temps. » et « Ce n'est pas ma faute, c'est lui qui... »
Chacun devant être responsable de ses processus fournisseurs et chacun s'étant engagé à répondre aux attentes de ses donneurs d'ordres et utilisateurs, ces réflexions n'ont, en principe, plus lieu d'être.

Les contrats perdurent tant que la demande du client ne change pas. Sinon, il faudra peut être négocier avec le niveau supérieur de nouvelles ressources pour traiter l'avenant au contrat.

La formalisation des attentes dans les contrats écrits ne se justifie que lorsqu'il y a risque de problème entre deux processus. Par contre, un aspect intéressant de l'écriture est de rendre les conditions d'une transaction absolument transparentes. Très souvent, trop souvent même, les demandes des clients n'étant pas formulées clairement, ou formulées de manière implicite, le fournisseur ne sait pas ce qu'il doit faire et, ce faisant, il prête le flanc à tous les reproches. Son processus donneur d'ordres ou utilisateur peut effectivement critiquer ses prestations puisque celles-ci n'ont pas été identifiées de façon formelle. C'est pourquoi il est parfois important que le donneur d'ordres s'exprime par écrit à travers l'établissement d'un contrat d'interface. Ceci est rassurant pour son fournisseur qui peut alors répondre de manière responsable à sa demande et préciser les conditions de faisabilité. Il est aussi important pour le client que son fournisseur lui ait fait part de ses exigences en matière de réalisation de ses attentes, des conditions de faisabilité. Après discussion et accord, le fournisseur n'a plus aucune raison, sauf événement imprévu et grave, de ne pas répondre à la demande.

Comment traiter le problème général du respect des délais ?

La maîtrise et le respect des délais sont des thèmes communs à la quasi-totalité des entreprises. C'est l'exemple même d'une responsabilité qui est partagée par tous. Au-delà de l'organisation, il convient d'appliquer simplement des principes basiques de responsabilité et d'engagements personnels.

Dans une entreprise, comme dans la vie courante, chacun doit être responsable de ses engagements. Il y a un proverbe tunisien qui dit :

« Donner sa parole, c'est donner son cou. »

Ce proverbe connaît une autre variante qui dit :

« Qui par la parole s'engage, a comme mis sa barbe en gage. »

Les délais, entre autres engagements, sont signés en général par le service commercial qui est au contact du client. Le respect de ce délai promis au client est donc de la responsabilité du commercial. Si l'entreprise livre en retard, quelle qu'en soit la raison, le commercial en question en sera tenu pour responsable sans aucune échappatoire ni excuse.

Si ce principe de base est appliqué et respecté, il aura pour conséquence une plus grande attention du commercial en ce qui concerne les promesses qu'il fait aux clients. Il ne s'engagera peut-être plus sans consulter ses propres processus fournisseurs en amont, principalement impliqués dans la tenue des délais, à savoir par exemple les achats et la production. Si ses processus amont ont été consultés, et qu'ils se sont eux-mêmes à leur tour engagés dans un délai, le commercial pourra alors, en cas de problème, se retourner vers son fournisseur pour lui demander des explications. Il tentera, le cas échéant, de trouver une action corrective pour éviter que ce phénomène ne se reproduise. Néanmoins, le retard reste de la responsabilité du premier processus, celui qui s'est engagé auprès du client, c'est-à-dire le service commercial.

Si ce principe génère des temps de réponse inacceptables pour le client, la chaîne de processus doit alors décider d'une règle de traitement des délais pour répondre aux demandes des clients dans un laps de temps raisonnable. Cela est important et fait partie des attentes du client qu'il faut satisfaire. La réponse à une demande de délai devient alors une action prioritaire et il est possible de la traiter dans le cadre de l'établissement des contrats d'interfaces.

Comment procéder à l'identification des processus clients

Les processus clients d'un processus fournisseur commencent à s'identifier dès l'établissement de la cartographie. Tous les processus clients doivent figurer dans les contrats d'interfaces et être consultés pour l'établissement de ces contrats.

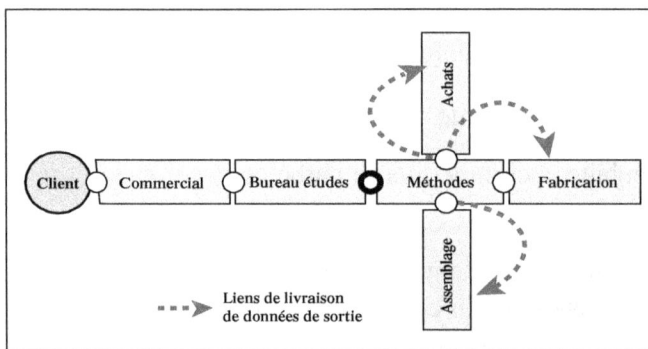

Les données de sortie des processus sont identifiées lors de l'élaboration des contrats d'interfaces de chaque processus. Cela constitue un premier inventaire effectué par le propriétaire des processus. Auparavant, lorsque nous avons établi la cartographie des processus, nous avons identifié certainement des processus qui sont les utilisateurs d'autres processus sans pour cela entrer dans le détail de ce qu'ils utilisent. Nous prendrons néanmoins le temps de noter ces liens sur la cartographie de manière provisoire (voir schéma).

Dans cet exemple, pour le contrat entre le bureau d'études et le bureau des méthodes, nous nous souviendrons que les processus achats, fabrication et assemblage utilisent des données de sortie du fournisseur méthodes. Cela permet de ne pas en oublier, lorsqu'un peu plus tard, nous nous occuperons des contrats d'interfaces. En effet, la véritable liste des données de sortie des processus est établie à partir des attentes des donneurs d'ordres et des utilisateurs et sur la base de l'existant. Cette technique a l'avantage de décider de ce qui est important à produire pour un processus. Comme nous travaillons tous pour le client externe, de par l'effet de chaîne, ce sont nos processus donneurs d'ordres et utilisateurs qui doivent décider de ce que nous fabriquons. Nous commençons déjà, à ce moment-là, à mettre en application la méthode de réaménagement par l'aval qui élimine les tâches réputées inutiles car non demandées par un client interne.

En ce qui concerne l'indication des processus utilisateurs sur une cartographie des processus, il est possible de conserver ces informations. Mais cela complique un peu la lisibilité de la cartographie en la surchargeant. Je préfère, en ce qui me concerne, n'y indiquer que les liens déclencheur/ déclenché et tenir compte des relations utilisateur/fournisseur dans les contrats d'interfaces uniquement. Il faut absolument privilégier la simpli- cité de la présentation graphique et donc la lisibilité. Nous tombons trop souvent dans l'excès par souci de bien faire. Souvenons-nous que le mieux est souvent l'ennemi du bien.

Le document de contrat d'interfaces à utiliser

Il est utile de pouvoir formaliser les accords mutuels entre donneurs d'ordres et fournisseurs dans un document. Celui-ci concerne les deux parties pre- nantes d'une transaction interne et résume les attentes du donneur d'ordres et les exigences de faisabilité du fournisseur.

Le document est rédigé à l'instigation du fournisseur, comme pour un contrat dans la vie de tous les jours, ou comme le font nos commerciaux avec nos clients externes. Le document précise la liste des prestations fabriquées par le fournisseur, c'est-à-dire ses données de sorties et, pour chacune d'entre elles, le fournisseur demande à l'utilisateur concerné de lui préciser les attentes éventuelles (les dysfonctionnements) qui accompa- gnent la fourniture de la prestation. Il se peut que la donnée de sortie exprimée sur le contrat ne pose aucun problème et que l'utilisateur n'exprime aucune attente supplémentaire.

En dessous des attentes exprimées par le donneur d'ordres ou l'utilisateur, le fournisseur va, à son tour, préciser ses exigences pour pouvoir satisfaire son donneur d'ordres et ses utilisateurs. Il effectue ainsi une revue des exigences et évalue les conditions nécessaires pour réaliser ce qui est demandé. Lorsque les deux parties sont d'accord pour l'ensemble des prestations souhaitées par le donneur d'ordres et par les utilisateurs, le document de contrat est signé par les propriétaires des deux processus en relation.

L'intérêt d'un tel document est multiple. D'abord, il convient de préciser que le contenu doit être succinct. Il ne s'agit pas d'écrire un roman mais de contractualiser les éléments-clés d'une transaction. Ensuite, un contrat a l'avantage de sécuriser le fournisseur. En effet, lorsque le donneur d'ordres ne précise pas exactement ce qu'il veut et qu'il reste dans un flou artistique, il peut toujours ensuite reprocher à son fournisseur de ne pas l'avoir écouté et de lui avoir fourni une prestation qui n'était pas celle demandée. C'est une technique classique pour déstabiliser un fournisseur et tous les petits chefs la connaissent. Formaliser une demande et des attentes suppose de savoir ce que l'on veut et de se satisfaire des résultats si ceux-ci sont conformes aux besoins exprimés par l'utilisateur.

Enfin, un contrat préserve le fournisseur en ce sens qu'il lui permet de négocier les attentes de son utilisateur. Celui-ci n'est pas le roi comme le dicton l'affirme. Le contrat décrit les diverses conditions qui font une transaction gagnant/gagnant.

L'imprimé ci-dessous est un modèle parmi d'autres. Il est bien évident que chaque utilisateur pourra le transformer selon les habitudes ou l'expérience acquise. Il convient simplement de respecter les principes de base de l'expression réciproque des deux parties.

Le document s'établit de la façon suivante :

Processus. Préciser l'intitulé du processus c'est-à-dire la dénomination officielle de la fonction.

Propriétaire. Préciser le nom du responsable du processus autrement dit du responsable de la fonction.

Finalité. Préciser la raison d'être du processus. Sa mission essentielle dans l'organisme. Il convient d'essayer de formuler cette raison d'être de manière suffisamment précise pour que nous puissions par la suite définir les modes de surveillance et/ou de mesure des activités du processus.

Données de sortie. Liste des prestations réalisées par le processus. Ce sont les résultats des activités du processus et qui sont utilisés par d'autres processus.

Utilisateurs. Liste, pour chacune des données de sortie, des processus qui l'utilisent. Il peut y avoir plusieurs utilisateurs pour une même donnée de sortie. Par exemple, un plan directeur de production qui est une donnée de sortie d'un processus « logistique » peut être utilisé par un processus « production » et par un processus « achats ».

Attentes des utilisateurs. Expression des attentes de chacun des utilisateurs d'une donnée de sortie pour permettre une utilisation efficace de la donnée de sortie en question. Comme nous l'avons déjà précisé auparavant, cette attente s'exprime si l'utilisateur n'est pas satisfait des caractéristiques de la donnée de sortie ou des services qui lui sont associés. Par exemple, pour le même dossier de production, un utilisateur peut demander que celui-ci lui soit transmis une semaine avant le démarrage de la fabrication (habituellement, il arrive le jour même et cela nuit à la mise au point des machines) ou qu'il contienne des informations nouvelles utiles pour améliorer la qualité des produits fabriqués.

Responsable. Qui sait faire ? Il s'agit de préciser les noms des personnes qui sont habilitées à produire la donnée de sortie. Cette information ne résout pas à elle seule la difficile question de la gestion des ressources humaines mais elle permet déjà d'identifier les personnes capables de produire la donnée de sortie et surtout désignées comme responsables de la conformité avec les besoins des utilisateurs. En cas d'attente exprimée lors de l'établissement du contrat d'interfaces, ces personnes seront chargées d'améliorer ces données de sortie ou la façon de les produire. Cette information permet également de satisfaire en partie aux exigences de la norme ISO 9001 pour ce qui concerne l'identification des compétences nécessaires à la réalisation du service.

Documents attachés. Ce sont les documents (procédures, instructions, règles, pratiques, modes de travail, etc.) qui formalisent des façons de faire du processus. Il n'est pas toujours utile d'attacher ces procédures documentées à chacune des données de sortie identifiées d'un processus. Il est aussi parfois plus simple de préciser la liste des documents en vigueur à utiliser dans le processus pour maîtriser et réguler ses activités internes.

Indicateurs d'activité. Préciser les divers indicateurs permettant de mesurer les activités du processus par rapport aux résultats planifiés. Les résultats des mesures ne figurent pas sur les contrats d'interfaces mais ceux-ci rappellent simplement le ou les modes de mesure pratiqués dans chacun des processus. Par exemple le nombre de pièces fabriquées dans un atelier par rapport aux prévisions ou bien le chiffre d'affaires rapporté par un processus commercial.

Indicateurs de performances. Préciser les indicateurs qui permettent de mesurer la contribution de chacun des processus à l'amélioration permanente. Ils sont complémentaires aux indicateurs d'activité en ce sens qu'ils mesurent une amélioration de la performance.

L'ensemble des informations contenues dans les contrats d'interfaces, et que nous proposons, sont à adapter selon l'organisme. Cette liste n'est pas exhaustive. Les paramètres majeurs, difficiles à contourner, sont les données de sortie, les utilisateurs et les attentes des utilisateurs car ils servent à générer une dynamique de l'amélioration continue dans l'organisation.

Règle

Lors de l'établissement d'un contrat d'interface, il convient de mettre en œuvre les principes de la revue de contrat chers à la norme ISO 9001. Ils demandent, et c'est la logique des transactions entre deux parties, que les éléments incomplets ou ambigus doivent être détectés et que des solutions doivent être apportées pour y remédier. Le contrat entre un client et un fournisseur doit être clair, transparent et dénué de toute source d'incompréhension. Il est souhaité en conséquence que le fournisseur discute avec ses clients utilisateurs pour éclaircir certains éléments porteurs d'ambiguïtés. En particulier, il sera nécessaire d'éviter l'emploi de termes tels que : complets, sensibles, importants, si nécessaire , de temps en temps, en général et autres locutions approximatives du même acabit. Il faut essayer d'être précis. Nous pouvons citer encore pour l'exemple des phrases du genre : piloter, gérer, remonter les problèmes, aider à apporter des solutions, aider à la cohésion, détecter les points durs, suivre les affaires, collaborer aux actions correctives, soulever les dysfonctionnements majeurs, etc. Ils sont trop imprécis pour être utiles dans la rédaction d'un contrat. Par exemple, si un utilisateur exprime ses attentes en disant : «Le dossier de production est incomplet», le fournisseur devra lui demander de préciser ce qui manque. L'action corrective n'est possible que si la demande est claire et précise.

L'AMÉLIORATION DES INTERRELATIONS ENTRE LES PROCESSUS

La relation client/fournisseur en interne est le principe de l'amélioration de la relation entre les processus. Le processus fournisseur s'engage à modifier ses pratiques internes de travail pour satisfaire aux attentes de ses utilisateurs.

Dans la plupart des approches processus, la nouvelle organisation s'arrête lorsque les données de sortie et d'entrée des différents processus sont identifiées et que nous savons quels sont les processus qui ont des relations. Cette connaissance se formalise souvent par le biais de matrices de correspondances à doubles entrées. Mais hélas, cela n'est pas suffisant. Par exemple, le fait de savoir que les croissants et les petits pains au chocolat sont les données de sortie d'un processus «pâtissier» et que ces mêmes viennoiseries sont, par conséquent, les données d'entrée de mon processus «consommateur gourmand» n'améliore en rien la nature des relations entre ce pâtissier et moi-même. Pour aller plus loin et faire progresser la qualité de ces interrelations, il faut que je fasse savoir à mon fournisseur que j'aime les croissants très cuits et que je souhaite deux barres de chocolat dans le petit pain. Aussitôt (nous sommes dans une pâtisserie qui pratique le management de la qualité et bien entendu l'écoute active de ses clients), ce commerçant va noter mes attentes qu'il transformera en exigences. Et il mettra en œuvre les dispositions qui lui permettront de me satisfaire. Ainsi, je resterai son plus fidèle client.

Dans l'approche processus par la voix du client, il en va ainsi. Chaque pilote ou responsable de processus a demandé à chacun de ses utilisateurs ses attentes par rapport à chacune des données de sortie de son processus. Il les a ensuite analysées et classées par ordre d'importance. Il a réfléchi à ces attentes et il a élaboré un plan d'actions pour changer ses façons de faire. Cette réflexion a été conduite avec ses collaborateurs et son personnel. Il a réparti les tâches et décidé d'un calendrier de réalisation de ces actions.

Ce plan d'actions constitue son potentiel d'amélioration permanente pour la période à venir qui peut être, pour donner un ordre d'idée, un trimestre, un semestre ou bien encore une année. Il vérifiera, lors des revues de processus qui auront lieu à ces échéances, l'efficacité de ces actions auprès de ses utilisateurs et il en profitera pour recueillir de nouvelles attentes et pour préparer son plan d'actions d'amélioration de la période suivante.

Lors des audits internes, les auditeurs évalueront la contribution de chaque processus à l'amélioration de leur organisme par le niveau d'actions mises en œuvre dans chacun d'eux.

Contrat d'interfaces											
Processus :											
Finalité :											
Propriétaire :											
Données de sortie	Utilisateurs	Attentes utilisateurs	Responsable Qui sait faire ?	Documents attachés							
Indicateurs d'activité :				Indicateurs de performances :							

Des exemples de contrat d'interfaces

Contrat d'interfaces

Processus : Production S3A		Propriétaire : Marcel B.	
Finalité : Fabriquer un produit conforme aux spécifications (gammes, plans, etc.), dans les délais convenus avec l'ordonnancement, en respectant les temps prévus.			
Données de sortie	Utilisateurs	Attentes utilisateurs	Documents attachés
Pièces usinées	S3 (nettoyage)	Pièces sur plateaux ou contenants identifiés	Fiches suiveuses
Huiles de coupe usagées	Stocks	Stockage en fûts identifiés pour recyclage	Étiquettes d'identification
Chutes de matières et copeaux	Stocks	Stockage en caisses identifiées pour recyclage	
Contenants	S3 (nettoyage)	Rendus au nettoyage en état	
Demandes de modifs de gammes	Méthodes	Demandes clairement identifiées et justifiées	EI.5.6-16
Demandes de fabrication ou de maintenance d'outillages	S1	Fournir un plan correct avec cotation à jour	Fiche de demande d'outillage
Demandes de création d'outillages	Méthodes	Demandes clairement identifiées et justifiées	Fiche de demande d'outillage
Demandes d'achats	Achats	Joindre systématiquement les offres aux demandes	Cahier de commande
Demandes de maintenance	S1	Demande totalement renseignée avec descriptif si possible de la panne	EI.7.5-6
Demandes de prix d'outillages	Fournisseurs	Descriptifs des besoins clairement identifiés	Demande d'offre de prix
Demandes d'actions correctives	Qualité	Correctement remplies, justifiées	EI.8.7-2

Fiche suiveuse renseignée/Plans	S3 (nettoyage)-S4	Données avec les pièces, correctement renseignées	Fiche suiveuse, plans
OF Renseignés	Ordo	OF correctement remplis et lisibles	OF
Demandes de main-d'œuvre	RH	Définition de poste, profil précis, durée mission	
Outillages de contrôles après utilisation	Contrôle métrologie	Rendu dans son contenant, déclaration en cas d'anomalies	
Demandes d'outillages de contrôle spécifiques inexistants	Méthodes	Demandes clairement identifiées et justifiées	Fiche de demande d'outillage
Demandes d'outillages de contrôle existants	Contrôle métrologie	Remplir correctement les données	Cahier de sortie outillage
Matière inutilisée	Stocks	Retour sur OF, rangement par magasinier pour éviter les mélanges	
Dossier d'auto-contrôle	Contrôle métrologie	Remplir correctement suivant les consignes	Dossier d'auto contrôle
Fiches de rebuts	Contrôle métrologie	Parties concernées remplies et signées	EI.7.9-2
Fiches d'entretien annuel	RH	Renseignées correctement, respect du processus	EI.6.1-5
Fiches de création d'outillage	BE	Correctement renseignées	EI.5.6-10
Bons d'absence	RH	Correctement remplis et lisibles, signés par le 2 parties, donnés dans les délais	Bon de gestion des absences
Demandes de congés	RH	Correctement remplies et lisibles, signées par les 2 parties, données dans les délais	Bon de gestion des absences
Demandes de changement de service (pour le personnel)	RH	Courrier avec les dates, les noms donnés dans des délais raisonnables (1 mois)	
Indicateur d'activité : Temps std/réel- MO payées/temps d'ouverture			

Contrat d'interfaces

Responsable : *David*   Date : *19/06/03*
Processus : *Logistique / Achats*
Finalité : *Assurer le respect des délais accepté par l'entreprise*
        Indicateur d'activité : *Délais – baisse stock et coût matière*

DONNÉES DE SORTIE	D E	UTILISATEUR	ATTENTES	PERSONNEL HABILITÉ
Fourniture et matière première dans les délais		Injection – décoration	ML : Vérification du manque matière/OF pour le respect des délais	Fanny, Isabelle
OF production –délai	E	Injection – décoration	ML : OF soldés que par l'injection non par logistique	Fanny
État des stocks	E	Qualité - Injection – décoration	AG : État des stocks juste	Tara
Mouvement de stock	E	Injection – décoration		Lenny, Isabelle, Mélodie
Commande fournisseurs	E	Fournisseur		Mélodie
Bon de livraison	E	Client		Isabelle, François
Délai de livraison	E	Client		Marc, Frédéric
Délai de production	E	Sous traitant - Injection – décoration		Claude
Questionnaire fournisseur	E	Fournisseur		Danielle
Classement fournisseur	E	Fournisseur		Danielle, Claude
Planning d'expéditions	E	Magasin - Décoration		Isabelle
OF sous traitant	E	Sous-traitant		Véronique
Suivi réception fiche d'enregistrement	E	Interne		Denise

D : *document avec indice - E : enregistrement sans indice*
   Revu et Approuvé : *Responsable Processus : David*

Les interfaces avec les processus de service

Ils sont élaborés sur le principe commun. C'est le nombre de parties en présence qui change car un processus de service, par définition est au service de tout ou partie des autres processus de l'organisme.

Il existe cependant quelques différences en ce qui concerne les contrats d'interfaces entre processus de service et processus d'opération. Mais ces différences ne changent en rien les modalités du contrat.

La première différence est qu'un dysfonctionnement d'interfaces entre service et opération n'a pas un effet direct et immédiat sur la prestation ou le produit livré aux clients. En effet, les processus de services ne figurent pas dans la chaîne des opérations et de ce fait ne participent pas directement à la production du produit vendu.

Règle

Lors de l'établissement d'un contrat d'interfaces, nous formalisons les exigences réciproques entre les fournisseurs et les utilisateurs et donneurs d'ordres. Ces exigences, si elles mettent en jeu des activités critiques ou complexes peuvent être complétées par des procédures ou des instructions spécifiques. Le contrat d'interfaces définit le QUOI et la procédure complémentaire définit le COMMENT.

Par contre, dans un terme parfois très court, ils peuvent générer une dégradation sensible de la qualité des produits fabriqués et il est donc important également d'élaborer des contrats efficaces et de veiller à leur stricte mise en application. Un autre effet de problème d'interfaces est d'engendrer un gaspillage de ressources. Si un processus de service n'a pas d'action directe sur le produit, il peut dépenser ses ressources et son énergie dans des directions non pertinentes car non attendues par ses clients. C'est un cas fréquent lorsque les processus de services travaillent sans demander l'avis de leurs clients internes. Par exemple un service qualité qui développe une documentation surdimensionnée par rapport aux besoins des opérateurs de production dans l'atelier. Par exemple, des procédures trop détaillées ou trop nombreuses par rapport aux risques de mauvais fonctionnement d'un département d'administration des ventes.

La deuxième différence est que les contrats mettent en présence un plus grand nombre de parties intéressées. Les contrats entre processus d'opérations s'élaborent entre trois à quatre processus, parfois cinq, rarement six. Pour les processus de services, la plupart d'entre eux travaillent pour l'ensemble de l'organisme. Par exemple, un service qualité fonctionne pour tous les autres processus. C'est la même chose pour un service formation ou ressources humaines. Cette différence n'a pas grande importance mis à part qu'elle requiert, au moment de l'élaboration des contrats, un plus grand nombre de participants. Dans la réalité, les attentes des processus utilisateurs ou donneurs d'ordres sont souvent les mêmes. Il suffira donc d'interroger deux processus et de faire valider le contrat mis au point par la totalité des autres processus de l'organisme.

La troisième différence concerne le contenu des prestations. Ce sont souvent des missions temporaires. Celles-ci ont été définies dans les cartes d'identité des processus. L'incidence au niveau des contrats réside dans le fait que ceux-ci devront être revus un peu plus souvent pour une mise à jour lors de la commande de nouvelles missions.

Et si cela arrivait chez mon traiteur ?

Il nous est arrivé à tous de répondre à notre patron ou à un collègue qui nous avait demandé un travail de n'avoir pu le réaliser dans les temps souhaités. Lorsque notre patron ou collègue est venu chercher le travail promis nous nous sommes certainement exclamés :

« Je n'ai pas eu le temps, je n'ai pas quatre mains ! » ou bien encore « J'ai eu des imprévus ».

Imaginons la scène suivante chez notre traiteur :

Nous avons commandé la semaine passée cinq cents petits fours salés et sucrés pour fêter nos vingt années de mariage en famille. Le dimanche matin, jour de la célébration, nous nous rendons chez le commerçant et celui-ci s'exclame :

« Je regrette, je n'ai pas eu le temps de m'en occuper. J'ai eu plus de travail que prévu cette semaine et je n'ai pas quatre mains ! »

Est-ce acceptable ? Que penserions-nous d'une telle réaction ? N'aurait-il pas dû refuser les travaux supplémentaires sachant qu'ils l'empêcheraient de satisfaire ma commande ? Si ces travaux revêtaient un caractère de force majeure, n'aurait-il pas dû trouver une solution de remplacement pour que je n'aie pas de problème ? Ou tout au moins n'aurait-il pas dû me prévenir dès qu'il a été informé de cette contrariété ?

Lorsque nous prenons un travail, nous nous engageons à le mener à terme dans les délais que nous avons implicitement acceptés (qui ne dit mot consent !). Nous avons hélas oublié que ces transactions courantes de la vie quotidienne sont autant de mini-contrats et qu'ils doivent obéir, eux aussi, aux règles naturelles du commerce. Je discute avant d'accepter un contrat mais pas après. Après, c'est trop tard. Ce manque de mise en pratique de ces règles élémentaires génère de mauvaises habitudes et de nombreux dysfonctionnements. Prenons par exemple les retards ou les absences en réunion. Lorsque nous avons été conviés ou convoqués à une réunion, nous avons pris un engagement en acceptant cette demande. Nous avons signé un mini-contrat. Pourquoi dès lors arrivons-nous en retard ? Nous devions étudier la faisabilité de ce contrat auparavant, autrement dit nous devions connaître nos disponibilités et accepter de participer si et seulement si cela nous était possible.

LES PROCESSUS DE MANAGEMENT
RÈGLES ET VALEURS
CHARTES DE FONCTIONNEMENT

Les processus « métiers » et « connexes » doivent fonctionner en respectant un certain nombre de règles définies par la direction et fondées sur les principes du management par la qualité. Les contrats d'interfaces régissent les modalités de fonctionnement entre les processus. Par contre, il est important de préciser les contraintes ou les règles qui seront prises en compte dans le fonctionnement quotidien des activités. Cela peut concerner des méthodes de travail, des principes de gestion, des procédures de contrôle, des règles de sécurité ou de gestion environnementale. Ces valeurs régulent l'activité des processus et empêchent des modes de fonctionnement de type féodal.

Le principe des règles et des valeurs

Les règles et les valeurs sont ce qu'est le code de la route par rapport à la carte routière. Elles complètent le fonctionnement de la mécanique de l'entreprise. Ce sont des pratiques qui concernent tout ou partie des processus d'opérations et de services.

Chaque processus est considéré comme un territoire, comme une micro-entreprise indépendante et responsable de ses prestations et de son fonctionnement.

Les territoires travaillent entre eux selon la logique et les principes des relations commerciales, en appliquant les conventions en usage entre donneurs d'ordres et fournisseurs. Les processus ne peuvent être des territoires comme certains États où le propriétaire est le maître absolu. Il doit y avoir un droit d'ingérence mais qui ne nuit en rien à la responsabilité des propriétaires de processus. Il convient donc de définir ces règles et ces valeurs de manière à montrer des méthodes et des pratiques de travail communes à l'ensemble ou à une partie des activités de l'organisme. Ces valeurs peuvent être de nature très diverses. Ce peut être des valeurs propres à l'entreprise comme des valeurs d'honnêteté ou de comportement, des règles de tenue vestimentaire ou de politesse vis-à-vis des clients, des règles plus contraignantes comme celles concernant l'hygiène ou la sécurité sur les lieux de travail, des exigences de référentiel comme ISO 9001 ou QS 9000, etc.

Une règle peut s'exprimer par le biais d'une procédure. En principe, une règle concerne plusieurs processus ou bien encore la totalité de l'organisme. Ceci par différence avec une procédure classique qui dans notre approche concerne surtout la définition d'une activité interne à un processus.

Une règle peut se transformer en un processus lorsque, pour une raison quelconque de taille ou d'importance, la direction décide de créer un territoire c'est-à-dire d'affecter des ressources pour la mise en œuvre d'une règle. C'est ainsi qu'une règle régentant les pratiques d'achats devient processus s'il y a création d'un service achats. Une règle, si elle est appliquée peut déclencher une activité, un processus *stricto sensu*, mais nous avons convenu que nous distinguerons le processus « territoire » du processus « règles et valeurs ».

Ces règles et valeurs sont les processus de management de notre organisme. La représentation graphique des processus de management pose quelques problèmes et doit faire l'objet de convention. Il est possible d'identifier autant de processus de management que d'exigences de la norme figurant dans les chapitres cinq ou huit par exemple. Il est toujours possible de considérer la pratique d'audits internes comme un processus spécifique. Idem pour les revues de direction ou la politique qualité. Pour cette raison, une difficulté est de décider du nombre de processus de management à mettre en œuvre. Il conviendra donc que nous proposions une logique qui simplifiera la présentation des règles de management tout en répondant au moins à toutes les exigences de la norme ISO 9001.

Les processus de management concernant l'opérationnel

Nous avons convenu de distinguer le présent et le futur dans le fonctionnement de l'entreprise. Sur le même principe, nous conviendrons de distinguer le présent et le futur dans l'expression des règles et des valeurs. La première famille s'applique donc au fonctionnement de la production des prestations de l'organisme.

Chaque processus participe au développement de son organisme de façon plus ou moins importante. Il existe des processus qui travaillent plus au présent comme la production ou le commercial par exemple et d'autres qui travaillent plus sur le futur comme le marketing ou la recherche et le développement. Dans la hiérarchie, les niveaux élevés ont plus une préoccupation de l'avenir. Diriger, c'est prévoir et donc se préoccuper de ce qui peut se passer demain et après-demain.

En ce qui concerne le fonctionnement quotidien et routinier de l'entreprise, nous devons faire l'inventaire de ces règles et de ces valeurs. Il n'y a pas de méthode particulière pour réaliser un inventaire, d'autant plus que la liste n'est pas exhaustive. Il y a plusieurs sources possibles qui génèrent ou demandent une formalisation de pratiques communes.

Par exemple si l'entreprise a entrepris de mettre en place un système de management de la qualité selon un référentiel ISO. Dans ce cas, certaines exigences du référentiel seront traitées comme des règles et des valeurs. Par exemple, dans la catégorie « présent », nous pouvons inclure les éléments suivants :
- Maîtrise des documents (§ 4.2.3)
- Maîtrise des enregistrements relatifs à la qualité (§ 4.2.4)
- Responsabilité et autorité (§ 5.5.1)
- Communication interne (§ 5.5.3)
- Identification et traçabilité (§ 7.5.3)
- Préservation du produit (§ 7.5.5)
- Propriété du client (§ 7.5.4)
- Planification de la réalisation du produit (§ 7.1)
- Etc.

Certaines exigences peuvent être traitées comme des règles ou comme des processus, cela dépend de la taille de l'entreprise. Par exemple, « satisfaction du client (§ 8.2.1) » peut être une règle applicable dans certains processus (ceux qui livrent la prestation ou ceux qui sont missionnés pour effectuer des enquêtes) ou un processus à part entière (service satisfaction client) qui sera alors classé dans la catégorie processus de service. C'est le cas de l'exigence concernant la formation qui sera soit une règle dans une très petite entreprise soit un processus de service dans une plus grande structure.

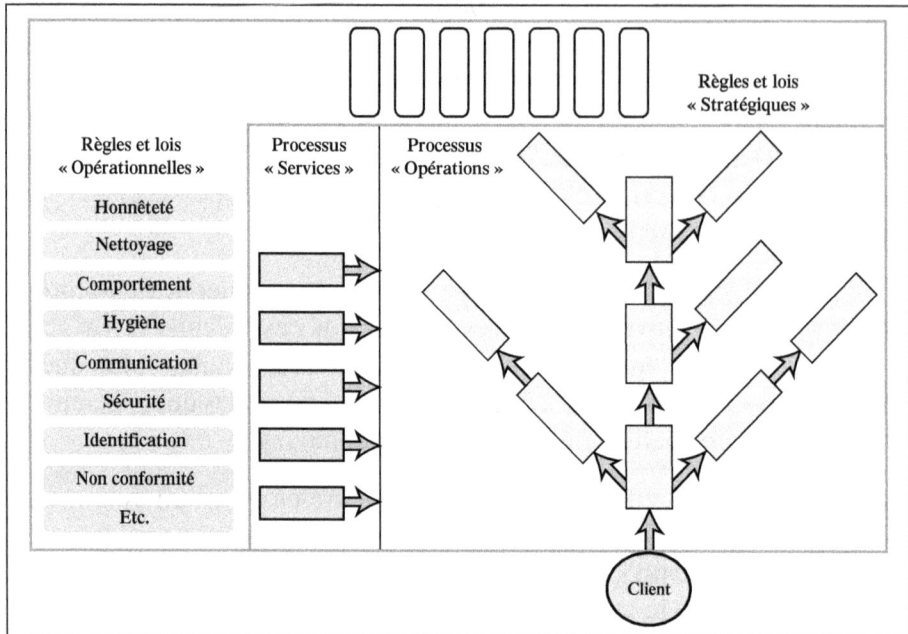

Par exemple, les retours des enquêtes de satisfaction ou d'écoute des clients peuvent conduire à l'établissement de règles nouvelles. Dans une entreprise où les clients se plaignent du téléphone qui ne répond pas lorsqu'ils appellent, il sera possible de formaliser une règle de réponse après un maximum de trois sonneries. Bien entendu, il conviendra d'apporter les moyens nécessaires à cette décision. Dans la même catégorie, il sera possible de formaliser une règle concernant la propreté au cours des interventions chez les clients. C'est le cas d'une entreprise qui effectue des branchements de ligne à la demande de France Telecom. La règle précise que l'agent doit chausser des protections pour éviter de salir les pièces dans lesquelles il travaille et qu'il doit aussi nettoyer soigneusement les salissures consécutives à son intervention.

Par exemple, les réglementations qui sont applicables dans certains organismes pour des raisons d'hygiène, de sécurité ou de protection des produits.

La liste de ces processus de management sera tenue à jour et chacune d'entre elles figurera sur la cartographie. Nous sommes convenus qu'elles seraient disposées dans des rectangles de couleur en regard des processus d'opérations et de services. Si la liste est trop fournie, nous pourrons simplement préciser sur la cartographie l'existence de ces règles et renvoyer à un détail dans une base de données documentaire.

Processus de management stratégiques

Ces règles et valeurs obéissent aux mêmes principes que les précédentes mais elles concernent le futur, c'est-à-dire la stratégie de l'organisme. Elles s'appliquent partout pour certaines d'entre elles car tout le monde doit contribuer au développement.

Tous les processus quels qu'ils soient doivent contribuer peu ou prou au futur. Cette contribution est demandée par l'existence de règles et de valeurs stratégiques. Le terme de règles et valeurs n'est pas très approprié lorsque nous évoquons une stratégie mais peu importe. Cela évite la nécessité d'inventer encore un terme nouveau.

Cet aspect stratégique, qui sera exprimé sous la forme de déclarations et de textes écrits, est dissocié du présent afin de montrer la dimension liée au développement de l'organisme. Symboliquement, nous le disposons au-dessus de la cartographie, dans sa partie supérieure.

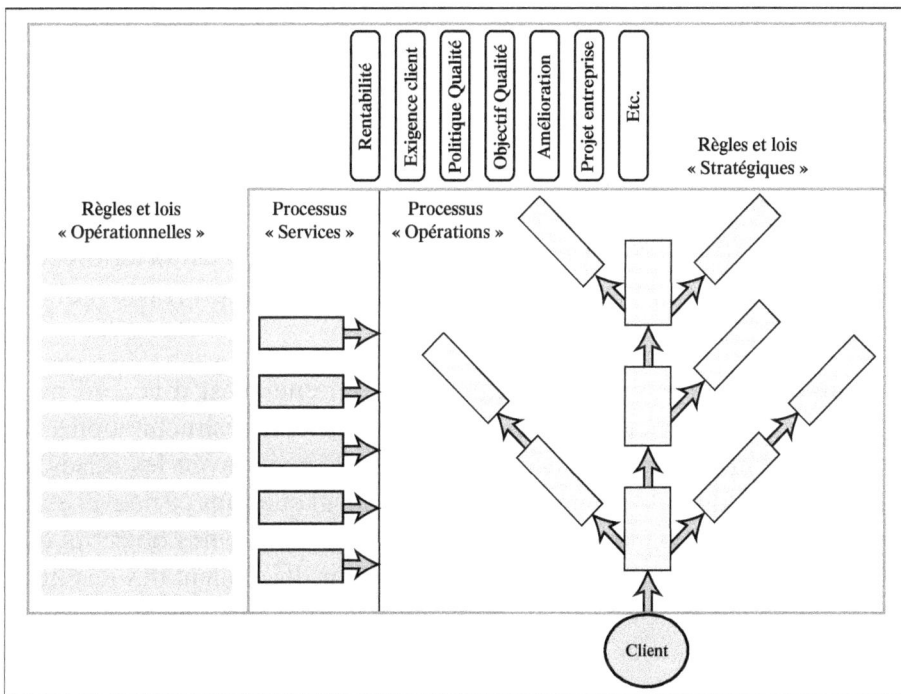

Pour cette catégorie de processus de management, il n'existe pas non plus de méthode pour en faire l'inventaire. Comme pour les précédentes, nous en connaissons les sources. La norme ISO en est une.

Par exemple, nous pouvons positionner dans cette catégorie les exigences relatives à la définition d'objectifs généraux, aux résultats des études d'attentes et de besoins des clients, à la politique et aux objectifs qualité de l'entreprise, aux orientations d'amélioration et de progrès.

Par exemple, nous pouvons y inclure les projets d'entreprise, les attentes du personnel et des actionnaires.

Il y a des sujets qui sont un peu tabous et les attentes des actionnaires en est un. Nous savons qu'il faut que l'entreprise soit rentable mais les objectifs de rentabilité sont souvent dissimulés derrière des expressions un peu floues. Pourtant, la connaissance d'un objectif est importante même si nous ne sommes pas d'accord sur les résultats souhaités. Pour illustrer cela, nous pouvons évoquer l'exemple d'une entreprise de sous-traitance familiale qui a été rachetée par un groupe industriel. Cette PME, au départ, appartenait à la famille du créateur, décédé accidentellement. Après ce drame, la famille a dirigé l'entreprise avec des résultats moyens, en équilibrant tant bien que mal les bilans en clôture d'exercice. La nécessité de faire de la marge n'était pas un objectif absolu car cette entreprise, par son aspect familial, faisait partie du patrimoine et il y avait aussi la dimension affective qui l'attachait au patron disparu.

Lorsque les difficultés ont empiré et que la situation s'est détériorée, la famille, sagement, a vendu la société à un repreneur professionnel, un industriel.

Mais tout à coup le contexte change. Le repreneur est d'accord pour patienter, aucun licenciement n'a été programmé et la restructuration s'est centrée autour d'une organisation un peu différente avec les mises en œuvre des pratiques du groupe. Mais il est évident que dans ce nouvel environnement, les actionnaires nouveaux n'ont pas les mêmes objectifs que les anciens, membres de la famille du fondateur. Ils veulent des résultats. Pas cette année peut-être mais la suivante à coup sûr. Les objectifs de rentabilité, dans cette entreprise gagneraient ainsi à être affichés car il est important que chacun se mobilise pour la pérennité de la société dans le groupe. Dans ce cas, l'attente de rentabilité des actionnaires figurera dans cette catégorie des processus de management stratégiques.

Comment distinguer les processus de management des processus « territoire » ?

Il est possible qu'une règle devienne un territoire lorsqu'on lui attribue des ressources spécifiques. Mais avant de créer un territoire, il convient de se poser la question de son utilité dans l'organisme.

Le processus « territoire » est un lieu dans lequel s'exerce en quasi-exclusivité une activité particulière comme par exemple les achats ou la recherche. Des ressources parfaitement identifiables y sont consacrées.

Le processus « règle » est une activité spécifique comme par exemple la gestion de documents ou la sécurité ou bien encore la communication. À la différence de la catégorie précédente, cette activité ne s'exerce pas dans un lieu réservé, affecté à cet effet. Elle s'exerce dans plusieurs territoires ou dans la totalité de l'organisme. Il est donc impossible de la représenter de façon graphique sur une carte.

Lorsque nous établissons une cartographie, nous n'avons pas beaucoup d'hésitation pour identifier les processus « opérations ». Ils doivent obligatoirement occuper des territoires. Ils ont besoin d'espaces, de machines, de bureaux et ils existent donc de manière concrète et réelle.

Notre souci est ensuite de définir les processus de services, ceux qui ont pour finalité d'aider les processus « opérations » à maintenir et améliorer leurs performances. Dans les entreprises de petite taille, les processus de services basiques existent (comptabilité, méthodes, ordonnancement, etc.) mais l'entreprise n'a pas souvent les moyens d'en créer de nouveaux. Dans les entreprises importantes, il est fréquent que la question se pose de savoir s'il faut mettre en place un nouveau service, un nouveau processus. Par exemple, création de processus standards tels que « marketing » ou « ressources humaines » ou d'autres encore peu fréquents comme « réclamations clients » ou « amélioration » ou encore « écoute clients ». Quelle est la règle qui préside à la création d'un nouveau processus ?

Ce qu'il faut garder en mémoire, ce sont tout d'abord les principes généraux. La création d'un processus a pour effet positif de concentrer des ressources dans un lieu unique qui devient de ce fait un territoire. Ce lieu va développer une activité de spécialiste. La performance de ce nouveau métier va donc s'améliorer de manière naturelle. Mais il aura pour effet négatif l'institutionnalisation de l'activité. Ce premier inconvénient nous conduira à refuser toute création de processus dont l'activité consistera à corriger les dysfonctionnements d'autres processus. Par exemple, c'est pour cela que nous avons vu disparaître progressivement les activités de contrôle, exercées par des processus indépendants, au profit de l'auto-contrôle. Cette opération a été une réintégration d'une tâche externalisée à tort. Un deuxième effet négatif est le coût du processus. Tant qu'il demeure une règle, l'activité mise en œuvre est intégrée dans l'activité principale du processus territoire. De ce fait, comme elle s'exerce en plus de l'activité principale, le territoire ne lui consacrera que le temps strictement nécessaire. Si la règle se transforme en territoire, l'activité devient ainsi la fonction principale et prendra plus de temps. Elle pourra même parfois générer des tâches qui ne présentent pas une utilité démontrée. Par exemple, si nous créons un service de gestion des documents, il ne reculera pas devant la production de copies supplémentaires ou dans la diffusion à des destinataires qui n'en ont pas l'utilité. Enfin, il y a un troisième effet négatif dans le sens où l'activité n'étant plus intégrée dans un ensemble de territoires, elle ne les impliquera plus autant. Si nous prenons pour exemple la création d'un processus « amélioration », chaque fois que nous questionnerons un processus territoire sur ses efforts d'amélioration, il nous répondra de nous adresser au service spécialisé qui en a la responsabilité.

La règle de base sera donc de préférer chaque fois que le choix est possible de ne pas créer de processus de service supplémentaire. Il vaut mieux, pour des raisons essentiellement économiques et pour des raisons d'intérêt et de motivation des personnes, allouer des ressources supplémentaires aux territoires pour qu'ils appliquent les règles. Nous parlons souvent de déploiement de politiques et de valeurs de base de la qualité totale. La notion de déploiement implique la participation du plus grand nombre. Tant que la qualité, par exemple, restera l'activité principale d'un service, d'un territoire, son intégration dans les processus opérationnels, et donc par conséquent dans la hiérarchie, sera difficile et incomplète.

Pour limiter la création de processus, il existe un moyen assez simple. Il consiste à se demander si un tel processus existe dans le monde commercial et des affaires en tant qu'entreprise. Par exemple, nous nous sommes appuyés sur ce principe d'analogie pour décider que l'activité de management n'est pas un processus. En effet, il n'existe pas d'entreprises à qui nous sous-traitons des activités de management ! Dans une même logique, il n'existe pas d'entreprises dont le métier est de traiter les réclamations clients dans un esprit ISO. Il n'existe pas non plus d'entreprises qui vendent de l'amélioration (les sociétés de consulting vendent des méthodologies et des outils). Ces activités n'ayant pas droit de cité en tant qu'entités commerciales, pourquoi alors en faire des processus internes, des micro-entreprises internes. Si elles n'existent pas dans la vie courante cela signifie qu'elles n'ont rien à vendre et de ce fait qu'elles ne produisent pas de données de sortie identifiables.

Il existe une autre possibilité pour mettre en œuvre certaines règles sans pour cela créer des territoires supplémentaires. Leur application en sera confiée à des territoires de services ou d'opérations déjà existants comme une mission particulière. Par exemple, une direction confiera la mise en œuvre d'un processus d'écoute clients à un service d'administration des ventes.

Par exemple, une direction confiera la programmation et la gestion des audits qualité interne au service qualité. Il conviendra de préciser l'attribution de cette responsabilité dans un organigramme ou dans la procédure relative à la pratique de la règle ou une lettre de mission quelconque.

COMMENT SIMPLIFIER LA REPRÉSENTATION CARTOGRAPHIQUE DES PROCESSUS DE MANAGEMENT ?

Il est possible de regrouper les règles relatives au management dans des familles conformes aux exigences du référentiel ISO 9001.

Toute activité qui emploie des ressources et qui fabrique quelque chose peut être considérée comme un processus. De ce fait, toute activité de management répond généralement à cette définition et, en conséquence, peut être représentée sur la cartographie générale comme un processus à part entière. Bien que nous n'ayons pas d'a priori sur le nombre de processus nécessaires au fonctionnement d'un organisme, nous opterons cependant, chaque fois que c'est possible et que cela ne nuit pas à la maîtrise et au pilotage de l'organisation, pour une représentation simplifiée de celle-ci. Nous avons toujours en effet le souci de présenter simplement le schéma et les principes de fonctionnement de notre organisme afin que cela soit compréhensible à tout lecteur.

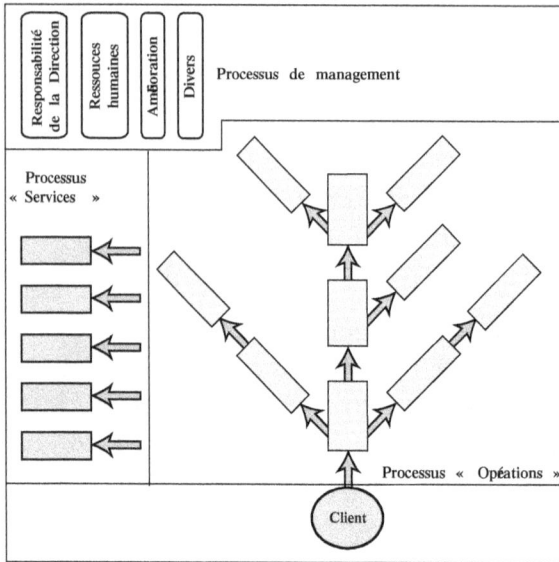

Pour cette raison, il est possible de choisir une autre présentation que celle exposée dans les chapitres précédents. La norme ISO 9001 nous donne quelques possibilités de classement des règles de management. Rien ne nous interdit de grouper des règles sous une étiquette plus globale. Par exemple, nous pouvons grouper toutes les règles et les dispositions prises pour répondre aux exigences du chapitre 5 de la norme dans un seul et même processus de management. Les données de sortie de ce processus seront par exemple la synthèse des études d'écoute des clients, la déclaration de la politique qualité, la planification des objectifs, les organigrammes hiérarchiques, les contrats d'interfaces, les comptes rendus de revue de direction, etc.

Nous pouvons procéder de manière identique pour les dispositions prises pour répondre aux exigences du chapitre 8 de la norme. Elles seront groupées et affectées dans un seul et unique processus de management qui pourra être intitulé « amélioration ».

Pour les PME qui ne disposent pas d'un service (d'un processus) de ressources humaines, une troisième famille de règles, celles concernant la gestion des compétences et la formation pourront être montrées sous la dénomination d'un processus de management « ressources humaines ».

Il est possible enfin de regrouper toutes les autres règles de management qui ne sont pas issues du référentiel ISO dans un quatrième processus de type « divers ». Cela peut concerner peut-être la sécurité, l'hygiène, les comportements et tout autre mode de fonctionnement spécifique à l'organisation.

Nous montrons ces diverses possibilités pour faire comprendre qu'il n'y a pas de représentation type de la cartographie des processus en général et de celle des processus de management en particulier. Il est surtout important que l'organisme qui désire représenter son système de management par les processus le fasse selon une logique forte, utile, démontrable et pas seulement parce que quelqu'un lui a conseillé de faire ainsi.

TQM (Total Quality Management) et l'approche processus. Référence à l'EFQM et au prix qualité

> Le concept du TQM repose sur le déploiement du concept dans la totalité de l'organisme, à tous les niveaux. L'approche processus est une base qui permet ce déploiement de manière concrète et applicable dans chaque processus de l'organisme.

La mise en œuvre et le déploiement des principes et outils de la qualité totale se font à travers l'implication de chaque processus dans le concret. Si nous considérons chaque processus comme un territoire, autrement dit comme une micro-entreprise, il sera alors plus aisé de demander au propriétaire, au manager, d'utiliser concrètement les méthodologies du TQM adaptées à son processus. Plutôt que de faire de grands discours sur l'implication de tous, il conviendra de montrer des applications et des réalisations dans chacun des processus de l'organisme. Les thèmes déployés ci-dessous sont ceux du référentiel EFQM (European Fundation for Quality Management) qui servent à évaluer les entreprises participant au prix qualité européen et ceux, plus nationaux, du prix français de la qualité. Ces référentiels sont utilisés également par de nombreuses entreprises pour pratiquer l'auto-évaluation.

Résultats (EFQM & PFQ). Les résultats de chaque territoire seront mesurables par le biais des indicateurs de performance décidés et présentés dans les contrats d'interfaces des processus. Les résultats financiers seront ceux de l'organisme tout entier.

Leadership (EFQM). L'exemple et l'engagement des dirigeants sera ceux des propriétaires de processus à l'échelle macroscopique. Les notions de leadership peuvent être précisées si besoin est par le biais d'une règle applicable dans tout l'organisme.

Stratégie et politique (EFQM & PFQ). La stratégie et la politique qualité seront bien évidemment celles de l'entreprise mais chaque territoire devra démontrer sa participation et sa contribution à l'application de la politique qualité de l'organisme.

Objectifs qualité (EFQM & PFQ). Les objectifs qualité de l'entreprise devront être traduits en objectifs pour chaque processus. Là encore il conviendra de démontrer la participation de chacun dans la réalisation des objectifs qualité de l'entreprise.

Ressources humaines (EFQM). L'évaluation de la gestion des ressources humaines est simplifiée par l'organisation en macro et micro-processus. Il est plus simple à l'intérieur de chacun d'entre eux de vérifier les pratiques de gestion, chaque macro-processus se comportant comme une mini-entreprise.

Autres ressources (EFQM). Ces ressources, pour les plus importantes d'entre elles, sont identifiées dans les contrats d'interfaces des processus. Il est donc plus aisé d'en évaluer l'emploi et la gestion.

Processus (EFQM). La méthode apporte effectivement une solution à cette exigence du référentiel EFQM.

Amélioration continue (EFQM & PFQ). L'amélioration continue devra reposer sur une organisation définie et concrète et devra produire des résultats visibles au niveau de chaque processus.

Satisfaction clients et fournisseurs (EFQM & PFQ). Les relations avec les processus fournisseurs et les processus donneurs d'ordres et utilisateurs devront être maîtrisées grâce aux contrats d'interfaces sur la base de relations mutuellement bénéfiques.

Maîtrise de la qualité (PFQ). Elle sera assurée au niveau de chaque processus par la mise en œuvre et la formalisation éventuelle de bonnes pratiques de travail.

Satisfaction du personnel (EFQM & PFQ). Pour ce paramètre du TQM, la méthodologie d'établissement d'une cartographie n'apporte pas d'outil et de méthode. Elle aidera simplement à considérer ce problème au niveau de chaque processus en donnant la responsabilité de cette mission à chaque responsable de processus.

La somme des organisations TQM de chacun des processus composant l'organisme constituera l'organisation générale TQM de l'ensemble.

Apport à la collectivité (EFQM). Pour ce point en particulier et pour un organisme désireux de s'engager dans une démarche d'excellence, il conviendra de définir des règles particulières, des politiques et des objectifs d'engagement vers l'entreprise citoyenne.

LES MODÈLES COMPORTEMENTAUX

Une cartographie est la représentation d'une organisation. La finalité de l'organisation est le changement et l'amélioration. La représentation de l'organisation, la formalisation des règles sont nécessaires mais pas suffisantes pour générer réellement le changement. Il convient de mettre en œuvre un certain nombre de comportements pour que l'organisation vive et fonctionne de manière satisfaisante. Ces comportements, nous les avons évoqués au fil des différents chapitres. Ils sont importants et il est capital de les rappeler. Le code de la route est la règle, mais seule l'attitude du conducteur qui respectera la règle fera la route sans danger.

L'adoption de nouveaux modèles de comportements améliorera l'organisation

Entre l'organisation théorique et le fonctionnement réellement efficace de l'organisme, il y a les femmes et les hommes. Leurs attitudes sont déterminantes pour que la performance arrive. Il conviendra d'adopter des modes de comportement fondés sur les règles du commandement unique, de la relation client/fournisseur en interne, du commerce, de la responsabilité amont, du respect des engagements.

L'organisation s'élabore dans un premier temps de façon théorique et se construit sur du papier. Cette étape est importante mais ce qui l'est encore plus, c'est la matérialisation de l'organisation. Avoir des valeurs c'est bien mais les mettre en application, c'est mieux. Les dysfonctionnements que nous trouvons aux interfaces entre les processus ou plus exactement entre les services et les fonctions pour ce qui est de notre cartographie des processus sont des problèmes de communication entre les personnes. Nos organisations sont humaines. À la tête de chaque processus, qu'il soit important comme une entreprise ou une administration ou qu'il soit très petit comme un poste de travail ou une tâche particulière, il y a une femme ou un homme. Notre cartographie des processus, comme toute théorie, ne pourra générer de l'amélioration que si les comportements humains changent. Nous avons abordé un certain nombre de règles comportementales et il semble utile de les réunir en un seul chapitre afin d'en avoir un inventaire le plus exhaustif possible. Il conviendra, pourquoi pas, de les rassembler comme étant une valeur à afficher dans l'entreprise au même titre que la planification ou que la politique qualité.

En ce qui concerne les comportements, le changement n'est pas facile. Nous avons nos habitudes de vie et de travail, nous avons nos caractères et si nous souhaitons promouvoir de nouvelles valeurs dans nos entreprises, nous ne pourrons pas le faire de manière autocratique. Il ne suffit pas de dire « vous serez gentils et honnêtes » pour qu'aussitôt, comme par magie, tout un chacun modifie sa façon d'être. Le changement, et ce n'est pas nouveau, est possible si, et seulement si, il y a une exemplarité au niveau des dirigeants et de l'encadrement. Plus que les discours, le leadership est la seule manière de provoquer le changement. Le rôle d'un dirigeant et d'un responsable est de convaincre ses collaborateurs d'adopter tel ou tel comportement et de les convaincre en montrant l'exemple. Il faut parler des valeurs, donner un sens à l'organisation mais il faut aussi démontrer que ce n'est pas qu'un discours. Chacun de nous comprend parfaitement le message de l'exemple. Quand un dirigeant affirme que le management de la qualité est un concept capital pour le développement de son entreprise et qu'il consacre à ce type de management uniquement les deux heures annuelles de la revue de direction, nous sommes en droit de nous poser la question de la réalité de son engagement.

Quand un dirigeant ne jure que par la sécurité des personnes et que lui-même, lorsqu'il entre dans l'atelier ne met ni chaussures de sécurité ni lunettes de protection, il montre par son attitude que cela n'est pas aussi important qu'il l'affirme. Quand un dirigeant explique que la force principale de son entreprise repose sur ses collaborateurs femmes et hommes et que personne parmi ses employés ne le voit jamais ni dans les ateliers ni dans les bureaux, nous avons des doutes quant à cette croyance.

Pour ce qui concerne nos règles et nos valeurs comportementales, il conviendra que les dirigeants et l'encadrement en parlent beaucoup, bien entendu, mais aussi qu'ils appliquent ces modèles.

La règle du commandement unique

Pour nous qui sommes engagés dans une démarche de management de la qualité, le commandement nous vient du client. Dans notre organisation en chaînes de processus, notre chef est notre client direct, qu'il soit processus donneur d'ordres, processus utilisateur ou client externe, si le processus dans lequel je travaille, me met à son contact. Le propriétaire de processus ou responsable de service, ou directeur, ou manager (peu importe sa carte de visite) devient le porte-parole de la voix du client, un amplificateur de cette voix et un optimisateur de ressources. Son rôle est de satisfaire le client (interne ou externe) avec efficience, c'est-à-dire avec le minimum de moyens permettant cette satisfaction et en améliorant sans cesse les performances de son processus. Les propriétaires de processus seront attentifs à ne pas donner d'ordres qui ne soient pas directement liés à la satisfaction des exigences exprimées par les processus donneurs d'ordres ou utilisateurs. Dans une cartographie des processus, il ne peut y avoir plusieurs processus donneurs d'ordres pour une même prestation. Et si par hasard, tel devait être le cas (il y a toujours une exception qui confirme la règle), il conviendrait alors de définir, par écrit si possible, les dispositions qui permettront d'éviter tout problème et tout conflit.

La règle de la relation client/fournisseur en interne

Cette règle doit être concrète. Elle ne se conçoit que si les processus s'organisent selon une chaîne qui relie nos fournisseurs externes à nos clients externes. Elle doit s'appliquer essentiellement lors de la passation de la commande du client à travers la chaîne des processus. Cette relation client/fournisseur concerne les contrats passés entre les processus à propos de la prestation de chacun d'entre eux et qui est liée au contrat convenu avec le client externe. Il est illusoire de vouloir l'appliquer chaque fois que nous demandons un travail ou une tâche à quelqu'un de notre entourage. L'intérêt de la relation client/fournisseur est qu'elle donne un statut à chacun des processus de la chaîne. Autour du point de passage d'un processus à un autre (ce point se matérialise par une donnée de sortie bien évidemment), de chaque coté de cette interface, il y a obligatoirement un processus utilisateur et un processus fournisseur. À partir de cette situation, il est plus facile de proposer un rôle précis selon les lois habituelles du commerce et mettre en œuvre les principes de la revue de contrat.

Les règles du commerce

Puisque nous travaillons dans une chaîne de processus reliés entre eux par un système de transactions commerciales, il est logique d'appliquer les principes généraux du commerce. La notion de contrat est importante. Un contrat est un engagement passé entre au moins deux parties qui sont intéressées par un échange. Le principe de base est de distinguer deux périodes dans une transaction commerciale. Celle d'avant le contrat pendant laquelle nous discutons jusqu'à obtention d'un accord entre les parties en présence. Celle d'après, pendant laquelle nous travaillons pour tenir les engagements pris lors de la conclusion du contrat. Le principe basique est donc de discuter avant mais pas après. Lorsque des processus fournisseurs et clients doivent travailler ensemble pour fournir une prestation à un client externe, ils passeront un contrat qui les lie de manière plus ou moins durable selon la nature du produit qui sera vendu à ce client externe. Le respect de cette règle conduira à l'élimination de nos conversations de la phrase : « Je n'ai pas eu le temps ». C'est avant qu'il convient de planifier un travail et de vérifier que nous avons les ressources nécessaires (principalement du temps) pour accomplir ce qui est demandé.

La règle de la micro-entreprise

Chaque processus doit être considéré comme une petite entreprise. La notion de territoire peut être contestée aujourd'hui que nous entendons parler de travail en réseaux. Il ne reste pas moins vrai que l'entreprise est une entité dont le mode de fonctionnement nous est parfaitement connu. Nous sommes responsables individuellement et collectivement de ce que nous fabriquons. Chaque propriétaire de processus est responsable des données de sortie de son processus et de sa performance. L'application de cette règle de conformité au mode de fonctionnement d'une TPE (Très Petite Entreprise) génère les effets suivants :
- Identification des données de sortie de chaque processus. Cela est fait à partir des cartes d'identité.
- Conformité des données de sortie aux attentes des processus donneurs d'ordres et utilisateurs. Il n'est pas question que le contrôle soit effectué par d'autres processus. Chaque processus a donc l'obligation de livrer des produits « bons ». En cas de problème, le processus qui est à l'origine de la non-conformité doit s'en occuper

lui-même. Il est responsable de la résolution du problème et de l'action corrective. C'est une règle d'importance car elle conditionne la non-existence de certains processus comme les réclamations client, le traitement des non-conformités, la réparation, etc. Dans le monde économique, il n'existe pas d'entreprises qui s'occupent de traiter les réclamations des clients d'autres entreprises. En ce qui concerne les réparations, si elles sont effectuées par du personnel différent, elles doivent être sous la responsabilité du manager de processus qui est responsable de la prestation des produits conformes.

Les processus ou services contrôle qualité n'ont plus lieu d'être. Nous savons depuis fort longtemps que la conformité d'un produit est sous la responsabilité de celui qui le fabrique.

Le respect des engagements

C'est un lieu commun que d'affirmer l'importance du respect des engagements pris. Hélas, les exceptions à ce principe sont monnaie courante et cela pour une raison simple : les engagements ne sont pas pris librement par les personnes mais imposés par la hiérarchie. Dès lors, quoi d'étonnant à ce que chacun justifie ensuite les écarts ou le non-respect des promesses faites. L'énergie et le temps que nous avons économisé au départ en évitant la discussion avec les collaborateurs parce que nous leur avons donné des ordres sont largement perdus par la suite. Ils sont gaspillés à trouver des excuses plausibles pour n'avoir pas atteint les résultats exigés. Et comme il est impossible de sanctionner en permanence les mauvais résultats ou les promesses non tenues, ces comportements sont devenus fréquents.

Le respect des engagements ne peut pas se décréter comme une loi à appliquer. Il dépend surtout de la façon dont les engagements sont pris. Ils doivent être discutés comme dans une entreprise ou comme entre deux citoyens adultes et responsables. Nous revenons ici à la notion de contrat commercial. Il convient de discuter auparavant. Après cela ne sert plus à rien.

La règle de la responsabilité amont

Nous avons la fâcheuse habitude, en entreprise, de limiter la notion de responsabilité aux actes et aux travaux que nous avons nous-mêmes effectués. Nous ne sommes responsables que de nous-mêmes ou, pour un chef, que des travaux réalisés par les personnes sous sa responsabilité directe. Or ce comportement n'est pas porteur de progrès. Nous sommes dans une chaîne de processus et, comme dans le monde économique, nous devons être responsables également de nos fournisseurs. Chaque fois que nous utilisons une information, une prestation, une fourniture qui nous a été donnée par une entité extérieure (un fournisseur) nous devenons responsables de cet élément. Cela nous conduira à vérifier ces données d'entrée et à engager des actions correctives en cas de dysfonctionnement. Nous ne devrons plus rejeter la faute sur les autres. Nous sommes responsables de tout ce qui sort de notre processus.

Comment évaluer l'efficacité de la nouvelle organisation ?

Le changement commence par une cartographie de l'organisation mais se poursuit surtout par des nouveaux comportements à promouvoir et à adopter. L'attitude des personnes peut varier dans le temps. Il est donc important de vérifier régulièrement le respect des règles contractuelles de communication et d'en améliorer le fonctionnement de façon continuelle.

Les méthodes d'évaluation de l'efficacité d'un système sont des pratiques courantes en matière de management de la qualité. En principe, l'audit qualité interne est un des outils les plus couramment usités.

Pour vérifier le respect des règles de communication que nous avons élaborées et mises en œuvre, nous pouvons donc sans problème insérer dans notre programme d'audits des rubriques relatives aux contrats d'interfaces. Comme il le ferait pour évaluer la mise en œuvre d'actions correctives ou le déploiement d'une politique qualité, l'auditeur tentera de s'assurer du bon fonctionnement de ces nouvelles valeurs organisationnelles.

Les audits seront faits bien évidemment par processus. Les programmes prévoiront des audits des processus d'opération et des processus de service. L'audit des processus de management se fera par le biais d'un entretien avec la direction. Pour chaque processus audité (opération et service), il convient d'auditer d'abord l'identité du processus en question, puis ses relations avec les autres processus (interrelations), puis sa contribution à la politique qualité et à l'amélioration, puis son efficacité interne, etc.

Nous proposons, pour ce chapitre, de se référer à l'ouvrage que j'ai écrit sur « Les nouvelles pratiques d'audits qualité internes » paru aux Editions AFNOR.

Cependant, nous pouvons proposer d'autres approches de cette évaluation nécessaire. Par exemple des réunions d'évaluation trimestrielles, semestrielles ou annuelles (des revues de processus par exemple). Une fois par an, les responsables et managers de processus qui sont concernés par un contrat d'interfaces, autrement dit les processus donneurs d'ordres, utilisateurs et fournisseurs, se réunissent autour d'une table pendant une heure. C'est suffisant. Ils auront pris soin auparavant de collecter tous les dysfonctionnements enregistrés au cours de la période écoulée dans leurs processus respectifs. Une sorte de liste d'anomalies ou de non-conformités que chaque personne travaillant dans un processus a enrichie tout au long de l'année. Tous les problèmes y ont été soigneusement enregistrés.

Ces dysfonctionnements sont analysés les uns après les autres et chaque participant se pose la question de savoir ce qu'il aurait fallu faire pour éviter le problème en question. Un constat est établi, un peu à la manière des rapports d'audits et, plus important, une action d'amélioration au moins est décidée et planifiée.

Ensuite, il est possible que chaque responsable de processus évalue les résultats de ses activités et les compare aux prévisions qu'il avait faites en début de période (planification de l'activité ou des activités principales du processus) et qu'il propose des plans d'actions en cas d'écart significatif entre prévu et réel. Il s'agit d'une auto-évaluation qui peut se faire en complément aux pratiques d'audits internes. Il peut y être abordé les mêmes rubriques comme la contribution à l'amélioration par exemple.

Un petit compte rendu de cette réunion est formalisé et conservé. Une copie est transmise à la direction pour information. Pendant la période de mise en œuvre de la nouvelle organisation fondée sur la maîtrise des processus, il conviendra de procéder à des évaluations plus fréquentes. Par exemple, une réunion trimestrielle peut être proposée.

CHAPITRE 4

EXEMPLES D'APPLICATION

DES CAS D'ÉCOLE

La méthode d'analyse des processus par l'aval s'applique en principe à toute forme d'organisation. Elle repose sur des fondements simples et concrets et prend exemple sur des pratiques de la vie courante.

Sa mise en œuvre demande de résoudre certains détails de forme car le résultat attendu doit impérativement s'exprimer sous une forme graphique, démontrant ainsi la compréhension de la mécanique de l'organisme. Il est donc utile dans un premier temps d'observer des cas concrets de cartographie réalisée dans diverses formes d'entreprises. La cartographie doit s'adapter à l'organisation car elle est essentiellement descriptive même si parfois elle aide à détecter des anomalies et à les éliminer.

Quelques exemples concrets, quelques études de cas peuvent ainsi aider à la compréhension des concepts.

Le cas INGELEC

Cet exemple montre que l'établissement d'une cartographie doit se compléter par des contrats d'interfaces car ce sont ces documents qui seront à la base du changement d'organisation et de l'amélioration.

INGELEC est une agence d'une centaine de personnes effectuant des installations électriques pour le compte de grands donneurs d'ordres industriels. L'agence fait partie d'un groupe national.

L'organigramme est le suivant :

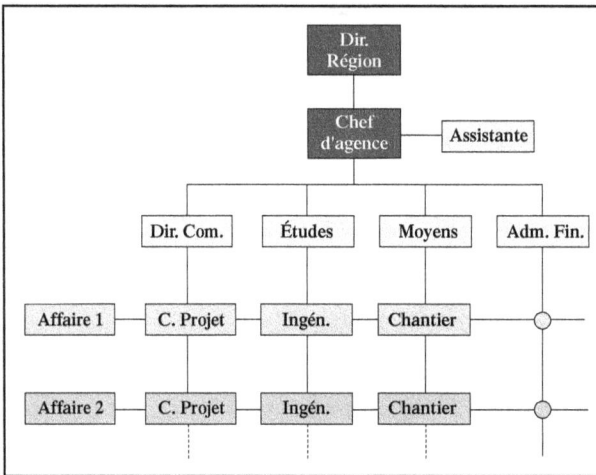

Le mode de fonctionnement est succinctement le suivant :

Les affaires sont trouvées par un service commercial composé de chargés d'affaires, d'attachés commerciaux et d'un directeur. Les attachés commerciaux n'ont aucune fonction technique. Par contre, les chargés d'affaires, outre leur fonction commerciale, ont pour mission de mener à bien les affaires qui leur sont confiées. Cela se fait lors de la réunion hebdomadaire de planning du lundi. Le chef d'agence confie les affaires conclues pendant la semaine écoulée à des chefs de projets choisis parmi les chargés d'affaires. Le chef de projets devient responsable de la bonne conduite de l'opération dans le cadre du respect du cahier des charges fourni par le client et négocié par l'agence. Pour réaliser l'affaire qui lui est confiée, un chef de projets va traiter avec deux services importants qui sont le bureau d'études et le service « moyens ». Le premier s'occupe de la conception et le second de la réalisation. Chaque chef de projets doit négocier l'utilisation des ressources internes en ingénieurs de conception et en personnels de chantiers avec les deux responsables de services. Il négocie également l'utilisation de ressources matérielles comme l'outillage, les véhicules, les engins de chantier, etc. Les responsables des services études et moyens assurent la compétence du personnel sous leur responsabilité mais ces personnels sont détachés à une affaire et c'est le responsable de projets qui devient le chef de ces personnes pendant la durée de la prestation convenue. Ces deux services sont en quelque sorte des sociétés d'intérim internes avec en plus du matériel à disposition des chefs de projets (véhicules, outillages, etc.). En cas de manque de main-d'œuvre, les chefs des services études et moyens font appel à de la main-d'œuvre intérimaire ou à des CDD.

En principe, le chef de projets planifie son intervention et réserve les moyens nécessaires en infrastructures et en personnels d'études et de réalisation. Il doit rendre compte au directeur d'agence du bilan comptable de chaque affaire qui lui est confiée. Il est responsable des coûts, il décide des entreprises auxquelles il peut sous-traiter des tâches spécifiques, il anime les réunions de chantier. Il est le maître d'œuvre.

Dans ce contexte, les conflits entre chefs de projets sont fréquents. C'est une lutte d'influence continuelle entre eux pour obtenir les moyens nécessaires à rentabiliser leurs opérations. Les aléas sont fréquents, les retards des chantiers et les modifications demandées par les clients bouleversent les plannings de réservation en permanence et en définitive, c'est le chef de projets qui crie le plus fort qui a gain de cause auprès des services études et moyens. Ils font valoir l'importance des chantiers, le poids de leurs clients et tout autres prétextes pour obtenir satisfaction à leurs revendications.

Les responsables des services moyens et études sont en permanence en situations difficiles. Ils sont critiqués par les chefs de projets lorsqu'ils refusent une demande de moyens et ils sont critiqués par le personnel qui doit passer constamment d'une affaire à l'autre pour répondre aux situations d'urgences continuelles.

La cartographie proposée :

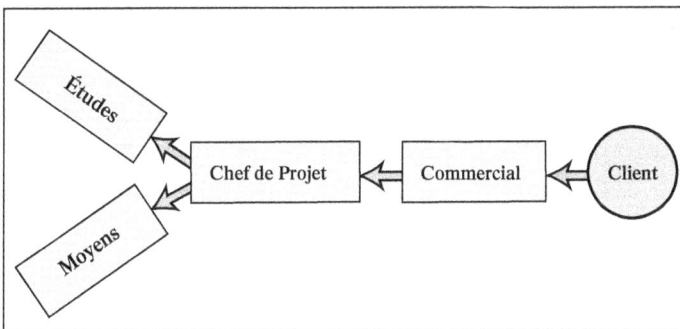

Dans ce cas, la cartographie n'est pas compliquée. Le chef de projet devient un processus en tant que maître d'œuvre. Le processus « commercial » sous-traite l'affaire au processus « maîtrise d'œuvre ». Celui-ci s'adresse aux processus « bureau d'études » et au processus « moyens » pour louer des ressources en matériel et en main-d'œuvre. Le chef de projets consulte les services « ressources » pour la réservation de ce qui est nécessaire. Jusque-là, il n'y a aucun changement. Ce sont les contrats passés entre le processus « maîtrise d'œuvre » par le chef de projets et les processus « études » et « moyens » qui vont faire la différence. En effet, ces contrats vont scrupuleusement respecter la règle de la relation client/fournisseur en interne. La réservation profite au premier demandeur. Une réservation ne peut être modifiée sans l'accord du chef de projets concerné. Les réservations sont ensuite facturées au chef de projets pour être comptabilisées dans le coût de l'affaire.

Une réservation peut être annulée avec l'accord du chef de projets et l'accord du chef de service « ressources » et ne pas être facturée si les heures ou le matériel sont réservés par un autre chef de projets qui alors, en devient le commanditaire, et payera ces réservations.

Les indicateurs des services « ressources » seront des taux de location des matériels et des personnes.

Nous nous apercevons, dans ce cas d'école, que la cartographie, c'est-à-dire l'identification des processus et l'identification des liens de donneur d'ordres à fournisseur n'a pas réglé les problèmes existants. Ce sont les règles des pratiques client/fournisseur qui, appliquées lors de l'élaboration des contrats d'interfaces, ont permis d'améliorer la situation. Les responsables des services études et moyens ont aujourd'hui des procédures (contrats d'interfaces) qui leur permettent de réguler les relations avec les chefs de projet. Et comme ces règles sont formalisées et qu'elles ont été adoptées par tous les responsables et l'ensemble des personnels, il n'est plus question d'y déroger. L'autorité brutale et la loi du plus fort en gueule n'ont plus cours. Chacun doit maintenant être plus attentif à ses promesses, à ses plannings, à discuter avec ses clients en cas d'avenant car les moyens qui avaient été réservés ne sont peut-être plus disponibles si le client veut avancer ou retarder l'exécution de son projet. Avant de faire une promesse à un client les chefs de projets évaluent les ressources et prennent des informations auprès de leurs collègues. L'organisation a changé parce que les femmes et les hommes ont changé leurs façons de faire.

Le cas GEKA SERVICES

Cet exemple montre l'établissement d'une cartographie pour une société de services qui dispose d'agences sur l'ensemble du territoire national. Les compétences de chaque agence sont parfois différentes mais le service offert tourne autour de la maintenance d'équipements industriels.

Cette société propose des activités de réparation sur site et dans ses locaux pour des équipements industriels. Les prestations se font sur expression du besoin (le client appelle pour un dépannage ou bien il apporte les matériels défectueux dans les ateliers de GEKA SERVICES). Elles se font aussi sur la base de contrats établis à l'année pour des entretiens réguliers et préventifs ou pour des interventions curatives facturées en régie c'est-à-dire au temps passé.

L'organisation est la suivante :

L'organigramme montre un PDG assisté de directeurs commercial, technique, qualité, administratif et financier, achats.

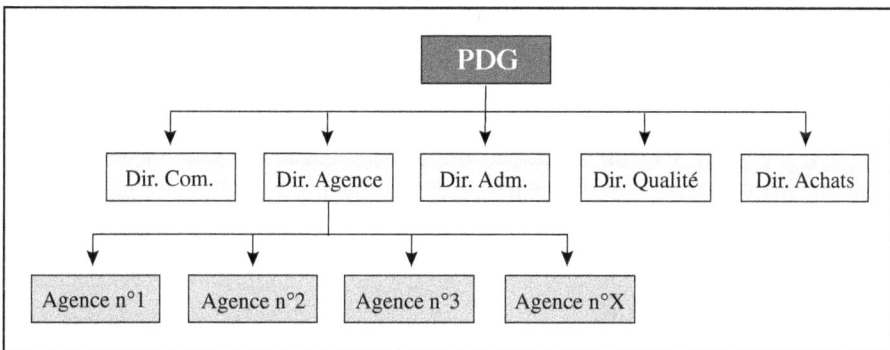

Sous les ordres directs du PDG, nous trouvons les directeurs d'agences. Chaque directeur d'agence est responsable de ses résultats opérationnels. Les directions qui assistent le PDG sont des services permettant de coordonner les activités de chaque agence et de leur apporter des soutiens. Les directeurs n'ont pas de pouvoir hiérarchique sur les agences.

Dans chacune des agences, nous trouvons un commercial qui dépend du directeur d'agence mais qui utilise les méthodes préconisées par le directeur commercial. Nous trouvons également sur le même principe un correspondant qualité pour le site. Celui-ci est aussi sous la responsabilité du directeur d'agence. Le PDG a souhaité qu'il n'y ait pas d'équivoque en ce qui concerne la responsabilité du directeur d'agence. Il est le manager de son territoire et rend compte de ses résultats. L'organisation pourrait probablement fonctionner sur d'autres bases, il n'y a pas de vérité en la matière, mais ici, c'est cette structuration qui a été décidée. Les directeurs administratif, financier et achats n'ont pas de représentant sur place. Ces activités sont réalisées entièrement au siège et un système de communication entre le siège et les agences fonctionne sans problème.

L'organigramme de chaque agence est le suivant :

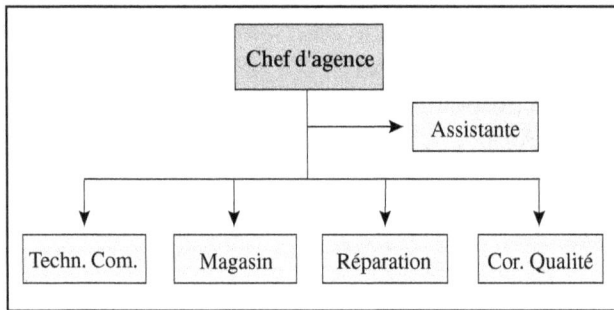

L'entreprise fait aussi de la vente de produits de négoce et l'organisation interne de chaque agence montre deux fonctions distinctes, le magasin avec une vente au comptoir et l'atelier de réparation. Le correspondant qualité est aussi un peu l'homme à tout faire. Il s'occupe de l'informatique, de la tenue des stocks et il effectue des missions demandées par le directeur d'agence.

Bien que de petite taille, les agences effectuent en fait trois types de prestations. Il y a la réparation d'abord mais qui se classe en deux types d'interventions différentes, l'une comme un dépannage et l'autre comme un entretien. Il y a ensuite le négoce. *A priori*, nous devrons établir trois types de cartographie :

Une première qui s'établit ainsi, à partir d'un client type, pour une prestation de réparations.

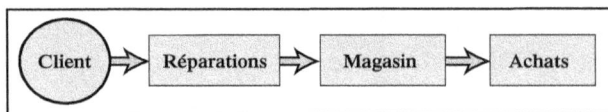

Le client appelle pour une intervention urgente et c'est un technicien qui prend l'appel. Ce technicien ou un autre, selon disponibilité, intervient chez le client, puis utilise, le cas échéant, des pièces détachées ou des éléments qu'il sort du stock. Ceux-ci sont ensuite réassortis par le processus achats du siège.

Une seconde qui s'établit ainsi pour une prestation d'entretien sur contrat.

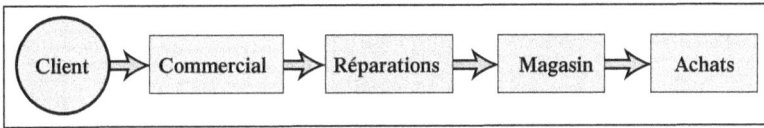

Le commercial a vendu cette prestation à un client et un contrat a été établi pour une période donnée. Le commercial déclenche l'activité du technicien qui intervient dans le respect du contrat établi. Il utilise des pièces détachées qu'il sort du stock et celui-ci est approvisionné par l'action du processus achats.

Dans ces cartographies, un processus « stock » a été créé. Il est sous la responsabilité du correspondant qualité qui prend ainsi une seconde responsabilité opérationnelle.

La troisième, celle du négoce, s'établit ainsi.

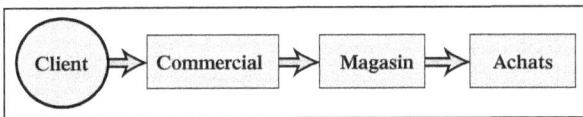

Le commercial au comptoir traite directement avec le client. Les produits vendus sont débités des stocks puis réapprovisionnés par le processus achats du siège. Dans les trois cartographies, nous y trouvons les mêmes processus mais fonctionnant dans des ordres différents. Cela justifie des cartographies différentes car les contrats entre les processus sont différents.

Pour le cas de cette société, les chaînes de processus sont relativement simples et il est possible de représenter ces trois cartographies sur une seule et même image graphique. Ce sera la suivante :

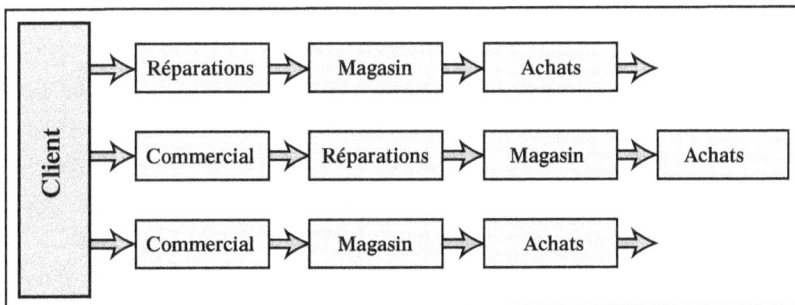

Il nous restera à présenter les processus de service sur cette cartographie. Ce seront les activités exercées par les directions au niveau du siège mais aussi les activités exercées par les correspondants qualité dans chacune des agences.

La cartographie incluant les processus de services sera la suivante :

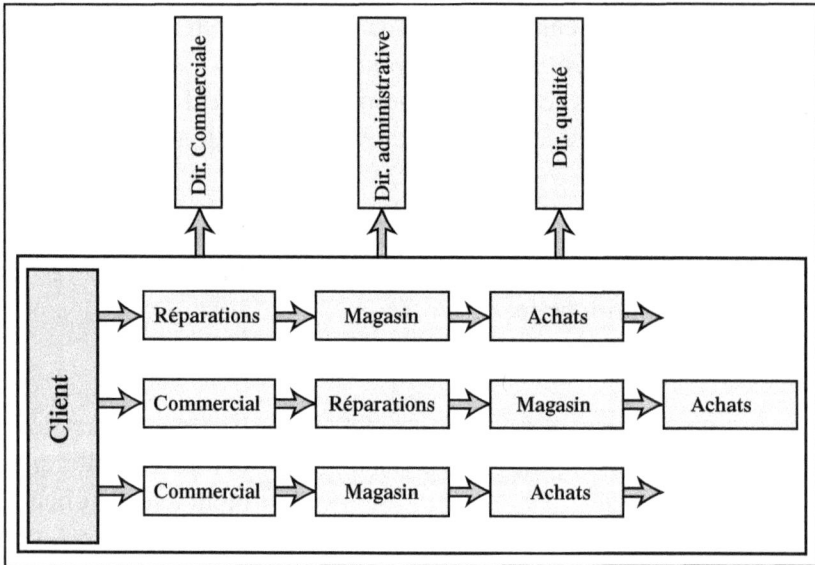

Nous aurions pu par exemple y ajouter un processus informatique ayant comme propriétaire le correspondant qualité. Ce choix pourrait être motivé par l'intention de considérer l'informatique comme une cellule officielle et non plus comme une compétence occasionnelle à laquelle nous avons recours en cas de besoin. En devenant un processus de la cartographie, une activité prend en quelque sorte une place institutionnelle dans l'organisation.

Cette première étape avait pour objectif de clarifier une situation entre plusieurs prestations différentes mais effectuées par les mêmes services et les mêmes personnes. Cela a mis en évidence le besoin de convenir de règles de priorité entre les demandes. Par exemple, le magasin travaille à la fois par les ordres de l'atelier de réparation et par les ordres du commercial. Il arrive également qu'une agence fasse appel aux compétences d'une autre agence. Pour cela, il a fallu également décider des règles de fonctionnement. La cartographie, outre une clarification des activités, a permis de soulever des problèmes et de demander des modes de fonctionnement pour les situations à risques. Cela se fait toujours lors de l'établissement des contrats d'interfaces. Au cours de ces étapes, chaque responsable de territoire émet ses exigences et négocie avec ses partenaires clients (donneurs d'ordres et utilisateurs) et avec ses partenaires fournisseurs. Des solutions sont alors trouvées, négociées puis acceptées de part et d'autre pour arriver au meilleur compromis, celui qui propose la solution la plus efficace pour l'entreprise et non plus la solution la plus efficace pour un service, souvent au détriment des autres processus.

Le cas Darc Industrie

Cet exemple montre le cas d'une entreprise en forte croissance et qui n'a pas pris le temps de redéfinir les responsabilités des différents secteurs qui la composent. Sous la charge de travail grandissante, chaque responsable tentait de s'organiser au mieux mais sans une vue globale du fonctionnement de la société.

L'entreprise compte un effectif de deux cents personnes. Elle réalise des conteneurs pour les ateliers d'assemblage de l'industrie automobile. L'activité principale est la serrurerie (découpage, assemblage par soudage et peinture).

Il y a deux familles de produits, ceux qui nécessitent de l'étude, car ce sont des commandes nouvelles, et ceux qui peuvent être fabriqués sans étude, directement par l'atelier de fabrication.

En principe, un nouveau produit est pris en charge par un chargé d'affaires. Aujourd'hui, l'activité est très forte et l'entreprise en souffre. Le chiffre d'affaires augmente de 20 % par an depuis trois ans. La surcharge d'activité génère des effets secondaires néfastes en ce sens que chacun essaie de faire face à ce surcroît de travail en supprimant certaines tâches. Par exemple, les plans des dossiers techniques qui sont réalisés par le bureau d'études pour la production sont plus succincts, moins détaillés et, de ce fait, les opérateurs dans les ateliers font des erreurs. Un camion de pièces achetées arrive dans l'entreprise et lors du contrôle en réception un employé constate que les produits commandés sont non conformes aux besoins mais il y a eu une erreur dans la commande. Le chargé d'affaires a bien rempli le bon de commande mais c'est une autre personne qui a transmis les plans au sous-traitant et elle n'a pas envoyé les bons documents. Chacun veut bien faire mais en voulant gagner du temps, personne ne se rend compte des dégâts que cela occasionne dans les autres services.

Une approche de l'organisation par les processus a permis d'améliorer la situation. Cela s'est déroulé de la manière suivante :

Établissement de la cartographie par l'aval

Habituellement, lorsqu'une affaire est obtenue, elle est parfois confiée à un chargé d'affaires. Celui-ci peut être le patron qui exerce essentiellement des fonctions commerciales. Dans ce cas, il trouve l'affaire puis s'occupe de sa réalisation. Ce peut être aussi deux autres personnes qui ont officiellement cette mission. Lorsque aucun chargé d'affaires n'est officiellement désigné, il est convenu implicitement que c'est le responsable de production qui devient le chargé d'affaires.

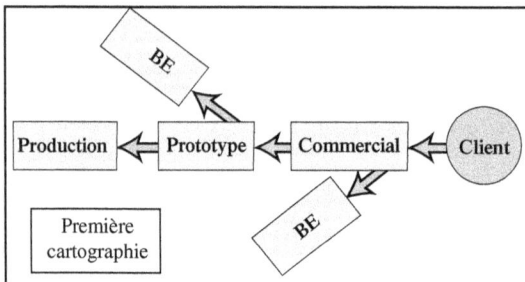

D'autres problèmes sont constatés suite à ce manque de clarification. Chaque responsable, de par son ancienneté dans l'entreprise, connaît certains clients et de ce fait les communications entre les clients et l'entreprise sont multiples et compliquées. Pour une affaire donnée, le client a parfois un contact avec le bureau d'études, puis avec un chargé d'affaires, puis avec le commercial et, parfois, avec le responsable de production. Tout cela ne donne pas une image d'ordre du point de vue des clients. Sans compter aussi les questions posées deux fois et d'autres oubliées, chacun croyant qu'un autre responsable s'en était occupé. La première cartographie établie a permis de mettre en évidence le manque de clarté autour de la fonction « chargé d'affaires ». Sur cette cartographie, elle n'apparaissait pas alors qu'elle était bien réelle.

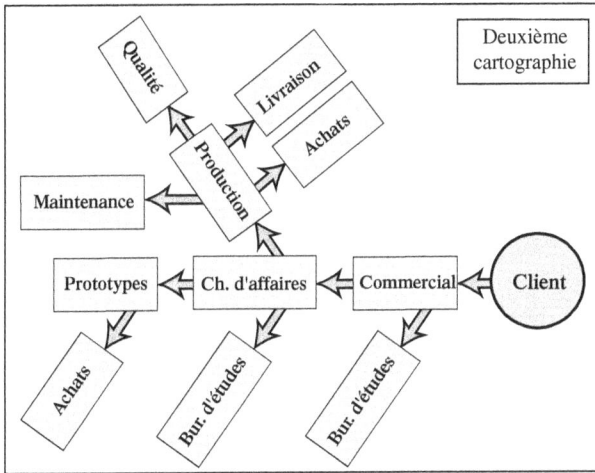

Il a donc fallu définir clairement cette fonction. C'est une fonction de coordination. Les responsabilités sont floues entre celui qui fait le travail et celui qui coordonne les activités. Cette mission, cette fonction a été considérée comme un processus à part entière bien qu'elle ne soit remplie que par une seule personne à la fois. Mais il y a véritablement une relation de client à fournisseur entre le commercial qui « sous-traite » la coordination d'une affaire à cette tierce personne. Il y a également une véritable relation client/fournisseur entre le chargé d'affaires et les processus qui réalisent l'affaire c'est-à-dire la production, le service prototype et le bureau d'études. En effet, c'est le chargé d'affaires qui déclenche les activités des trois services opérationnels. Le fait de créer un processus « chargé d'affaires » a demandé l'écriture d'une carte d'identité du processus. Cela a donc permis de préciser la finalité et les données de sortie de ce nouveau territoire.

Les données de sortie du processus « chargé d'affaires » sont alors les mêmes que celle du commercial. C'est une délégation pure et simple de la conduite d'une affaire. La micro-entreprise du chargé d'affaires doit mener à bien l'opération. C'est donc un maître d'œuvre, un peu à la manière d'un maître d'œuvre du bâtiment dont la mission est de faire en sorte qu'une construction se déroule sans problème. C'est cela que lui achète le processus « commercial » qui est son client.

En tant que « déclencheur d'activités » chez ses fournisseurs, il est en principe capable de mener sa mission à bien. Tous ses fournisseurs ont accepté les délais initiaux et c'est surtout le suivi des activités complexes et multiples mais aussi une grande réactivité en cas de problème qui garantiront une bonne exécution des opérations.

Par la suite, l'établissement des contrats d'interfaces a permis de définir et de préciser les relations avec les autres processus. C'est ainsi que le chargé d'affaires a, dans sa mission, la tâche de vérifier que les documents nécessaires à l'accomplissement des travaux chez ses fournisseurs sont disponibles à l'heure prévue. Cela fait partie de sa fonction de coordination.

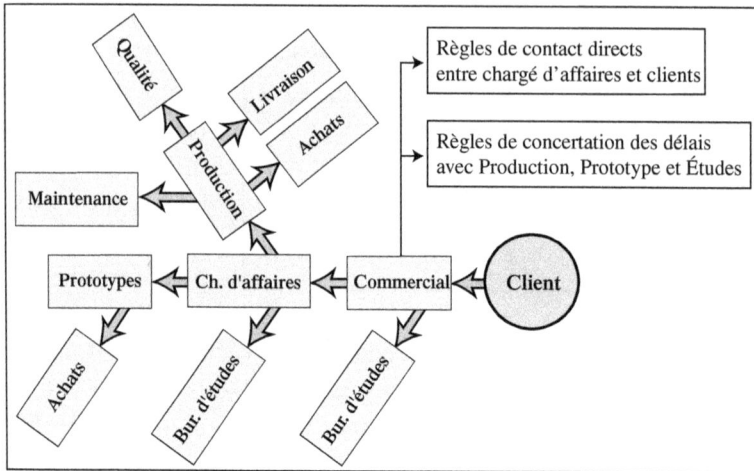

Le second problème qui a été soulevé est celui de la communication avec le client externe. En effet, selon la cartographie, le commercial reste l'interlocuteur du client et cela peut nuire à l'efficacité de l'entreprise si les relais entre le client et l'opérationnel se multiplient. Si l'on est obligé de passer par le commercial pour transmettre les messages entre le client externe et la production ou le chargé d'affaires, cela va allonger les temps de réaction des deux côtés. Dans ce cas qui est fréquent, la solution consiste à déléguer la communication au chargé d'affaires. Il faut donc écrire une règle qui va préciser cette délégation, par exemple que le commercial soit en copie des notes ou des comptes rendus de contact entre le chargé d'affaires et le client. La nécessité de cette règle, quand elle se fait sentir lors de l'élaboration de la cartographie, sera notée sur le projet de cartographie, en regard du processus concerné et cela fera l'objet d'une procédure à écrire ultérieurement.

Un troisième type de problème a été soulevé qui est représentatif de dysfonctionnement. La cartographie ne résout pas ces problèmes mais les met en évidence. Par exemple celui du travail en groupe. Lors de l'établissement des contrats entre processus, une discussion courait entre le BE et le service proto au sujet des plans. Le service proto expliquait qu'il avait besoin des plans de détails et le BE rétorquait que, lorsqu'il fournissait des plans détaillés, le service proto réalisait des outillages prototypes différents des plans, ce à quoi répondait le service proto que ces solutions étaient des améliorations. Le BE soutenait que, pour eux, ce travail apparaissait inutile puisque le personnel du service proto ne réalisait pas les outillages conformément aux plans, ils devaient se débrouiller tout seuls. Tout le monde avait à la fois tort et raison et ce problème du trop de plans ou pas assez de plans perdurait.

La solution a été d'établir une règle de concertation. Si le service proto a besoin de plans pour fabriquer les prototypes, il le demande au BE lors de l'analyse de la commande du client externe (à ce moment, c'est faisable) mais il participe à l'élaboration des plans, c'est-à-dire qu'une réunion est organisée avec les proto (qui ont bien sûr l'obligation d'y assister) pour définir le niveau de détail des solutions données par le BE. Ce genre de problème, lorsqu'il apparaît au cours d'une discussion à propos de l'établissement de la cartographie des processus, doit être noté sur le projet de cartographie de la même façon que lorsque le besoin d'une règle se fait sentir. Plus tard, nous reprendrons le brouillon de cartographie annoté et nous n'oublierons pas de formaliser les règles évoquées à ce moment-là.

Le cas Construbat

> L'acte de construire génère des activités dont la logique est comme partout une logique de chaînes de clients et de fournisseurs. Les problèmes rencontrés aux interfaces entre les divers intervenants proviennent d'une absence de contrats d'interfaces entre donneurs d'ordres et fournisseurs.

L'activité de la construction d'ouvrage est une activité complexe et à risques. Pour cette raison, les dysfonctionnements sont encore fréquents dans la profession. Pourtant, de nombreux organismes de surveillance, de contrôle et de coordination, etc. se relaient pour diminuer les probabilités de problèmes. Or ceux-ci perdurent et il semble qu'une des origines de ces dysfonctionnements réside dans la confusion, parfois volontairement entretenue, qu'il y a entre le maître d'ouvrage (le client, celui qui paye) et le maître d'œuvre (le donneur d'ordres selon notre méthode).

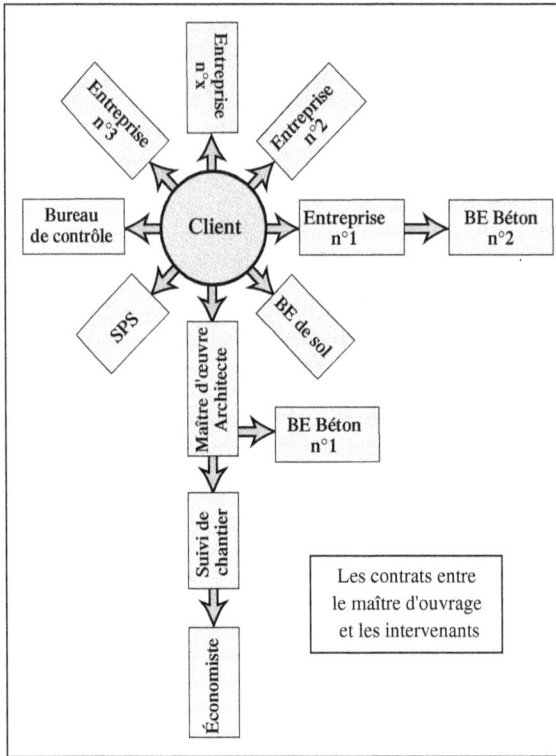

Il faut savoir que, dans une construction, le schéma habituel veut que les contrats sont passés directement entre le maître d'ouvrage (le client payeur) et le maître d'œuvre mais aussi avec les entreprises (bureaux d'études, gros œuvre, électricien, charpentier, etc.). Il n'y a pas de contrat direct et forma-lisé entre les entreprises et le maître d'œuvre, celui-ci étant encore très souvent l'architecte qui s'est occupé de la conception. Mais le maître d'œuvre peut être un non-architecte.

Voici un exemple de problème concret qui se produit.

La loi MOP (Maîtrise d'Ouvrage Public) précise les règles de responsabi-lités dans la définition de l'ouvrage. Par exemple, en ce qui concerne les plans d'exécution d'une construction, une maison ou un bureau, elle décide que l'architecte doit proposer aux entreprises un principe d'exécu-tion mais que les plans définissant le détail de l'exécution sont de la responsabilité des entreprises. Pour être plus clair, prenons le cas d'une entreprise d'électricité. L'architecte propose le schéma de principe, les types d'éclairage, le nombre de prises par pièce, etc. mais l'emplacement exact des prises n'est pas du ressort de l'architecte car c'est un détail d'exécution. Le malheureux électricien, qui n'est pas l'utilisateur, les posi-tionne comme il l'entend et bien entendu, ce qu'il a fait, l'architecte, le maître d'ouvrage ou l'utilisateur le défait par la suite et demande des modi-fications.

Autre exemple, les plans d'exécution doivent être validés par les concep-teurs (architectes). C'est dans le contrat entre le maître d'ouvrage et l'entreprise qui réalise l'ouvrage. L'architecte valide donc les plans d'exécution mais comme il n'est pas censé décider des détails d'exécution, il vérifie les principes seulement. En cas de problème de réalisation, plus personne n'est responsable, ni l'entreprise qui se décharge sur la vérification et la validation de ses plans par l'architecte, ni l'architecte qui argue qu'il ne vérifie pas le détail puisque cela n'est pas de sa responsabilité. Et le litige est engagé.

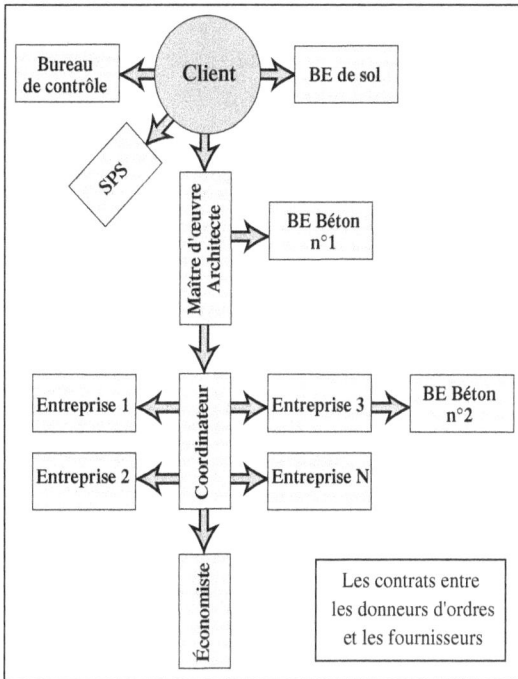

Les relations entre les intervenants sont multiples et génèrent de nombreux doublons en matière de commandement et de responsabilité. Le maître d'œuvre est un donneur d'ordres mais il n'est pas responsable en cas de problème car c'est le client qui est responsable pour les décisions importantes et notamment le choix des entreprises par exemple. Si une entreprise ne donne pas satisfaction, cela peut être parce que le maître d'œuvre n'a pas effectué son travail de manière efficace (il n'a pas suivi correctement les travaux des entreprises) ou cela peut être aussi parce que l'entreprise choisie par le maître d'ouvrage n'est pas compétente.

Ainsi, là encore, il n'est pas possible d'améliorer une situation sensible car en l'absence de vrais responsables, le problème se reproduira encore et encore puisque les causes n'ont pas été traitées.

Le premier schéma ci-dessus montre les contrats formels entre les intervenants et le maître d'ouvrage. Le second montre les contrats donneurs d'ordres et fournisseurs selon notre méthode.

Le maître d'ouvrage signe des contrats avec certains bureaux d'études pour des études préalables à la réalisation de l'ouvrage (faisabilité), par exemple avec un bureau d'études de sols.

Il signe des contrats avec un bureau de contrôle. Il signe un contrat avec un organisme indépendant à qui il confie une mission SPS (Sécurité et Protection de la Santé). Il signe un contrat avec, par exemple, un maître d'œuvre architecte qui s'occupe aussi de la conception. Et sur conseil du maître d'œuvre (qu'il écoute ou non), il signe des contrats avec chacune des entreprises qui intervient dans la réalisation de l'ouvrage (terrassiers, maçons, charpentier, etc.). Pour compliquer le tout, et l'exemple le montre, l'architecte peut lui-même signer un contrat avec un bureau d'études qui se chargera du suivi des chantiers (maîtrise d'œuvre de réalisation de l'ouvrage) et il signe des contrats aussi avec des bureaux d'études qui l'aident dans son travail de conception (bureau d'études béton, acousticien, thermicien, etc.).

Il est évident que, même si les contrats continuent à être signés entre le maître d'ouvrage et les intervenants, ceux-ci pourraient tout à fait spécifier la responsabilité du donneur d'ordres par rapport à ses propres fournisseurs comme nous le préconisons. L'architecte maître d'œuvre devrait alors préciser dans ses contrats que sa responsabilité n'est pas engagée dans le cas où le maître d'ouvrage impose une entreprise contre son avis. Dans tous les autres cas, il accepte cette responsabilité car c'est pour cela qu'il est payé, pour que l'ouvrage se déroule sans problème.

Si nous envisageons d'organiser le schéma de la construction d'un ouvrage selon la méthode par l'aval et en appliquant les règles relationnelles donneur d'ordres/fournisseur, les problèmes que nous avons cités en exemple n'existeraient plus.

Dans le premier cas, l'architecte maître d'œuvre, bien que « non sachant » dans la réalisation des plans d'exécution, a la responsabilité de transmettre la voix du client à l'entreprise d'électricité. De ce fait, il doit fournir à l'électricien toutes les informations nécessaires pour qu'il réalise un bon travail et satisfasse le client du premier coup. L'architecte maître d'œuvre dans ce cas ne peut dégager sa responsabilité. Il est donneur d'ordres et donc responsable du travail effectué par ses fournisseurs et en particulier, ici, par l'entreprise d'électricité.

Dans le second cas, le problème ne se pose même pas car l'architecte maître d'œuvre est responsable du travail effectué par l'entreprise. Qu'il valide ou non les plans d'exécution de manière formelle ne change rien au principe de responsabilité partagée. Le fait que le maître d'œuvre ne puisse pas toujours choisir ses fournisseurs, puisque la règle veut que ce soit le maître d'ouvrage, c'est-à-dire le client qui choisisse en dernier lieu sur proposition de celui-ci, ne peut pas être une cause de non-responsabilité.

Le principe de la responsabilité d'un processus vis-à-vis de ses fournisseurs est une règle absolue. Il ne doit y avoir en aucun cas de situation où personne n'est responsable. Quand une entreprise de production livre un client et que la matière première est non conforme, le client n'écoutera pas son fournisseur même si celui-ci lui explique que ce fournisseur a un monopole et qu'il ne peut pas s'approvisionner ailleurs. Le client tiendra son fournisseur pour responsable de la situation et il aura raison même si cela peut sembler injuste. En effet, le fournisseur fera des efforts pour que ce problème s'atténue ou disparaisse parce qu'il en aura le souci. En revanche, à l'inverse, si personne ne se préoccupe de cette anomalie, il n'y a aucune raison pour que cela change un jour.

Le cas de TRANS MACHINES

> Cet exemple montre l'établissement d'une cartographie pour une société qui conçoit, fabrique, installe, entretient et dépanne des ensembles de machines pour l'industrie lourde.

TRANS MACHINES est une entreprise de 300 personnes environ. Elle installe, clés en main, des lignes de production dans le monde entier. Ses réalisations sont toujours des solutions uniques, liées à la production en série d'un produit particulier. L'entreprise s'est développée rapidement ces dernières années et l'augmentation régulière de la charge de travail a généré quelques problèmes d'organisation. Comme dans de nombreux cas de ce genre, la direction pare au plus pressé, en l'occurrence la satisfaction des demandes du marché et ne prend pas le temps ni le recul nécessaire pour réfléchir à son organisation et à anticiper un mode de fonctionnement plus efficace. L'entreprise s'agrandit en suivant l'augmentation du chiffre d'affaires.

La direction a adopté une politique audacieuse, celle de répondre à toutes les commandes dans les délais imposés par les clients. Ceux-ci sont liés à la mise sur les marchés d'un produit de grande consommation à une date précise imposée par les services de marketing. Dans ces conditions, les composants qu'ils doivent fabriquer à partir des lignes installées par TRANS MACHINES doivent être livrés dans des délais impartis et en conséquence, les lignes de production doivent être opérationnelles pour respecter ce planning.

La direction veut donc disposer d'une organisation capable de produire à capacité infinie. Le personnel vit dans une situation d'urgence perpétuelle et les responsables doivent se débrouiller comme ils le peuvent pour respecter les engagements pris avec les clients.

L'entreprise est certifiée ISO 9001 depuis environ trois années et la direction, devant des problèmes de retard de livraison croissants, malgré toute la bonne volonté de son personnel à tous les niveaux, cherche une organisation plus réfléchie, plus efficace et mieux adaptée aux spécificités de son marché.

Une première réflexion permet de proposer une macro-cartographie selon le découpage actuel en fonction.

Il n'y a pas de particularité dans cette première cartographie des processus qui fonctionne de la manière suivante :

Un service commercial disposant d'agents aux quatre coins du monde apporte des commandes à un bureau d'études. Celui-ci a pour mission de définir les lignes dans ses principes de fonctionnement et dans ses détails de fabrication. Le BE déclenche l'activité d'un service Méthode/Fabrication qui doit préparer les dossiers de fabrication pour l'atelier en interne, pour l'assemblage et pour les achats de composants et de sous-traitance.

Les méthodes de fabrication déclenchent à leur tour les activités de fabrication de pièces détachées, les achats, puis ensuite le montage (assemblage des machines).

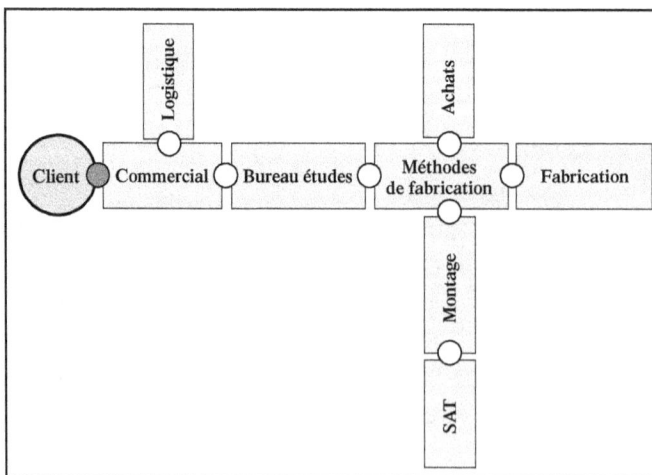

Lorsque le montage est terminé, les machines subissent des contrôles et des tests dans l'atelier puis c'est une nouvelle équipe qui intervient, le SAT (Service d'Assistance Technique) qui démonte les lignes, et les installe dans les unités de production des clients.

La première difficulté rencontrée concerne la logistique. Jusqu'à aujourd'hui, ce service n'existait pas formellement. Il y avait une fonction logistique, assurée par le responsable du service achats mais la mission de cette fonction était assez mal définie. Sa création avait été souhaitée par la direction en réponse aux retards qui se multipliaient et les dirigeants avaient pensé qu'il fallait confier l'élaboration et le suivi d'un planning à un responsable de premier niveau.

Lors de l'établissement de la cartographie, plusieurs options ont été abordées. Tout d'abord, il a été question de situer le processus logistique entre le commercial et le BE avec une mission classique de processus central de maîtrise d'œuvre à partir duquel se déclencheraient toutes les opérations d'études, d'achats, de production et d'assemblage. Cette option n'a pas été conservée, un peu sous la pression des différents chefs de service qui y voyaient une perte de leurs pouvoirs et de leurs responsabilités. Le processus logistique a donc été situé en amont du commercial.

Cette décision, qui n'est pas à discuter *a priori* car c'est une volonté de la direction, montre la situation de ce processus logistique dans la chaîne des processus d'opérations. La cartographie permet dans un premier temps de situer parfaitement le rôle et la responsabilité de ce processus logistique. En effet, en le positionnant ainsi, nous comprenons que cette activité n'a qu'une mission d'information. Elle est déclenchée par le service commercial mais elle-même ne déclenche aucune autre activité opérationnelle. Elle donne ses informations de planning et de suivi au commercial qui prend acte et qui intervient directement auprès des divers services pour accélérer les activités et décider des priorités.

Dans cette configuration, il est évident que la logistique n'a qu'un rôle consultatif puisqu'elle n'est pas en position de donneur d'ordres. L'élaboration de la cartographie permet donc, dans un premier temps, de fixer les limites des missions et de clarifier le type de relation avec les autres processus. Tout cela sera précisé dans les cartes d'identité de ce processus et dans son contrat d'interfaces avec son donneur d'ordres qui est le processus commercial. Il n'y a pas de contrat avec aucun autre processus puisqu'il n'y a pas de fournisseur.

Un autre problème a été évoqué lors de la construction de la cartographie des processus. Lorsqu'une nouvelle affaire arrive, elle était confiée au bureau d'études, très souvent à un ingénieur qui faisait office de chef de projet. Peu à peu, cette fonction a pris sa place dans l'organisation mais sans toutefois devenir une fonction officielle. Lorsque la discussion a concerné ce poste, il a fallu statuer. Devait-on constituer un nouveau processus ? Apparemment non car l'usage voulait que les chefs de projet soient tous des ingénieurs appartenant au bureau d'études. Le responsable de ce service ne souhaitait pas voir celui-ci amputé d'une demi-douzaine de personnes sur un effectif d'une quarantaine de techniciens et d'ingénieurs. Cette réflexion a permis de mettre en évidence que le rôle de ces chefs de projet s'arrêtait en réalité au seuil du bureau d'études. Lorsque les dossiers d'études étaient terminés, ces chefs de projet suivaient vaguement l'avancement des affaires dont ils s'étaient occupés pendant la phase de développement mais comme ils n'avaient aucun pouvoir officiel, ils n'avaient aucune influence sur le déroulement de l'opération. Un autre fait a été mis en évidence. Il est difficile, dans cette entreprise, d'occuper une fonction de chef de projet et de faire en même temps de la conception. Il y a deux missions incompatibles, celle de concepteur qui demande de la réflexion et des plages importantes de solitude et celle de chef de projet qui passe sans arrêt d'un sujet à un autre et qui règle en permanence de nombreux problèmes de l'instant.

La fonction de chef de projet fait un peu double emploi avec la fonction d'un processus logistique et il a été décidé de surseoir à la désignation systématique d'un chef de projet en attendant de voir le fonctionnement du processus logistique. Il semble que cette cartographie ne peut être que temporaire et que vraisemblablement, un processus chef de projet devra s'avérer nécessaire.

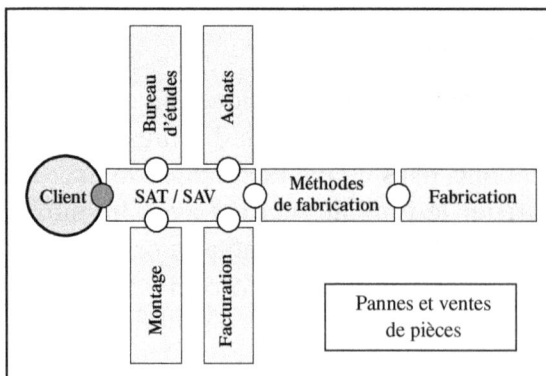

Une seconde réflexion s'est ensuite engagée sur une autre cartographie, celle des interventions après la vente et l'installation. Il y a des demandes de clients, soit pour intervenir en cas de panne ou de problème, soit pour se procurer des pièces détachées. Les clients s'adressent alors directement au SAV (Service Après Vente) qui est en réalité le même service que celui d'assistance technique. Ce service commun a pour nom SAT/SAV.

La cartographie des processus est ordinaire avec un processus SAT/SAV qui déclenche des achats ou un montage s'il faut remplacer ou vendre un ensemble fonctionnel ou une étude en cas de modification ou bien encore déclenchent les méthodes et la fabrication. Une règle de communication avec les commerciaux a été instaurée afin que ceux-ci soient en permanence informés des événements d'après-vente, que ce soient des contrats d'entretien ou des interventions pour réparation.

L'établissement des contrats d'interfaces des différents processus de la cartographie ont permis de définir les relations entre les processus et de lever certaines ambiguïtés entre eux. Pour exemple, nous montrons le contrat d'interfaces du BE.

Contrat d'interfaces

Processus : Bureau d'études		Propriétaire : François		
Finalité : Concevoir des machines conformes au CdC fourni par le commercial				
Données de sortie	Utilisateurs	Attentes utilisateurs	Responsable Qui sait faire ?	Documents attachés
Plans et schémas	Fab/Montage	Dossier complet et exploitable.		
Nomenclatures	Fab/Montage/Achats			
Spécifications	Fab/Montage/Achats			
Offres de prix	Achats/Fab	Faisabilité		
Notices techniques	Montage/Achats	Définitions des matières avec les standards du commerce		
Programmes	Fab/Montage	Demandes d'achats enclenchées pour réaliser les pièces		
Indicateurs d'activité : ➥Nb de projets par an ➥Respect des délais		**Indicateurs de performances :** ➥Nb de FNC imputables au BE ➥Nb de mises au point		

Sur les contrats d'interfaces, nous nous sommes contentés d'indiquer les caractéristiques principales. Les attentes des utilisateurs, les compétences et les documents attachés ont été identifiés par la suite et ne présentent pas de difficulté particulière ni d'intérêt pour l'exemple. Le propriétaire est connu et les ressources ne demandent qu'à être inventoriées pour figurer sur ces documents.

Pour ces processus assez standard, il n'y a pas eu de problème dans l'établissement des contrats d'interfaces. Il ne faut jamais oublier, lorsque tous les contrats d'interfaces sont terminés, de vérifier si les attentes des divers processus utilisateurs ont été intégrées.

En principe, ce sont les utilisateurs qui doivent définir leurs besoins mais dans la réalité, la plupart des données de sortie sont connues de tout le monde et les contrats d'interfaces peuvent être établis, dans une première étape, par leurs propriétaires. Il suffit donc de faire la petite vérification proposée ci-dessus avant de valider l'ensemble.

L'établissement du contrat a demandé de préciser certaines attentes. Par exemple, lorsque le processus fabrication souhaite un dossier méthode complet, il a fallu, comme dans toutes revues de contrat qui se respectent, éliminer les ambiguïtés. Le terme « dossier complet » prête à confusion et il convient alors d'en préciser le contenu. C'est ce qui a été fait par une instruction interne au service méthodes.

Lorsque les termes du contrat satisfont toutes les parties concernées, il est validé et chacun se doit alors de respecter les engagements pris.

Le cas du bureau d'études MOINEAU

Cet exemple montre le cas d'un bureau d'études qui travaille dans le secteur de la construction de maisons individuelles. C'est une petite structure d'une vingtaine de personnes. Le dirigeant de cette société souhaite organiser son bureau pour améliorer son efficacité et le rendre capable de traiter un grand nombre de dossiers, sans aucun problème pour ses clients.

La particularité de cette société est qu'elle apporte à ses clients des services administratifs que ceux-ci n'aiment pas faire car ce n'est pas le cœur de leur métier. Ce bureau d'études veut s'organiser pour traiter ce travail à la place de ses clients pour un coût réduit. Pour cette raison, il faut que cette pratique soit le plus efficace possible.

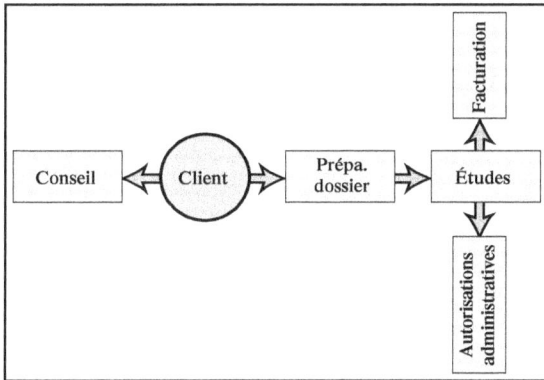

La cartographie s'établit ainsi : un service de préparation des dossiers traite les demandes des clients puis les transmet au service études qui va s'occuper techniquement du dossier. La tâche administrative, qui est une demande d'autorisation auprès d'un service public, est assurée par un processus « autorisation administrative ».

Dans le bureau d'études, il existait déjà un certain de nombre de procédures formalisant les bonnes pratiques. Comme dans beaucoup de cas de ce genre, les procédures suivaient le cheminement d'une prestation (par exemple le dossier des clients à partir d'une demande). La procédure de gestion des autorisations administratives expliquait les différentes étapes de ce processus à partir du service de préparation des dossiers jusqu'au service « autorisation administrative ». Ce faisant, nous pouvions constater le passage des éléments nécessaires à l'obtention de l'autorisation d'un service à un autre avec des allers et retours nombreux. Si le déroulement des opérations était clairement perçu, ce qui l'était moins étaient les responsabilités et les relations entre les services. L'établissement d'une cartographie des processus a donc permis, dans un premier temps, de ne pas s'occuper des détails de traitement, mais de définir les missions et responsabilités de chaque service.

Encore une fois, même si dans la réalité les contrats sont parfois un peu plus complexes que ceux montrés en exemple, nous constatons que les contrats d'interfaces régissent les modalités d'obtention des données de sortie de la part d'un processus fournisseur. Ces données de sortie, qui sont la base de l'établissement d'un contrat, représentent la production d'un processus considéré comme une micro-entreprise. Ce sont bien les transactions les plus importantes entre deux processus. La circulation des autres informations par écrit, oralement ou par transmission numérique ou toutes autres formes de communication, sont conditionnées par les résultats à obtenir. C'est en conséquence sur le résultat d'un travail fourni par un processus qu'il convient de communiquer. Le reste est accessoire.

Contrat d'interfaces				
Processus : Autorisation administrative		Propriétaire : David		
Finalité : Obtention auprès de l'administration compétente des autorisations administratives définitives.				
Données de sortie	Utilisateurs	Attentes utilisateurs	Responsable Qui sait faire ?	Documents attachés
Autorisation	Constructeur/Etudes	→Caractéristiques de la construction selon dossier →Information de la réponse si nota du constructeur		
Facturation	Constructeur			
Indicateur d'activité : →Délais d'obtention des autorisations		Indicateurs de performances : →Temps de stockage des documents		

Quelques cas de problèmes soulevés par des contrats d'interfaces

Les contrats d'interfaces définissent les missions et les caractéristiques des processus ainsi que les modalités de communication entre les processus pour transmettre la voix du client. C'est souvent à ce moment que des problèmes sont soulevés et qu'ils sont résolus.

Le premier exemple est issu d'un cas d'école précédent. Il s'agit en l'occurrence du service achats.

Lors de la réflexion sur les indicateurs et, auparavant, sur la finalité du service achats, un membre de l'encadrement a proposé que la performance du service soit mesurée, entre autres, sur la réduction du nombre de fournisseurs. Il y a eu une discussion car les avis étaient différents. Ce qui a mis tout le monde d'accord, c'est l'écriture de la finalité. En effet, celle-ci se devait d'être en cohérence avec la politique de la direction qui est de travailler en capacité infinie. Pour pouvoir absorber les variations de charges dues aux commandes et aux délais acceptés systématiquement, l'entreprise doit faire appel à une forte sous-traitance. Il semble de ce fait qu'il faille, au contraire, augmenter le panel des sous-traitants. En conséquence, une des données de sortie du service achats est la recherche et l'intégration de fournisseurs nouveaux. L'indicateur de performance proposé est alors l'inverse de la première suggestion, à savoir l'augmentation du nombre de sous-traitants de l'entreprise.

Le second est issu d'une discussion, dans une cartonnerie, entre un service fabrication (donneur d'ordres) et son fournisseur (un service de traitement des effluents).

Concrètement, le processus fabrication rejette de grands volumes d'eau contenant des matières en suspension qui sont des fibres non utilisées mais aussi des morceaux de matière plastique. La fabrication se fait à partir de matières de récupération et, bien entendu, on trouve de tout dans ces matériaux. Il y a du carton et du papier mais aussi des morceaux de fil de fer, des matières organiques et du plastique en quantité. Malgré des sélections sévères à l'entrée du processus de fabrication, il reste des corps étrangers dans les eaux résiduelles. Le problème entre les deux responsables de processus existe depuis déjà un certain temps. Celui des effluents accuse son collègue de production de rejeter trop de matière plastique et explique qu'il ne peut pas tout enlever. Il met donc la faute sur la production qui ne trie pas assez ses matières premières. Le responsable de la production explique qu'il ne peut pas s'améliorer et que c'est à son collègue des effluents de mieux faire son travail.

Ce différend dure depuis plusieurs mois voire plusieurs années.

Lorsque la cartographie des processus a été établie, elle a d'abord mis en évidence les statuts de chacune des deux parties. La production est donneur d'ordres et utilisateur et le processus « effluents » est le fournisseur. La discussion change alors de ton. Le donneur d'ordres et utilisateur exprime ses attentes. Les principales sont évidemment de disposer d'eau propre, débarrassée de ses impuretés. Dans une organisation fondée sur les relations client/fournisseur en interne, il est certain que nous n'avons pas le choix du fournisseur. Il est imposé par l'organisation. En conséquence, dans un cas comme celui-ci, le fournisseur ne peut pas refuser la demande puisqu'elle conditionne la qualité des produits fabriqués. Il doit donc accéder à cette attente et ensuite réfléchir aux moyens à mettre en œuvre pour y satisfaire. Dans ce cas de figure, il n'y a que deux alternatives. Soit la demande est capitale pour satisfaire le client et l'entreprise doit mettre les ressources nécessaires pour y répondre. Dans ce cas, il sera exigé du responsable du processus « effluents » de faire en sorte que ses moyens matériels deviennent capables d'éliminer le plastique résiduel. Soit la demande n'est pas fondée et elle n'est pas acceptée par la direction qui sert d'arbitre à la résolution de ce différend. C'est, dans notre cas, la première solution qui a été retenue et l'eau propre figure désormais dans la carte d'identité du processus effluent.

Le troisième est issu d'une cartographie des processus élaborée entre un service « machines et outillage » et un département de production. Il existe un contentieux ancien entre ces deux secteurs. Ancien et récurrent qui se produit presque chaque fois que le premier livre une machine à la production. Il faut savoir que cette entreprise fabrique la plupart de ses machines spéciales dans le service machines et outillage. Comme dans toute entreprise, les délais accordés aux responsables sont très courts et lorsqu'une machine arrive en production pour remplir sa fonction de fabrication il y a des mises au point parfois délicates et très longues. Le patron reproche alors au responsable de production de ne pas tenir ses délais de livraison des premières séries de pièces et celui-ci rétorque que la machine n'est pas au point et qu'elle ne marche pas parce que le service machines et outillage n'a pas pris le temps de terminer son travail correctement. Ce à quoi répond le responsable de ce département en affirmant que le personnel de production est incompétent et que cela est la vraie raison de ces problèmes de démarrage.

La cartographie des processus a mis en évidence comme toujours la relation client/fournisseur. C'est dans ce cas précis le service production qui est utilisateur de la machine et en conséquence, client du service machines et outillage. Dans ces attentes, la production a indiqué qu'elle souhaitait une machine parfaitement au point. Le responsable du service machines et outillage, invité à s'exprimer à son tour, était bien obligé de considérer cette demande. En tant que « sachant », il avait auparavant beau jeu de considérer le personnel de la production comme des personnes non qualifiées. En tant que fournisseur, il ne peut plus se permettre ce type d'appréciation et c'est à lui de faire en sorte que ses machines puissent être utilisées par le personnel en place. Il a été néanmoins nécessaire de définir un peu plus précisément ce que devait être une machine parfaitement au point et il a été convenu que la production serait associée à la conception de chaque nouveau projet et que les attentes fonctionnelles et de performances des machines seraient discutées et définies au départ de chaque projet.

Il a été inclus dans le contrat des notions de « capabilité machine », de performances de production, de test en production et de réception selon un cahier des charges fourni par la production et élaboré en fonction des attentes des clients des pièces produites par les machines en question.

LA CARTOGRAPHIE DE LENNYCO

Le cas cité dans cet exemple concerne une entreprise française qui souhaite garder l'anonymat. Ce cas est intéressant car cette société possède plusieurs établissements de production en France et à l'étranger. Le groupe fabrique quatre lignes basiques de produits. Quelques-uns de ses sites se sont spécialisés dans la production de l'un ou l'autre des produits mais il existe aussi des spécificités de fabrication et certaines opérations se font de manière privilégiée dans certaines usines. De plus, la croissance externe a permis l'acquisition de sociétés nouvelles, parfois concurrentes, qui continuent à produire des fabrications identiques à celles des établissements appartenant à la maison mère. L'organisation est donc assez complexe. Elle distribue la production de plusieurs types de produits dans plusieurs sites de production et avec également une organisation commerciale un peu particulière. Les clients des concurrents achetés continuent à commander aux services commerciaux des sites de production auxquels ils avaient affaire précédemment. La complexité de l'organisation montre qu'une cartographie par la voix du client peut apporter une présentation relativement simple et permet d'entrer dans l'organisme et d'en comprendre la mécanique de base sans trop de difficultés. Dans ce cas, il est nécessaire de procéder à l'élaboration de plusieurs cartographies. Les enchaînements de processus sont différents selon les familles de produits fabriqués.

Le groupe «LENNYCO» est une holding composée des éléments suivants :

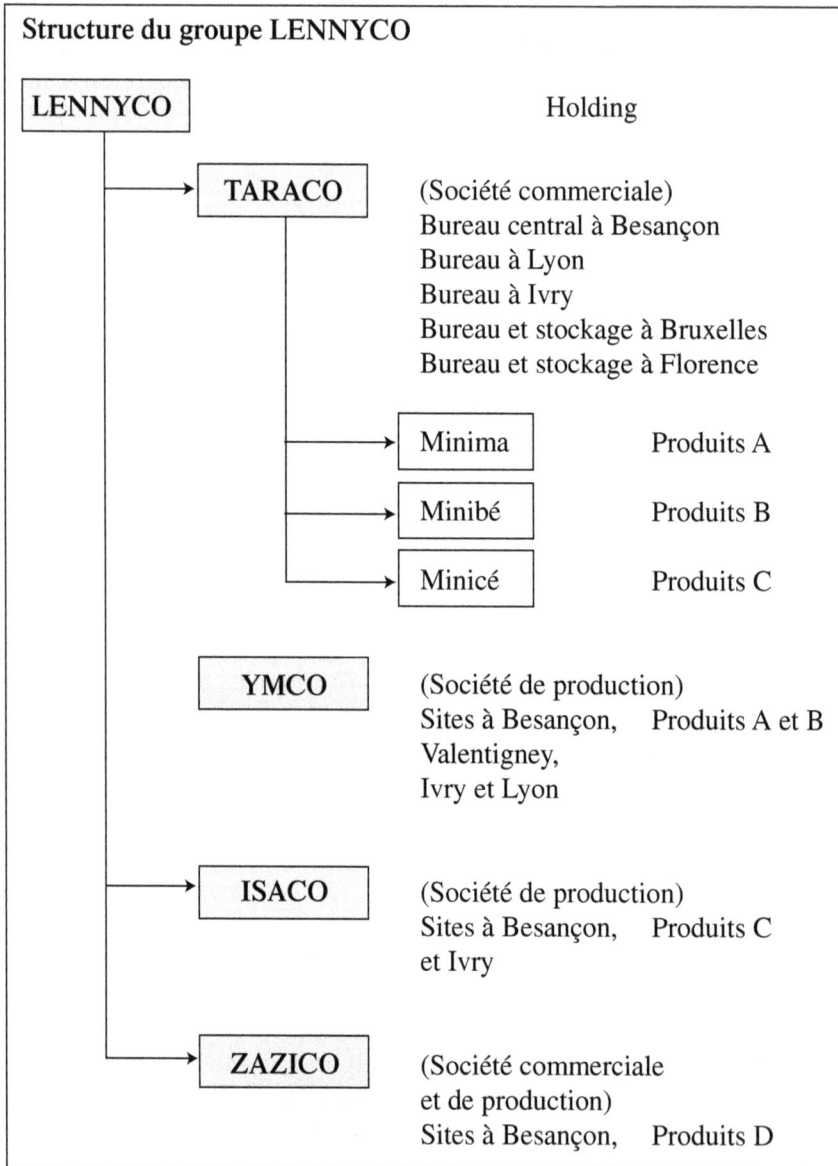

Structure du groupe LENNYCO

LENNYCO	Holding
TARACO	(Société commerciale) Bureau central à Besançon Bureau à Lyon Bureau à Ivry Bureau et stockage à Bruxelles Bureau et stockage à Florence
Minima	Produits A
Minibé	Produits B
Minicé	Produits C
YMCO	(Société de production) Sites à Besançon, Produits A et B Valentigney, Ivry et Lyon
ISACO	(Société de production) Sites à Besançon, Produits C et Ivry
ZAZICO	(Société commerciale et de production) Sites à Besançon, Produits D

La société commerciale TARACO se compose de trois entités (Minima, Minibé et Minicé) qui sont chacune spécialisées dans la vente d'une gamme de produits. Les bureaux de cette société se situent à Besançon, au siège du groupe mais il existe aussi des départements de vente dans certains sites de production ainsi que dans certains pays (Belgique et Italie). Ceux-ci sont pourvus également de stockages qui permettent des livraisons rapides pour les produits courants. Cette société TARACO vend les produits fabriqués par le groupe à des entreprises de production qui livrent ensuite aux grandes surfaces.

Une autre société du groupe, la ZAZICO réalise des opérations commerciales sur une quatrième famille de produits, les produits D, qui sont directement distribués aux grandes surfaces sans passer par des producteurs intermédiaires. Cette société abrite les activités de production de cette famille de produits D qu'elle vend.

Les produits commercialisés par TARACO sont fabriqués par deux sociétés de production, YMCO et ISACO qui produisent, pour la première, les familles A et B et pour la seconde, la famille C. La complexité de cette organisation provient de l'historique des acquisitions, de la vente directe ou indirecte aux GMS et de la structure des familles de produits.

Les sociétés de production sont spécialisées dans la fabrication de familles de produits. YMCO couvre les familles A et B qui ont des procédés de fabrication identiques, ISACO couvre la famille C et ZAZICO la famille D.

Les productions YMCO sont fabriquées au siège à Besançon mais aussi à Valentigney, Ivry et Lyon.

Les productions ISACO sont réalisées également au siège à Besançon mais aussi à Ivry.

Les produits ZAZICO sont manufacturés à Besançon.

Pour présenter l'organisation par une approche « site », nous pouvons préciser que le groupe est présent à :
  – Besançon : siège, commercial et production. 250 personnes.
  – Lyon : commercial et production. 120 personnes.
  – Ivry : commercial et production. 35 personnes.
  – Valentigney : production. 80 personnes.
  – Florence : commercial et stockage. 10 personnes.
  – Bruxelles : commercial stockage. 10 personnes.

La représentation des processus de cette société ne peut évidemment pas se montrer sous la forme d'une simple cartographie. Elle est donc composée de plusieurs cartes qui précisent chacune le mode de fonctionnement général du groupe pour une ligne de produits. Il y a d'abord quatre cartographies générales. Une pour la famille de produit A (Minima), une pour la famille B (Minibé), une pour la famille C (Minicé) et une pour la famille D (ZAZICO). Pour faciliter la lecture des cartes et la compréhension de l'organisation, ces cartographies générales ne font pas apparaître le détail des procédés de chacun des sites de production car ceux-ci seront repris dans les cartographies détaillées par site. Ces sites seront dénommés « production : nom de la société de production et nom de la ville » sur les cartographies générales. Un site peut abriter plusieurs productions. Les processus de service (support) et de management ne sont pas présentés sur les cartographies générales (toujours dans un souci de simplification de lecture) mais sur les cartographies détaillées par site.

Les cartographies générales se lisent, comme dans toutes les présentations de cartographie par l'aval, à partir de la voix du client qui figure dans le cercle en bas du schéma. Cette voix du client, pour le business au quotidien, passe par la société commerciale dont les bureaux principaux sont situés dans l'usine mère à Besançon. La première particularité, qu'il est intéressant de connaître, est que les ressources de ce processus sont réparties dans plusieurs sites. Il y a des bureaux commerciaux à Bruxelles et à Florence, il y a des commerciaux dans le site de production à Lyon et une assistante commerciale à Ivry. Toutes ces antennes commerciales transmettent au siège (à Besançon), les commandes prises auprès des clients. La localisation des ressources d'un processus peut être dispersée. Toutes les demandes des clients passent donc par le processus commercial dont le pilote est situé à Besançon. Le processus commercial déclenche ensuite des activités dans tous les sites de production. Ces activités sont des productions de produits ou d'éléments de produits appartenant à l'une des trois familles du groupe (A, B ou C). Sur la cartographie, elles figurent sous la dénomination « production :... » avec désignation de la famille concernée et désignation du site concerné comme cela a été spécifié plus haut.

La quatrième famille (produits D) est indépendante. Les commerciaux et la production sont dans l'enceinte du site de Besançon.

En ce qui concerne cette famille, son indépendance est tempérée par le fait qu'une partie de ses procédés peuvent être réalisés dans d'autres unités de production. En effet, les familles de produits sont différentes mais ce sont des déclinaisons d'un même concept « produit ». Cela explique les liens qui existent entre les différentes « productions » apparaissant sur la cartographie.

Des liens existent aussi entre les autres entités commerciales et de production. En fait les produits A et B sont quasi identiques mais utilisés dans des fonctions et dans des environnements différents. Les produits C peuvent être vendus en l'état mais peuvent être également vendus assemblés avec les produits A ou B. Ainsi, lorsque nous lisons la cartographie des produits groupe « Minibé », le planning de Lyon peut déclencher des productions à Besançon et à Ivry. La cartographie établie sur un modèle déclencheur/déclenché à partir de la voix du client permet sans difficulté de montrer clairement et simplement ce genre de relations.

Il faut, sans craindre de se répéter, rappeler que les cartographies générales sont des représentations simples et, pour cette raison, ne précisent que des relations de base, sans entrer dans les détails de fonctionnement spécifiques. Ce sont les contrats d'interfaces qui précisent ces détails.

Les quatre premiers tableaux montrent donc le modèle de fonctionnement et les relations entre les différents processus des différents sites de production pour les quatre familles de produits. Ils ne montrent que les processus de réalisation. D'autres tableaux vont faire apparaître les modes de fonctionnement de chacune des entités du groupe. La localisation géographique des activités est un modèle qu'il nous faut connaître. Il est important en effet de savoir ce qui se passe à Lyon, à Besançon ou à Ivry. Chaque site de production possède des caractéristiques qui lui sont propres et une organisation spécifique. Par exemple, il y a un représentant commercial à Ivry mais pas à Valentigney. Par exemple, le service RH existe au siège mais il n'y a pas de fonction RH dans les autres entités.

Enfin, comme nous en avons convenu, le détail des procédés de production n'apparaît pas dans les cartographies générales pour des raisons de simplicité et de facilité de lecture. Ces processus doivent donc être précisés dans des cartographies complémentaires par unité de production.

Le fonctionnement global du groupe est donc présenté à travers ses familles de produits dans des cartographies générales (les quatre premières figures) et le détail est représenté à travers le fonctionnement de chacune des entités qui le compose dans des cartographies particulières. Pour l'exemple, nous montrons ici la cartographie du site de Besançon. Les autres sites auront la même structure. Cette cartographie par site présente tous les processus identifiés. Dans l'exemple, elle correspond ainsi à l'organigramme de Besançon.

Dans le manuel qualité du groupe, nous trouvons le schéma de la structure qui est présenté en début de ce chapitre, les quatre cartographies du groupe par famille de produits et les cartographies de chaque site (six cartographies). Cela peut paraître un peu compliqué mais il faut avouer que l'organisation elle-même est compliquée et qu'une douzaine de documents graphiques ne présentent pas une difficulté insurmontable de lecture.

Si chacun des sites souhaite présenter sa propre organisation dans son manuel, il montrera le schéma de structure, les quatre cartographies générales et la cartographie de son site.

Ensuite, pour poursuivre la présentation de l'organisation, nous allons aborder la construction des contrats d'interfaces. Jusqu'à cette étape, nous avons identifié les processus du groupe et de chacune de ses entités et nous avons montré les relations de déclencheurs à déclenchés à partir de la voix du client. Cela permet d'avoir une idée assez précise du mode de fonctionnement général de l'organisation par famille de produits et par unité de production. Il nous faut maintenant travailler au niveau de tous des processus de base et montrer les relations de chacun d'entre eux avec le reste de l'organisation. Chaque processus d'un site fonctionne avec les processus de son site mais aussi avec les processus des autres sites. Nous montrons à titre d'exemple, quelques contrats d'interfaces du site de Besançon.

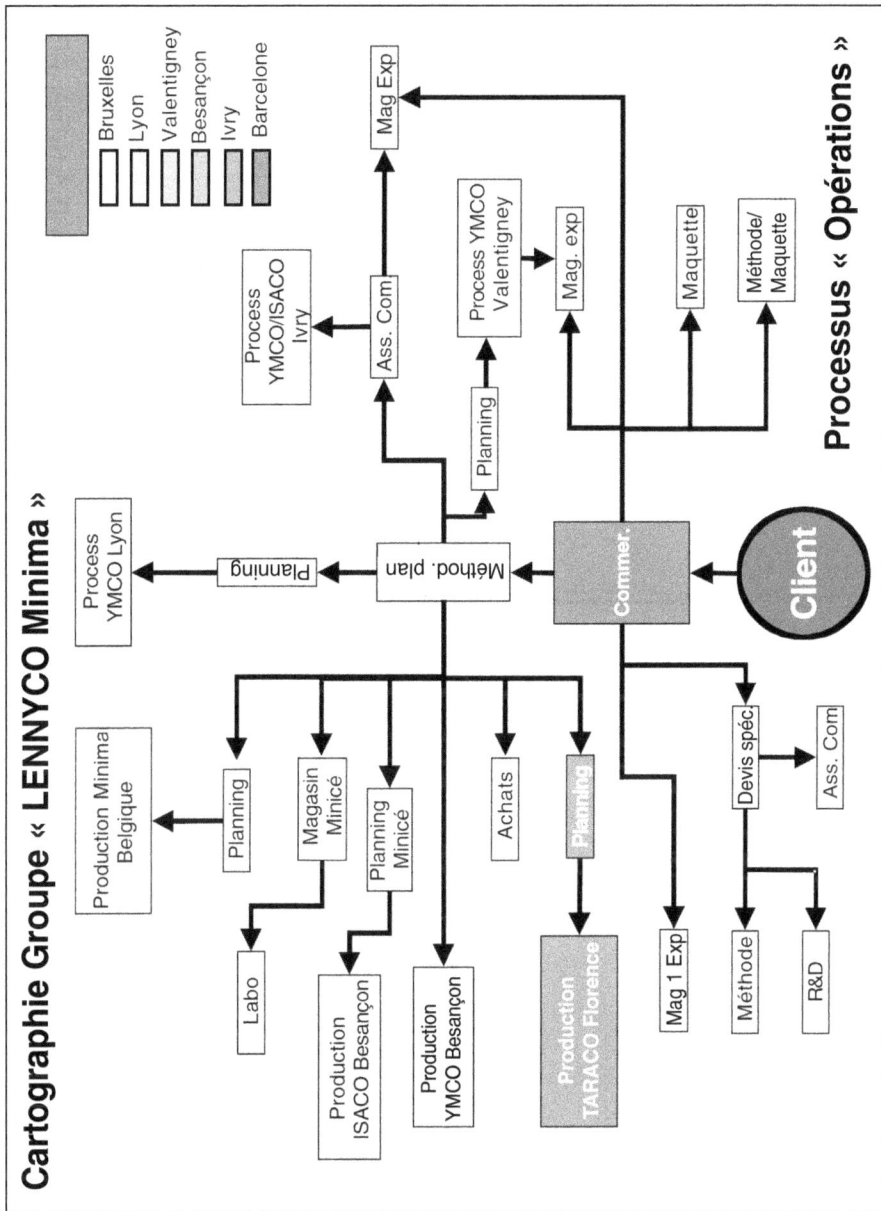

Cartographie Groupe « LENNYCO Minima »

Processus « Opérations »

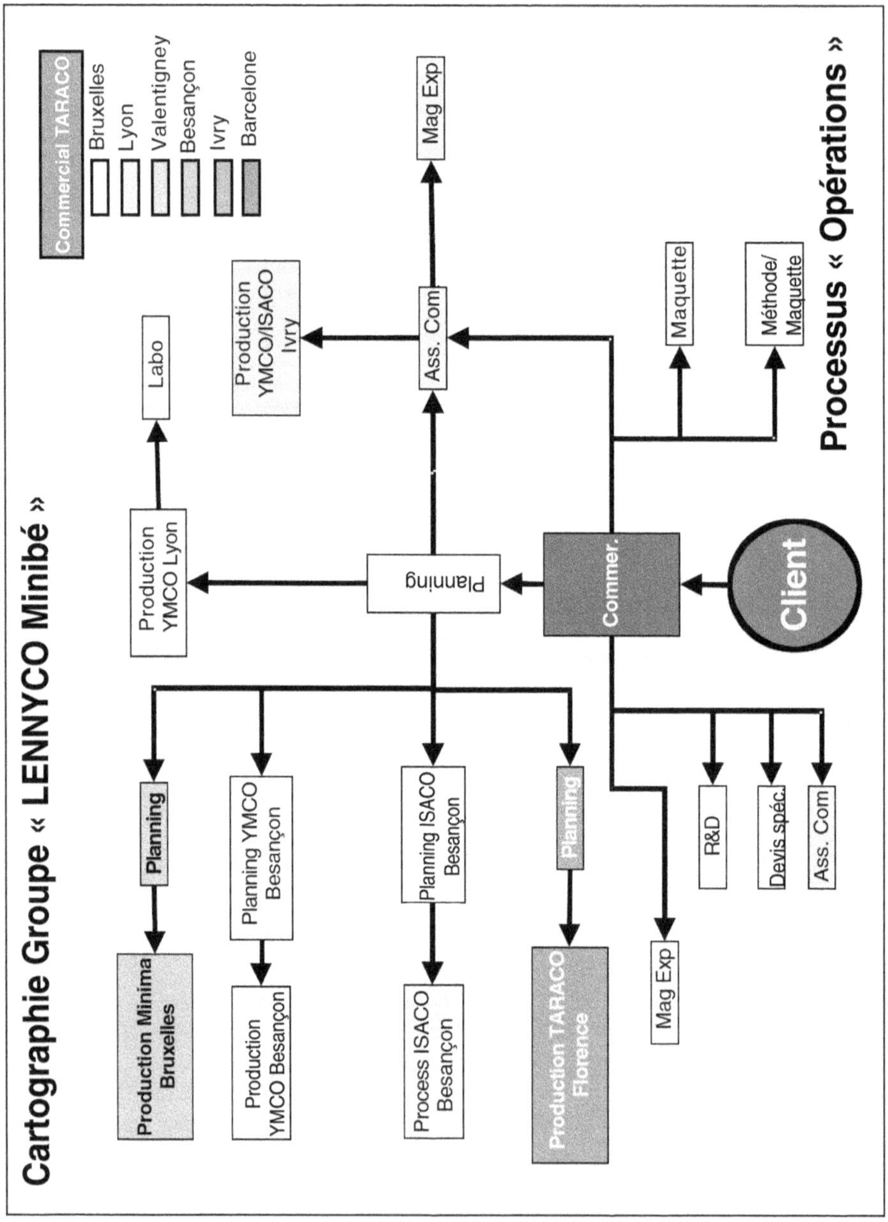

Cartographie Groupe « LENNYCO Minibé »

Processus « Opérations »

Commercial TARACO
- Bruxelles
- Lyon
- Valentigney
- Besançon
- Ivry
- Barcelone

Client

Commer.

Planning

Planning

Production YMCO Lyon

Labo

Production YMCO/ISACO Ivry

Ass. Com

Mag Exp

Maquette

Méthode/ Maquette

R&D

Devis spéc.

Ass. Com

Mag Exp

Planning

Production Minima Bruxelles

Planning YMCO Besançon

Production YMCO Besançon

Planning ISACO Besançon

Process ISACO Besançon

Production TARACO Florence

Cartographie Groupe « LENNYCO Minicé »

Processus « Opérations »

Commercial TARACO

- ☐ Lyon
- ☐ Besançon
- ☐ Ivry

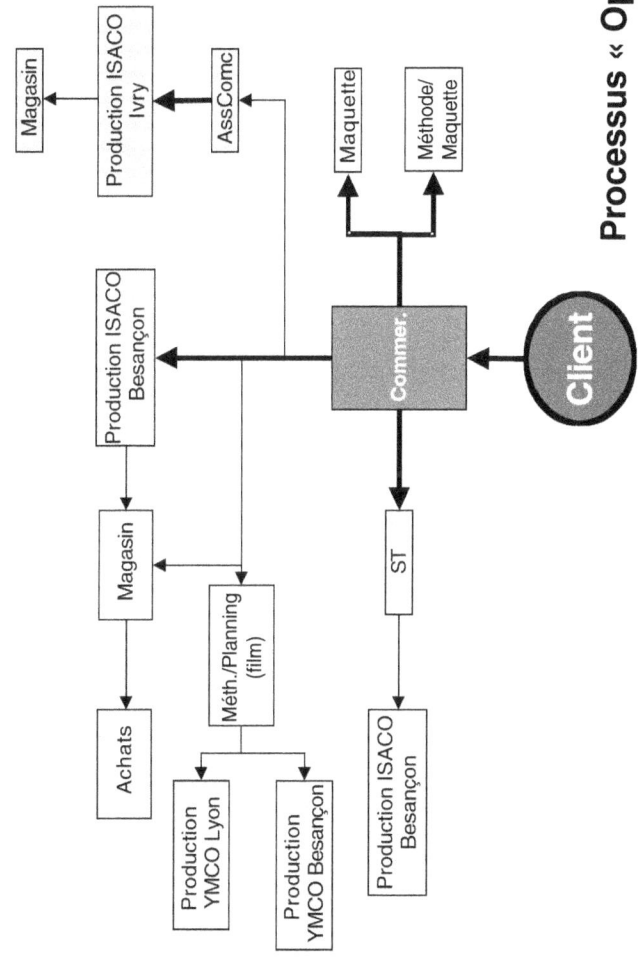

Magasin

Production ISACO Ivry

AssComc

Maquette

Méthode/Maquette

Production ISACO Besançon

Magasin

Méth./Planning (film)

Achats

Production YMCO Lyon

Production YMCO Besançon

ST

Production ISACO Besançon

Commer.

Client

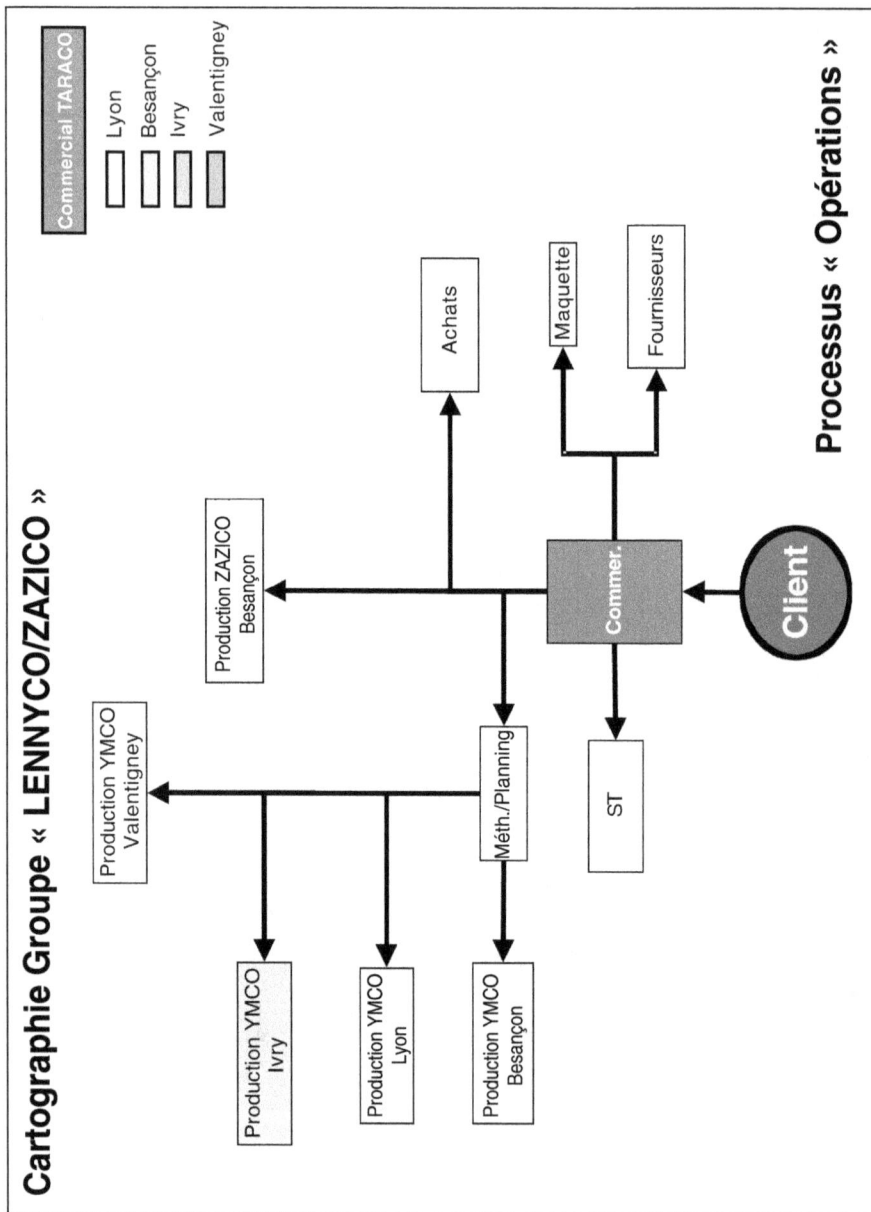

Cartographie Besançon

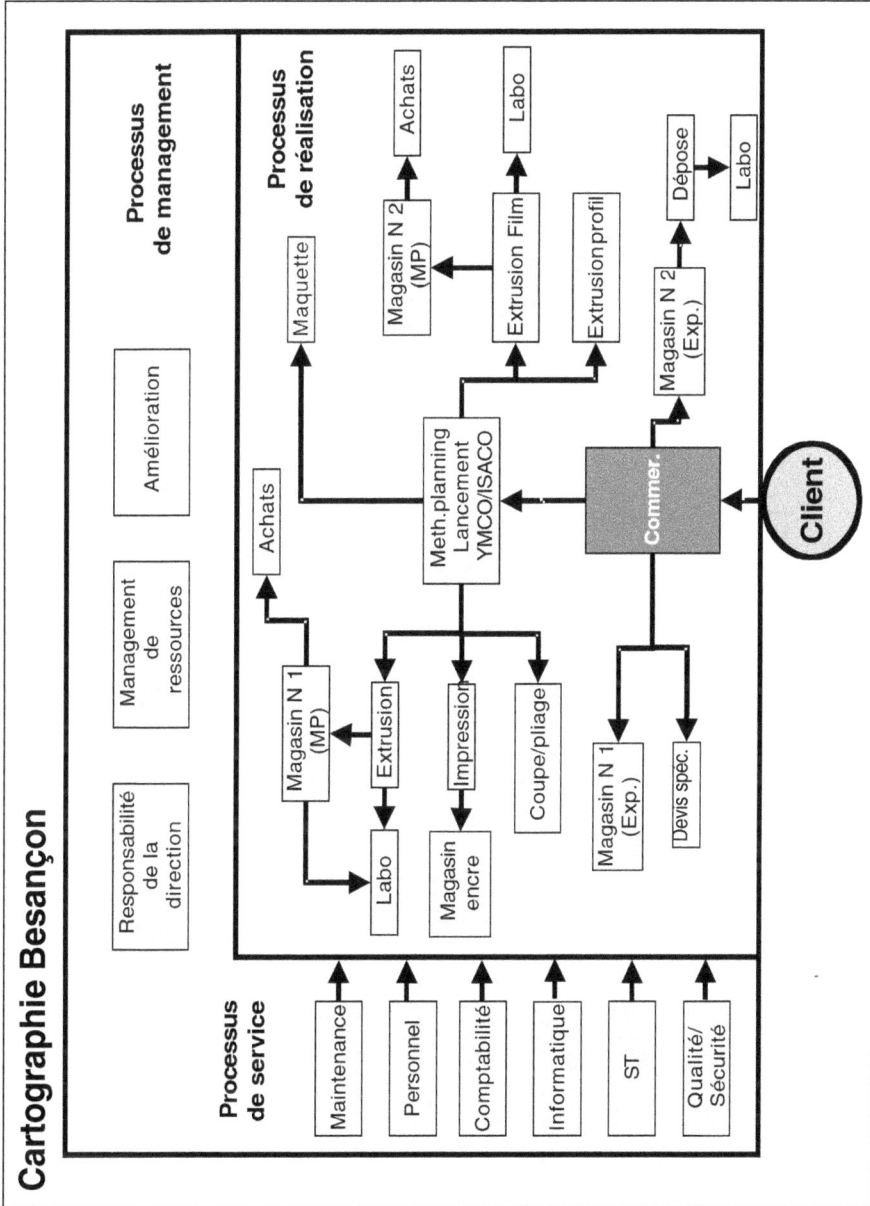

LENNYCO GROUPE	Contrat d'interfaces			Date création : 09/07/2003
				Date mise à jour : Création

Processus : Impression

Finalité : Imprimer en qualité, en quantité et dans les délais souhaités par le commercial

Propriétaire : Robin

Données de sortie	Utilisateurs	Attentes utilisateurs	Responsable Qui sait faire ?	Documents attachés
Produit fini	Soudure, ZAZICO, YMCO, Coupe/Pliage, R et D, Direct Client, Filiales	Rangement des bobines dans le même sens	Voir grille de Polyvalence n° H/FAB/1114	Fiche instruction démarrage machine (en fonction des machines) Fiche Atelier n° H/IMP/1175 Fiche Impression n° H/ADV/1429 Documents (BAT Client)
Essais	Pilote d'essai	Faire systématiquement une demande d'essai	Fanny	Proc n° H/STE/547
Fiche de contrôle	Responsable d'Atelier/Chefs d'équipe		Voir grille de Polyvalence n° H/FAB/1114	Doc n° H/IMP/1346

Bon Client	Clients	Transmettre les bons au fur et à mesure de leur arrivée	Voir grille de polyvalence N° H/FAB/1114 Chefs d'équipes Responsable d'atelier	Fiche instruction démarrage machine (en fonction des machines) Fiche Atelier N° H/IMP/1175 Fiche exécution N° H/ADV/1429 Documents (Bon Client)
Décision de faisabilité	Maquettes		François	
Rapport de vérification Code barre	Chefs d'équipe		Voir grille de polyvalence N° H/FAB/1114	Fiche de l'appareillage
Enregistrements des pannes	Service entrtien	Description précise de ce qui est constaté	Chefs d'équipe + remplaçants	
Travaux prévisionnels de maintenance	Chef des travaux		Responsable d'atelier	
Identification et traçabilité	Soudure, ZAZICO, YMCO, Coupe / Pliage, R et D, Direct Client, Filiales	Disposer une fiche de lot dans chaque conteneur	Voir grille de polyvalence N° H/FAB/1114	Doc n° H/FAB/1291
Demande d'approvisionnement	Magasin n° 1		David François	Doc n° H/MAG/1027
Demande d'achat	Service Achats		David François	Proc n° H/ACH/509
État des stocks encre et solvants, consommables	Responsable Atelier Exécution		David François	Doc N° H/IMP/1317
Demande retour machine	Responsable Atelier exécution		David François	Proc n° H/IMP/524

Gestion réglets, mètres à ruban, pantones	Qualité	François		Proc n° H/QUA/204
Relevé des heures de personnel mensuel	DAP Service du Personnel	Isabelle François		Consultables\Heures Atelier\Fichier Excel mensuel
Relevé des heures de personnel journalier	Service du Personnel	David François	Transmettre chaque matin avant 10 heures	E:\Production\Atelier_Impression\fichier excel « heures atelier impression «
Gestion du personnel	DAP Service Personnel	David François		Tableaux non identifiés
Rapport d'analyse non-conformité interne (plan d'amélioration)	Qualité/Service émetteur/DPYMCO	Isabelle		Rapport électronique avec logiciel Machu
Rapport d'analyse Machu suite NCE	Commercial / qualité/DPYMCO	Isabelle		Rapport électronique avec logiciel Machu
Fiche de non-conformité fournisseur	Qualié / Achat / Direction Générale	Isabelle		Proc n° H/QUA/205
Fiche de formation professionnelle	DAP	Isabelle		Proc n° H/FAB/510
Fiche accueil qualité sécurité	Responsable Atelier	Voir grille de Polyvalence N° H/FAB/1114		Proc n° H/STE/534

Indicateur d'activité :
Nombre d'heures de production :
Métrage machine journalier et hebdomadaire :
Heures de présence :

Indicateurs de performances :
Rendement global (métrage /heure) :   Objectif :   m/heure
Taux de déchets :   Objectif :
Métrage total :   Objectif :

Contrat d'interfaces Impression

Ce contrat d'interfaces concerne un processus de réalisation. Les données de sortie sont les produits fabriqués par ce processus mais aussi la documentation de gestion de cette activité. Les attentes sont exprimées par les différents utilisateurs de ce processus. La compréhension des attentes peut être facilitée en indiquant le processus qui en est à l'origine. Ainsi, le processus fournisseur peut orienter sa réponse et ses actions vers ce destinataire.

Les utilisateurs sont des processus du site ou des processus des autres sites. Les contrats d'interfaces montrent ainsi les liens entre les diverses entités géographiques du groupe.

Les attentes, comme cela a été expliqué plus haut, sont formalisées seulement si elles proposent des améliorations. Lorsqu'aucun dysfonctionnement n'est constaté dans la livraison d'une donnée de sortie par un utilisateur, cette colonne n'est pas renseignée.

Le contrat distingue les indicateurs d'activité (qui permettent de mesurer les résultats de l'activité du processus par rapport aux prévisions) des indicateurs de performances (qui permettent de mesurer les efforts en matière de progrès permanent).

La colonne identifiant les personnes habilitées (qui sait faire) précise le nom de ceux qui ont la compétence requise pour fabriquer et libérer la donnée de sortie ou qui sont habilités à décider ou à donner une information. Dans le cas de produits matériels (pièces fabriquées par un atelier par exemple), les compétences peuvent être variées en fonction des catégories de produits.

Dans ce cas, la colonne renvoie à une matrice qui peut détailler ces savoir-faire.

LENNYCO	Contrat d'interfaces	Date création : 25/06/2003
		Date mise à jour : Création

Processus : Méthodes / Planning   **Propriétaire : Mélodie**

Finalité : Fournir des informations techniques complètes aux ateliers afin de satisfaire le plus possible aux délais accordés avec les clients

Données de sortie	Utilisateurs	Attentes utilisateurs	Responsable Qui sait faire ?	Documents attachés
Dossiers de fab. MN PE	Extrusion barres	Indiquer systématiquement les paramètres d'extrusion	Toutes collaboratrices	N° H/GAI/1405
Dossiers de fab. OPYMCO	Extrusion Barres		Toutes collaboratrices	N° H/GAI/1073
Dossiers de fab. Exécution	Impression		Toutes collaboratrices	N° H/IMP/1175
Dossiers de fab. Extrusion plan Amalgame	Extrusion plan		Marcel Mélodie	N° H/FIL/1037
Dossiers de fab. Coupe Pliage	Coupe pliage	Préciser les tolérances de pliage pour tous les éléments du dossier	Toutes collaboratrices	N° H/COU/1454
Dossiers de fab. soudure	Planning Ivry/ Lyon/Belgique/ Italie		Toutes collaboratrices	
Relance suite mauvais rendement	Commercial	Demander la relance la veille avant 16 heures	Toutes collaboratrices	Support n° H/FAB/501/001
Demande d'approvisionnement	Achats		Toutes collaboratrices	Proc n° H/ACH/509
Demande de stock matière	Fabrication		Toutes collaboratrices	Logiciel HP

Infos sur process de fab. (assurance d'un support technique)	Commercial/ Maquette	Réponse aux questions posées dans les deux heures	Toutes collaboratrices	Dossier technique
Demande de fabrication de films et clichés	Maquette/ Impression		Toutes collaboratrices	Dossier
Négatifs rangés et à disposition pour réalisation des clichés	Impression	Rangement des clichés avec dossier des problèmes de production	Toutes collaboratrices	Pièces identifiées avec éléments
Clichés	Exécution Ivry/ Valentigney/ Lyon/ZAZICO/ Extrusion Fab MNPE		Toutes collaboratrices	
Bons d'expé. YMCO film Magasin N°2	Magasin N°2/commercial		Toutes collaboratrices	Imprimé Avis d'expédition Hors-Standard
Dossier pour expédition	Magasin n°1	Transmettre une copie aux chefs d'ateliers	Toutes collaboratrices	
Prévision des délais pour commandes futures	Commercial		Toutes collaboratrices	Support n° H/ADV/401/002
État des retards en délais confirmés aux clients	Commercial		Alexandre Fanny	Fichier Excel
Décisions de changements et modifs de délais	Commercial	Identifier les commandes des clients qui sont affectées par ces modifications	Toutes collaboratrices	Support n°H/ADV/401/005
Suivi des commandes en fabrication par atelier	Commercial		Toutes collaboratrices	À partir des programmes atelier
Contrôle de faisabilité des commandes Commande du	Commercial		Toutes collaboratrices	

Commercial / Retour commercial si élément manquant				
Planning hebdo des commandes à réaliser dans les ateliers dans la semaine	MNPE/YMCO/Impression	Etablir les plannings par catégorie de produits et par machine	Toutes collaboratrices	Programmes atelier
Demande de délais de réalisation	Valentigney/Lyon/Belgique/Italie	Réponse dans les 24 heures	Toutes collaboratrices	
Etat des productions journalières/Hebdo/mensuelles	Production MNPE/YMCO/Impression / Extrusion Film/Coupe pliage		Mélodie	
Etat des déchets à la semaine et mensuels	Production/MNPE/YMCO/Impression /Extrusion Film/Coupe pliage		Aurélie Robin	Support "déchets atelier semaine"
Réclamations internes aux filiales	Production/MNPE/YMCO/Impression Extrusion Film/Coupe pliage/Qualité		Mélodie	Logiciel Machu
Réclamations fournisseurs	Achats/Qualité	Préciser les coûts induits par les problèmes sur les fiches de réclamation	Toutes collaboratrices	Proc n° H/QUA/205

Confirmation de commandes	Clients/ commercial	Mélodie Véronique	Support de confirmation de commande
Infos sur délais non réalisables	Commercial	Denise	Manifold
Blocage financier	Finances	Toutes collaboratrices	
Commande Interne + FDP + Fiche exécution	YMCO Lyon/ Valentigney	Toutes collaboratrices	
Eléments suite à réclamations	Tous ateliers	Toutes collaboratrices	Tous supports (FDP, Doc impression, fiche atelier …)
Actions d'amélioration suite non-conformité ou observations	Tous services	Toutes collaboratrices	Proc n° H/ADV/400 ou H/FAB/531

Indicateur d'activité :
État des retards
État des productions
Taux emploi ébauche/exécution
Contrôle d'exécution des commandes
Graphique de charges hebdomadaires

Indicateurs de performances :

Contrat d'interfaces méthode/planning

Ce contrat est un exemple qui concerne un processus de réalisation (méthode/planning) qui ne fabrique pas de produit matériel. Les données de sortie principales de ce processus sont des dossiers de fabrication c'est-à-dire des informations destinées aux processus de fabrication (les ateliers).

Sa construction obéit aux mêmes principes que pour le contrat d'interfaces de réalisation précédent.

Les utilisateurs sont aussi à la fois des processus internes et/ou externes. Les attentes identifient les problèmes d'interrelations. Elles sont, ici également, formulées par les processus utilisateurs.

LENNYCO — Contrat d'interfaces

Date création : 09/07/2003

Date mise à jour : Création

Processus : Service Personnel

Propriétaire : Denise

Finalité : Garantir le respect de la législation, garantir le respect des formes et délais des déclarations sociales et de remise de document au personnel.

Données de sortie	Utilisateurs	Attentes utilisateurs	Responsable Qui sait faire ?	Documents attachés
Bulletins de salaire	Tout le personnel		Karine Pierre Elodie	Logiciel ACBC X
Déclaration sociales	Assedic / Urssaf / Retraites		Karine Pierre Elodie (en formation)	Supports officiels fournis par les utilisateurs. Support Internet
Déclaration fiscales	Impôts		Karine Elodie (en formation)	Support officiel Support Internet Support Logiciel ACBC \RH
Dossiers du personnel	Direction du personnel / Directions concernées		Karine Pierre Elodie	Dossier du pers. : CV, contrat affiliation toutes caisses, suivi visite médicale, formations, gestion absences
Bilan social	Direction Générale /Comité de groupe		Marie Odile Danièle	Support officiel suivant obligation légale Logiciel ACBC \RH

Plan de formation	Direction Générale /Comité d'établissement	Brigitte Danièle	Logiciel ACBC\RH
Attestations de stage	Tout le personnel	Brigitte	Supports des organismes extérieurs
Tableaux de bord "effectifs mensuels"	Toutes directions /Inspection du travail	Marie Odile Danièle	Pour inspection du travail : doc. Cerfa Accès : Users2\Drh\Effectif
Comptabilité du personnel (chiffres qui alimentent le bilan)	Comptabilité générale	Karine Pierre Elodie Brigitte	1) Utilisation support papier du Logiciel SA 2) Journal des opérations diverses
Compteur congés payés mensuels	Tout le personnel	Karine Pierre Elodie Brigitte	Logiciel ACBC Support "planning individuel"
Gestion des temps (RTT, CP, absences)	Tout le personnel	Karine Pierre Elodie Danièle	Logiciel DDMO
Indicateur d'activité :		Indicateurs de performances :	

Contrat d'interfaces service personnel

Ce contrat concerne un processus de service (support). Comme la plupart des processus de service, il travaille pour l'ensemble des autres processus.

Il n'y a pas d'attente exprimée car les activités de ce service sont réglementées et routinières ce qui fait que les données de sortie sont livrées dans les temps et sans problème particulier méritant d'être signalé.

La surveillance des activités s'opère sans indicateurs (pas de mesure). Un point est fait régulièrement pour comparer les résultats attendus aux résultats réellement constatés.

Contrat d'interfaces processus de management

Les processus de management sont décrits de manière différente des autres processus. En effet, ce sont essentiellement des règles à appliquer par tout ou partie des autres processus (de réalisation et de support). Les utilisateurs n'expriment pas d'attentes car le propre d'une règle est d'être appliquée. Bien entendu, le contenu de ces processus de management peut être élaboré avec les utilisateurs de manière consensuelle mais lorsque la règle est validée, elle ne doit pas souffrir de dérogation.

Il n'y a pas non plus de colonne concernant les personnes habilitées. C'est la direction (le manager) qui est l'auteur du contenu de ces processus.

Contrat d'interfaces : processus de management		
Processus : Responsabilité de la direction		
Finalité : Garantir le fonctionnement efficace du système de management de la qualité		
Données de sortie :	**Utilisateurs :**	**Doc. Attachés**
Organigrammes hiérarchiques	Tous les processus	
Fiches de fonctions	Tous les processus	
Tableaux de bord	Tous les processus	
Cartographies	Tous les processus	
Contrats d'interfaces	Tous les processus	
Comptes rendus de revues de direction	Tous les processus	
Comptes rendus de réunions de coordination	Tous les processus	
Politique qualité et objectifs	Tous les processus	
Synthèse de l'écoute clients	Tous les processus	
Propriétaire : Robert		

CHAPITRE 5

QUELQUES RÉPONSES CONCRÈTES À DES QUESTIONS SPÉCIFIQUES ET DES SITUATIONS PARTICULIÈRES

L'application de la méthodologie de cartographie par l'aval rencontre parfois des situations particulières qui demandent une réflexion et la mise en œuvre de solutions spécifiques. Dans les pages qui suivent, nous proposons un certains nombre de ces solutions.

QUESTIONS RELATIVES À L'IDENTIFICATION DES DONNÉES DE SORTIE

Y a-t-il une méthode pour identifier les données de sortie d'un processus?

Hélas non. Nous avons l'habitude de considérer notre travail en terme d'activités et non pas en terme de résultats à atteindre. Lorsque nous occupons un emploi nouveau, il nous est expliqué le plus souvent par une description des tâches à effectuer : «Tu fais ceci et après tu fais cela, etc.» Caractériser les activités d'un ensemble de ressources par les résultats obtenus est un exercice inhabituel et nous devons faire un petit effort pour cela. Nous devons donc réfléchir à notre processus comme s'il était une micro entreprise et nous demander ce que cette micro entreprise fabrique. Nous tentons dans ce cas d'établir un catalogue, non pas de nos activités, mais des services que nous proposons à nos clients, lesquels seront nos processus utilisateurs en interne ou les clients en externe. Lorsque les données de sortie sont matérielles ou informatives, cela ne pose pas trop de problème. En revanche, les données de sortie immatérielles sont parfois difficiles à déterminer. Un cas d'école intéressant nous est fourni par les activités des processus de maintenance par exemple. Une donnée de sortie n'est pas «intervention sur machine en panne». Ceci est une activité et pas un résultat. Mais nous pouvons nous poser la question de savoir quel est le résultat d'une intervention de maintenance. Il se matérialisera sous la forme d'une machine remise en état de marche. Nous écrirons donc «machine remise en état» ou bien encore «machine dépannée».

L'utilisateur d'une donnée de sortie doit-il obligatoirement travailler avec et la transformer à son tour en donnée de sortie ?

Non, la notion d'utilisateur est très large. Un utilisateur est un processus qui utilise une donnée de sortie pour travailler avec ou plus simplement il est un processus concerné par la donnée de sortie. A ce titre, il est utile de le faire figurer dans la liste des utilisateurs pour lui demander ses attentes. Le but étant d'améliorer le fonctionnement global de l'organisation, l'avis d'un processus concerné par une donnée de sortie peut être utile pour progresser.

Par exemple dans une fromagerie, un processus «d'affinage» est chargé du fonctionnement d'une centrale de régulation de la température et de l'hygrométrie tout bonnement parce que cette centrale est située dans son territoire. Ce processus est donc responsable des données de sortie de l'activité de ce matériel qui sont la température et l'hygrométrie dans tous les services concernés par ces paramètres (les ateliers de production et les stockages principalement). Ces services sont utilisateurs et doivent, à ce titre, être consultés pour connaître leurs attentes et améliorer le service le cas échéant. Autre exemple, toujours dans la même fromagerie. Le service qualité est utilisateur de l'étiquette qui est disposée sur les fromages parce qu'il est concerné par le contenu qui doit répondre à la réglementation et à d'autres critères de type qualitatifs. Pour cette raison, le service qualité doit être consulté pour connaître ses éventuelles attentes.

Le rangement ou les résultats d'une activité de rangement peut-il être considéré comme une donnée de sortie ?

Cela dépend du processus concerné par cette activité. Par exemple, un stock d'outillages rangés sous la responsabilité d'un atelier de production n'est pas une donnée de sortie pour cet atelier car c'est une règle interne. Par contre, un stock d'outillages rangés sous la responsabilité d'un processus de maintenance pour utilisation par un atelier de production devient une donnée de sortie de ce processus de maintenance.

Les quantités de produits à fabriquer ou les délais de production ou de livraison sont-ils des données de sortie ?

Non. Ce sont des paramètres qui caractérisent des données de sortie. Une quantité en elle-même ne signifie rien si elle ne concerne pas un objet par exemple. Idem pour un délai. Ces informations jouent donc en conséquence un rôle d'indicateur de performance ou d'activité pour des données de sortie considérées comme production principale d'un processus.

Un transport de pièces est-il une donnée de sortie ?

Non, c'est une activité mais dont le résultat peut s'exprimer sous forme d'une donnée de sortie. Celle-ci peut être désignée par exemple par « pièces mises à disposition » ou bien encore « pièces acheminées dans la zone X ».

Faut-il faire figurer dans les contrats d'interfaces les données de sortie de type administratif que l'on trouve dans tous les services ?

Par exemple, les feuilles de relevés d'heures qui sont transmises chaque soir au service du personnel, par exemple les demandes de congés ou ce genre de formulaires qui apparemment ne posent pas beaucoup de problèmes et dont la présence sur les contrats d'interfaces peut en compliquer la présentation.

Il faut les évoquer ne serait-ce qu'une fois car contrairement aux idées reçues, ces documents sont souvent à la source de nombreux problèmes chez les utilisateurs. Ces formulaires ne présentent pas de priorité absolue, ils sont souvent traités quand on a le temps (c'est-à-dire pas souvent) et génèrent de nombreux dysfonctionnements.

Un indicateur est-il une donnée de sortie d'un processus ?

Oui et non.

Oui, si et parce qu'il est le résultat d'une activité du processus en question et qu'il sera utilisé par la direction dans un tableau de bord par exemple. Dans ce cas, comme pour toute donnée de sortie, il convient d'interroger les clients utilisateurs pour savoir si la forme, la fréquence et autres caractéristiques de cette donnée de sortie leur convient ou s'il faut y changer quelque chose.

Non, s'il est seulement utilisé par le pilote du processus pour évaluer l'efficacité des ses activités ou de ses performances.

La question n'est pas essentielle en ce sens que l'indicateur étant identifié et montré dans un contrat d'interfaces, il est inutile qu'il figure à la fois dans la liste des données de sortie et dans la notice «indicateurs» en bas de page de contrats d'interfaces.

Par contre, un indicateur d'activité d'un processus, qui est calculé par un autre processus, sera une donnée de sortie du processus à l'origine du calcul. Par exemple, un COQ (Coût d'Obtention de la Qualité), calculé par le service qualité comme indicateur de performance de la production, sera une donnée de sortie du service qualité et la production en sera un des utilisateurs.

Comment formuler certaines données de sortie résultant d'activités de surveillance ou de veille ?

Rappelons-le, une donnée de sortie est obligatoirement la matérialisation, le résultat de l'activité des ressources d'un processus. Comment peut-on exprimer le résultat d'une activité de veille ? Tout simplement par un état souhaité. Par exemple : «processus en état de fonctionnement» ou «législation du produit respectée» ou bien encore «produit contrôlé conforme». Le cas est plus facile à résoudre lorsque qu'un enregistrement existe et constate l'état. Dans cette situation, la donnée de sortie est le document d'enregistrement.

Une demande peut-elle constituer une donnée de sortie ?

Oui car c'est bien le résultat d'une activité dans un processus. Cette affirmation pourrait se discuter dans la mesure où une donnée de sortie doit être porteuse de valeur ajoutée. Effectivement, la vraie donnée de sortie est celle qui matérialise le fruit d'une réelle activité à valeur ajoutée. Mais nous ne souhaitons pas que le respect absolu des principes soit nuisible à la finalité de notre démarche, autrement dit nous nous accordons le droit de déroger à un principe si cela va dans le sens que nous recherchons c'est-à-dire l'amélioration entre les processus et les fonctions. D'une manière générale, une donnée de sortie est surtout un lien entre deux processus. Le travail sur les interrelations entre les processus (l'amélioration de la communication) ne peut se faire que si les liens entre les processus sont identifiés. C'est pour cette raison que nous nous efforçons d'inventorier toutes les données de sortie. Parce qu'une donnée de sortie, quand elle arrive dans un autre processus, devient obligatoirement une donnée d'entrée et à ce titre elle peut entraîner un dysfonctionnement si elle ne convient pas à l'utilisateur. Ainsi, une demande mal formulée obligera l'utilisateur à revenir vers le fournisseur pour lui demander un complément d'informations (temps perdu) ou plus dommageable, cette demande mal formulée entraînera une mauvaise réponse et donc du temps perdu et des ressources mal utilisées.

Les demandes d'achats par exemple doivent être identifiées comme données de sortie dans tous les processus qui expriment des besoins en fournitures ou en services.

Une procédure peut-elle être une donnée de sortie ?

Une procédure peut s'appliquer soit à un processus particulier pour réguler ou maîtriser une activité interne, soit à un ensemble de processus. Par exemple, une procédure qui définit les modalités de tenue de revues de conception dans un bureau d'études appartient à la première catégorie et une procédure qui définit les règles d'achats dans un organisme qui ne dispose pas d'un service centralisé d'achats appartient à la seconde.

Dans le premier cas, la procédure est interne à un processus. Elle est validée par le pilote du processus. Elle est applicable aux ressources humaines et matérielles du processus. En conséquence, elle ne constitue pas une donnée de sortie.

Dans le second cas, la procédure est applicable dans plusieurs processus concernés par la règle. Elle doit être élaborée et validée par un processus identifié. Pour ce genre de règle, le processus en question ne peut être qu'un processus de management. La procédure d'achat constituera une donnée de sortie d'un des processus de management existant. Il est possible, comme nous l'avons déjà évoqué précédemment, de constituer une boîte spécifique que nous intitulerons par exemple «processus opérationnels de management» dans laquelle nous mettrons les achats, l'hygiène, etc. Ce processus à mettre dans la famille des processus de management sera bien entendu piloté par le dirigeant de l'organisme.

Sous quelle forme se manifestent les données de sortie d'une activité de formation ?

Les données de sortie des activités de formation sont quasiment impossibles à définir si nous n'avons pas pris auparavant la précaution de préciser les objectifs pédagogiques que nous souhaitions atteindre. L'activité de formation est un transfert de savoir, de savoir-faire et de savoir être qui s'applique à de trop nombreuses situations pour pouvoir répondre à des définitions standardisées. Il convient donc par conséquent de définir les résultats de l'activité, par exemple en terme de capacité des personnes formées à faire, à répondre, à se comporter de telle ou telle façon.

Les données de sortie pourront s'exprimer peut-être ainsi :
- Etudiant capable de réaliser une expertise comptable.
- Technicien capable de décider de la faisabilité d'une commande.
- Commercial capable de négocier un contrat.
- Stagiaire capable d'élaborer un tableau Excel d'analyse et de suivi de projet de construction, etc.

Faut-il être précis dans la formulation des données de sortie ?

Oui car ce travail d'identification des données de sortie est nouveau. Il est d'usage dans les organismes de travailler les uns avec les autres sans se poser de question sur ce qui sort d'un processus et sur ce qui entre dans un autre. Lorsque nous identifions les données de sortie, il est nécessaire d'en définir le nom (l'intitulé) avec précision. Il convient que ce nom désigne sans ambiguïté un résultat précis ou une décision claire pour tout le monde. En l'absence de ces précautions, les personnels et les pilotes ne parlent pas le même langage et ne savent plus ce que signifie les données de sortie identifiées sur les contrats.

Par exemple, des commerciaux avaient désigné sous trois vocables différents la même donnée de sortie. L'un d'eux la nommait « délais », un autre « infos sur délais» et un troisième « priorités clients ». Il s'agissait en fait du délai de livraison négocié avec le client et qui était transmis au service planning.

Comment identifier les données de sortie d'une activité collective comme par exemple une réunion ou une décision collective de faisabilité ?

Il faut attribuer la donnée de sortie résultant de cette activité collective à un seul processus, choisi parmi ceux qui participent à l'activité. Ce processus aura le souci de déclencher l'activité, d'établir les comptes rendus le cas échéant. Les données de sortie correspondantes figureront sur son contrat d'interfaces. Il est possible de formaliser ces dispositions dans une procédure qui sera issue d'un processus de management.

Ce genre de question se pose également pour des réalisations collectives de type « étude AMDEC » ou « plans d'expérience ». Comme évoqué précédemment, il suffit d'attribuer l'organisation des études et le résultat à un processus de l'organisation.

Une donnée de sortie peut être une présence à un événement. Par exemple, une représentation dans des instances officielles. Une chambre de commerce et d'industrie se doit de représenter sa compagnie dans de nombreuses séances de délibération. Le processus chargé de cette représentation la fera figurer dans sa liste de données de sortie.

Des données de sortie temporaires doivent-elles figurer sur les contrats d'interfaces ?

Oui, mais il est aussi possible de ne pas les formaliser. Cela dépend du degré de maturité du système de management de la qualité et du niveau d'intégration de la relation client/fournisseur en interne. Si les relations entre les processus sont excellentes et si la mission temporaire est de faibles dimensions, il ne sera pas utile de la formaliser comme donnée de sortie. Il en est de même pour les demandes qui peuvent être faites aux autres processus pour accomplir cette mission. Elles seront formalisées ou non selon l'importance de la mission et la qualité des interrelations entre processus. Par exemple, un processus de collecte de lait a été chargé de faire un film sur cette activité importante pour montrer aux clients la qualité de la matière première. Le pilote connaît parfaitement les producteurs et il a assuré avec la société extérieure, chargée de la prise de vue et de la réalisation, la production de ce document. Cette demande n'a pas été formalisée sur les contrats d'interfaces. Il n'y a pas eu de problème de réalisation.

Une attente d'un processus utilisateur peut-elle devenir une nouvelle donnée de sortie ?

Oui. Il faut rappeler que les attentes, telles que nous suggérons de les formuler dans cette approche, sont des besoins non satisfaits ou des données de sortie qui posent problèmes dans leur utilisation par les processus en aval. Les attentes pourraient d'ailleurs s'intituler «pistes de progrès» par exemple. En conséquence, une attente exprimée au sujet d'une donnée de sortie peut tout à fait devenir à son tour une nouvelle donnée de sortie. Par exemple, un service réception de marchandises compte dans sa liste de données de sortie les produits reçus et mis à disposition des acheteurs. Ceux-ci, à l'occasion d'une revue de processus avec les fournisseurs, expriment le besoin d'être informés immédiatement lors de l'arrivée de la marchandise commandée. Une nouvelle donnée de sortie est donc créée qui s'intitule « information quotidienne de la livraison des marchandises ».

Combien de données de sortie un processus doit-il compter en moyenne ?

Il n'y a pas de réponse standard. Le nombre de données de sortie émises par un processus n'a aucun rapport avec son volume d'activité. Par exemple, un service (un processus) spécialisé dans les pratiques d'audits internes aura quasiment une seule donnée de sortie qui sera le rapport d'audit. Et cependant, ce processus peut faire travailler une vingtaine d'auditeurs. L'expérience montre que le nombre de données de sortie spécifiques d'un processus ne dépasse que rarement une vingtaine d'unités. Ce nombre peut être augmenté par les divers formulaires ou demandes de type administratif (demandes de congé, etc.) qui se retrouvent dans tous les processus. Si ces données de sortie de type administratif sont trop nombreuses et encombrent les contrats d'interfaces, il conviendra d'en faire une liste à part que chaque processus ajoutera en annexe à son contrat d'interfaces.

Comment savoir exactement qui est client et qui est fournisseur dans une transaction ?

Le principe de client/fournisseur semble parfois complexe à appréhender car, dans une transaction, chacun peut avoir besoin d'éléments en provenance de l'autre. Dans notre organisme, cette relation se simplifie à l'extrême en adoptant la règle suivante :

- Lorsque toutes les données de sortie ont été identifiées, il suffit de considérer que pour chacune d'entre elles, le processus qui en est à l'origine est le fournisseur et celui qui la reçoit est l'utilisateur (le client). Il ne faut pas réfléchir à partir de la transaction globale car cela est parfois compliqué. Par exemple, un processus commercial demande à un processus informatique de lui développer une nouvelle application. Que cette demande soit orale ou écrite, elle constitue une donnée de sortie du processus commercial. Le processus informatique doit la prendre en considération. Mais le processus informatique souhaite un cahier des charges détaillé pour réaliser un travail efficace. Dans ce cas, il est possible de considérer cette demande comme une donnée de sortie du processus informatique. Pour ce cas précis, il est recommandé de formaliser cette façon de faire d'une manière plus générale sur le contrat d'interfaces. Ainsi, dans les contrats d'interfaces des processus de réalisation et de service, nous trouverons entre autres données de sortie, des demandes d'intervention auprès du processus informatique. Si ces demandes posent problèmes, il y a tout lieu de penser que, dans la colonne «attentes des utilisateurs», nous trouverons une demande de cahier des charges détaillé de la part du processus informatique. Et enfin, nous trouverons aussi dans les données de sortie du processus informatique, une rubrique «développements sur demandes des utilisateurs».

Autre exemple, dans une relation entre deux processus qui sont «logistique» et «production», nous pourrions trouver «demande de consommables» comme donnée de sortie du processus de production et «fourniture de consommables» comme donnée de sortie du processus de logistique.

Un dossier complet regroupant plusieurs documents différents peut-il être considéré comme une seule donnée de sortie ?

Oui. Cela peut simplifier la présentation d'un contrat d'interfaces. Par contre, cette façon de faire demande que l'ensemble des documents du dossier en question parte chez les divers utilisateurs au même moment. Par exemple, et *a contrario*, le bureau d'étude d'une entreprise a regroupé les informations relatives à la conception d'un nouveau produit dans un seul document. Celui-ci est donc une donnée de sortie et il est transmis à d'autres processus en fin de conception. Mais, il se trouve qu'un processus particulier (pour faire des essais) a besoin d'une copie des informations contenues sur la première page de ce dossier dans les premiers jours qui suivent le lancement d'un nouveau projet. Dans ce cas précis, cette copie doit être identifiée comme une donnée de sortie particulière et figurer à part dans la liste des données de sortie, avec mention de son utilisateur spécifique.

QUESTIONS RELATIVES AUX ATTENTES DES UTILISATEURS

Doit-on faire figurer le client externe parmi les utilisateurs de données de sortie dans un contrat d'interfaces?

Oui, bien que les contrats d'interfaces soient essentiellement destinés à améliorer les relations internes entre les processus et les fonctions de l'entreprise, il est avantageux de préciser en regard de chaque donnée de sortie, dans la liste des utilisateurs, si le client en fait partie. Cela signifie que la donnée de sortie en question est un lien direct entre l'organisme et le client externe, via le processus en question. Cela permet, par analyse des données de sortie de tous les processus, d'identifier l'ensemble des liens qui unissent les clients et l'organisme. Cette connaissance est utile lorsque nous souhaitons évaluer le niveau de satisfaction de nos clients. Celui-ci dépend bien évidemment de la qualité de chacune des données de sortie directement perçue par le client.

Données de sortie	Utilisateurs	Attentes	Habilitations, etc.
Facture	Clients/Compta		

La colonne des attentes ne sera pas renseignée pour ce qui concerne le client puisque cela est réalisé à une autre étape, très certainement avec une autre méthode, lors d'une enquête de satisfaction clients par exemple ou de toute autre technique d'évaluation de la satisfaction. Pour la préparation de l'enquête, il sera alors très utile de connaître toutes les données de sortie qui vont chez le client.

Dans la colonne «attentes utilisateurs», doit-on faire figurer tout ce que les utilisateurs souhaitent ?

Il y a deux réponses possibles.

- Soit, le pilote du processus note uniquement les attentes non satis-faites. Par exemple, si un dossier arrive souvent au dernier moment, le fournisseur interrogé demande une date au plus tard de remise du dossier. Cette demande figure alors dans la colonne « attente fournisseur». Si de manière générale, les dossiers arrivent dans des délais raisonnables, aucune attente n'est alors à signaler. Cette façon de faire permet de simplifier les contrats d'interfaces et de les utiliser à des fins d'amélioration seulement, ce qui est leur finalité essen-tielle. Il conviendra alors que les propriétaires de processus fournis-seurs élaborent par la suite des plans d'actions d'amélioration pour répondre aux attentes exprimées par les fournisseurs et améliorer ainsi régulièrement leurs données de sortie et aider leurs utilisateurs à travailler plus efficacement.

- Soit le pilote du processus note toutes les dispositions qu'il doit prendre pour fabriquer les données de sortie. Cette colonne «attentes fournisseur» joue alors le rôle de procédure ou d'instruction écrite. Elle précise les bonnes pratiques de travail interne du processus four-nisseur pour chacune des données de sortie fabriquées. Cette façon de faire entraîne un formalisme conséquent et mélange les données de sortie (le QUOI) avec les méthodes de travail (le COMMENT). Outre que cela complique les contrats d'interfaces, tout changement de pratique de travail demandera une mise à jour du contrat d'inter-faces et donc compliquera la gestion documentaire.

Personnellement, je préfère la première solution. Les pratiques de travail des processus sont alors dissociées des contrats d'interfaces et formalisées dans des procédures distinctes.

Peut-on refuser ou négocier les attentes des utilisateurs?

En principe non car toute l'organisation est basée sur le principe de la satis-faction aux exigences des clients externes et à celles des clients (utilisa-teurs) internes puisque c'est par la chaîne de déclencheurs/déclenchés que se transmet la voix du client externe. En conséquence, satisfaire les attentes des clients internes permet au bout du compte de satisfaire les clients externes. Cependant, comme toute règle, celle-ci peut accepter des excep-tions. Les discussions entre propriétaires de processus se font de toute bonne foi et la négociation est bien entendu possible et même souhaitée. Il peut être intéressant par exemple, que le client justifie sa demande en expliquant les économies ou l'intérêt qu'il trouvera si ses attentes sont satisfaites par son fournisseur. Il faut que l'action d'amélioration qui sera engagée par le fournisseur apporte un progrès pour l'organisation globale. Si cette demande oblige le fournisseur à un effort ou à une plus grande activité, encore faut-il qu'un bénéfice soit généré chez l'utilisateur.

Par exemple, dans un contrat d'interfaces entre la logistique et la production, la logistique étant dans ce cas le fournisseur, la production attend que les OF (Ordres de Fabrication) ne soient pas coupés en permanence en deux ou trois lots séparés. La logistique essaie de discuter cette attente en expliquant que ces scissions de lots se font pour répondre à des urgences souhaitées par des clients. C'est donc pour la satisfaction des clients que la logistique opère ainsi.

La réponse à trouver sera un compromis. On peut accepter des urgences lorsque cela reste une exception vraiment exceptionnelle. Tout le monde sait que les urgences perturbent les livraisons et risquent de mécontenter d'autres clients. Car dans le cas contraire, non seulement la production perdra en efficacité mais les retards de livraison risquent d'empirer et de générer une baisse du niveau de satisfaction global des clients.

Pour résumer, il est possible de négocier pour une période proche car il est souvent difficile de changer les pratiques trop brutalement mais le fournisseur s'engagera dans un plan d'actions progressif pour, *in fine*, satisfaire pleinement aux attentes exprimées par ses utilisateurs. Par exemple, dans le cas ci-dessus, la logistique s'engage sur un nombre de scissions de lots maximum (comme deux par jour ou par semaine) avec des objectifs de réduction sur six mois. Par exemple, deux scissions de lots par semaine dans les trois prochains mois, puis un seul par semaine dans les trois mois suivants puis aucune scission après six mois.

Histoire vraie

Dans une entreprise du secteur de la chimie, un processus «technique produit» décide des spécifications techniques des produits fabriqués. Ce sont des produits propres à l'entreprise. Il définit entre autres les tolérances de fabrication. Un de ses processus utilisateurs est la production et, à l'occasion d'une revue de processus, celle-ci demande à son fournisseur d'élargir les tolérances afin qu'elle puisse réduire les quantités de produits hors normes et améliorer ainsi ses performances. Cette demande est bien évidemment inacceptable par le fournisseur. Elle est contraire à la politique qualité de l'entreprise qui souhaite améliorer la qualité des produits fabriqués. Dans une situation de ce genre, en cas de refus d'un fournisseur, celui-ci pourra argumenter sa décision sur l'examen de la politique qualité et sur les principes du management de la qualité qui reposent en général sur la satisfaction du client.

Les utilisateurs des données de sortie peuvent-ils être d'autres entités que des processus de réalisation ou de support (service)?

Oui. Il peut y avoir la hiérarchie qui n'est pas pilote de processus. Un chef de service sera en principe pilote (ou propriétaire de son processus) et, de ce fait, exprimera les attentes de son processus à ses fournisseurs. Mais un directeur technique qui n'a pas de rôle de pilote peut être à l'origine d'une demande (un rapport ou une étude par exemple) et donc peut être utilisateur de la donnée de sortie demandée.

Dans un autre ordre d'idées, un groupe de travail ou d'étude peut être demandeur et/ou utilisateur de données de sortie. Par exemple, un compte rendu de réunion de lancement d'un nouveau produit peut intéresser un groupe de réflexion constitué sur un thème relatif à la conception et au développement de nouveaux produits. Dans le contrat d'interfaces, il conviendra alors de noter l'identité de l'utilisateur, par exemple GPI (Groupe Progrès Imprimerie) et il conviendra ensuite de demander les attentes éventuelles au pilote de ce groupe quant à la donnée de sortie dont il est utilisateur.

Comment procéder quand les attentes d'un processus utilisateur ne peuvent être satisfaites uniquement par le processus fournisseur ?

Autrement dit quand le processus fournisseur dépend lui-même des informations ou des éléments qui lui sont transmis par ses propres fournisseurs.

Ce cas est fréquent et il constitue un des intérêts de la démarche par l'aval et du principe de relation client/fournisseur en interne. En effet, tous les processus sont reliés dans une chaîne d'activités qui part du client et qui va au client. La réponse aux attentes d'un processus utilisateur doit parfois générer une attente exprimée par le fournisseur à son propre fournisseur. Par exemple, la liste des produits à expédier le lendemain est communiquée chaque début d'après-midi au magasin chargé des expéditions. Celui-ci, dans le contrat d'interfaces de son fournisseur, exprime le besoin de disposer de cette liste l'avant-veille au soir. La satisfaction à cette attente lui permettrait d'avoir le temps de préparer les colis et d'étaler le chargement des camions. Le gain de temps et d'argent est évident. Le processus fournisseur est «l'administration des expéditions» qui, dans un premier temps, répond qu'elle ne peut pas car elle dépend elle-même de la production qui ne l'informe des expéditions qu'en fin de matinée. Ce processus d'administration des expéditions doit donc à son tour exprimer ses attentes et demander à ce que la production anticipe d'une journée son programme de fabrication. Il est clair que cette demande est raisonnable car dans ce cas, la production montre une mauvaise organisation en n'étant pas capable de prévoir la veille ce qui sera produit le lendemain. Un effort est manifestement à faire dans ce domaine. Bien entendu, ce cas est très fréquent et il faut que la direction fasse pression pour que les attentes exprimées trouvent un écho chez les processus fournisseurs et que des actions d'amélioration soient réellement mises en œuvre.

Doit-on répondre obligatoirement à une attente d'un processus client ?

Non. L'expression des attentes des clients permet à chaque processus fournisseur d'identifier des pistes d'amélioration et d'engager des actions en ce sens. Le mieux est souvent l'ennemi du bien, entend-on dire souvent. En l'occurrence, ce proverbe conserve tout son bon sens. Il est possible, lorsque les attentes ont été exprimées, de les classer par ordre d'importance et de faire un choix parmi celles qui sont faciles à satisfaire, ou celles qui sont urgentes ou bien encore celles qui apporteront une amélioration conséquente des pratiques du client. Il est surtout important que chaque processus s'engage dans des actions et que la relation client/fournisseur s'améliore en permanence grâce à l'écoute des attentes et à une réponse à quelques unes d'entre elles de manière continue. Le progrès est souvent plus efficace s'il est permanent et régulier que s'il est discontinu.

Sur les contrats d'interfaces, le fournisseur peut par exemple classer les attentes exprimées par ordre décroissant d'importance et surligner de fluo les trois premières demandes auxquelles il s'engage à répondre.

QUESTIONS RELATIVES À L'IDENTIFICATION DES PROCESSUS

La direction d'un organisme constitue-t-elle un processus de management ?

Le ou plutôt les processus de management n'ont pas une forme ou une expression définie. Les processus de management sont les règles et les principes qui sont édictés pour piloter et maîtriser un organisme et lui donner un avenir viable. Il serait possible de considérer que toutes les règles sont regroupées dans un seul processus et que celui-ci serait effectivement, dans ce cas, le processus de la direction. Mais il est possible également de faire plusieurs familles de processus et chaque famille sera considérée comme un processus de management et le pilote désigné sera le dirigeant en personne. Comme nous l'avons montré dans le chapitre consacré aux processus de management, une pratique simple est de classer les processus en familles conformes aux chapitres de la norme ISO 9001. Nous aurons ainsi par exemple une famille processus de management « responsabilité de la direction », qui correspond au chapitre cinq et une autre « amélioration », qui correspond au chapitre huit.

Le processus qualité est-il un processus et dans quelle catégorie peut-on le classer ?

Dans notre approche, le service qualité est bien entendu un processus puisqu'il occupe une place sur l'organigramme. Nous le classons dans la famille « processus de service » ou « processus support » selon l'appellation que l'on a choisie. Cependant, il arrive que des données de sortie de ce processus qualité soient redondantes avec celles de processus de management, en particulier le processus relatif à l'amélioration continue. Par exemple, les rapports d'audit sont souvent positionnés comme des données de sortie du processus qualité. Or, selon notre principe d'élaboration des processus de management, les rapports d'audit devraient figurer dans le processus «amélioration». Le problème n'est pas bien grave. Si dans un organisme, la direction a délégué l'amélioration au processus qualité, le processus de management disparaît au bénéfice de celui de la qualité. Il est possible au demeurant de conserver les deux à condition que les données de sortie soient partagées entre chacun d'eux et qu'il n'y ait pas la même donnée de sortie dans les deux processus.

Une procédure peut-elle être confondue avec un processus ?

Absolument pas ! Ce n'est pas du tout la même chose et il convient simplement de se reporter aux définitions normalisées pour distinguer la différence. Un processus est : «un ensemble de ressources et d'activités liées qui transforme des éléments entrants en éléments sortants». Il s'agit d'un assortiment, d'une association de ressources (des personnes et du matériel) qui travaillent et qui produisent quelque chose. Une procédure décrit une activité. Une procédure est donc une méthode de travail mise en œuvre par un processus (des ressources) dans le cadre de la transformation des données d'entrée en données de sortie. Une procédure n'est pas un ensemble de ressources et un processus n'est pas une pratique de travail. Ces deux définitions doivent absolument être claires dans tous les esprits afin qu'aucune confusion ne soit possible.

Quels processus peut-on classer dans la catégorie «processus clef» ou «processus majeur» ?

Dans le référentiel ISO 9001, la norme demande d'identifier les processus «…nécessaires au système de management de la qualité…» et, pour ces processus, de mettre en place une organisation destinée à les maîtriser. Il n'est pas question, au regard de la norme, d'identifier tous les processus mais seulement ceux qui sont considérés comme importants pour l'organisation. C'est ce choix qui rend l'approche processus classique (transversale) difficile car rien ne nous aide à déterminer cette notion d'importance. En ce qui concerne les activités de réalisation ou de support, nous pouvons sans nous tromper beaucoup, ranger les processus de production dans cette catégorie. Les activités liées à la réalisation du service sont, par essence même, très importantes. Ensuite, cela dépend un peu de la politique qualité et des choix stratégiques de développement de l'organisme. Si par exemple, celui-ci s'appuie sur la compétence de ses personnels, la gestion des ressources humaines devient bien évidemment un processus majeur. Si l'innovation est un élément fort de développement, alors la conception devient un processus majeur. Si la maîtrise des délais et la réactivité conditionnent fortement la satisfaction des clients, alors la logistique devient un processus majeur. Il n'y a pas de règle préétablie pour faire ce choix et opérer ce classement. Nous pouvons aussi sans nous tromper considérer les activité liées au management de la qualité comme un processus majeur également.

En ce qui concerne les processus de management, nous devons y ranger l'amélioration et la gestion du système de management de la qualité. Le référentiel ISO considère aussi que la communication est un processus et à ce titre elle doit figurer quelque part dans l'inventaire de nos processus majeurs.

Une activité comme l'intelligence économique est-elle un processus ?

Si l'organisme la pratique comme une nécessité, alors elle est effective-ment un processus. Les règles et méthodes qui permettent de l'organiser et de la maîtriser doivent être définies. Auparavant, les données de sortie (ce que l'on attend en terme de résultats) seront identifiées. Par exemple, des rapports, des messages, des publications, etc.

L'intelligence économique concerne *a priori* plusieurs processus et sera certainement un processus de type «management». Mais il est possible, dans un organisme de grande taille, de mettre en place un service IE et, en conséquence, de disposer d'un processus de type «support» avec des ressources spécialement affectées à ces activités de veille.

Un processus est-il toujours une fonction ou un service de l'organigramme ?

Non. Dans la plupart des cas, avec notre approche par l'aval, il est vrai que le découpage en fonctions correspond au découpage en processus. Comme nous l'avons évoqué auparavant, cette convention a l'immense avantage de couvrir toutes les activités de l'organisme, de respecter le principe de responsabilité des ressources des pilotes de processus et de simplifier l'inventaire des processus (il est déjà établi par l'organigramme). Mais il se peut que des processus apparaissent sans que cela soit déjà visible dans l'organigramme. Par exemple dans les petites structures de type TPE (Très Petites Entreprises), les responsables ont, comme on dit, plusieurs casquettes. Ils assurent à la fois le commercial, la technique et les achats par exemple. Dans ce cas, il est possible d'établir une cartographie de prin-cipe qui fait apparaître toutes les fonctions, y compris celles qui sont mana-gées par les mêmes personnes. Un autre cas de figure peut également apparaître lorsque des fonctions sont partagées. C'est le cas des achats que nous avons déjà évoqués. Plusieurs services sont habilités à acheter. Dans un organisme de formation ou de conseil, plusieurs personnes appartenant à des services différents sont habilitées à vendre. Dans ce cas, il est possible de faire figurer ces processus soit comme un processus de réalisation, soit comme un processus de management.

En théorie, ce qui caractérise un processus est sa finalité. Nous identifions d'abord un besoin, une finalité à atteindre, une raison d'être et ensuite nous identifions ou nous attribuons des ressources pour que cette finalité soit assurée. Ces ressources peuvent être spécifiques à un processus ou partagées entre plusieurs. Par exemple, une réflexion sur la nécessité, pour un organisme de développer des nouveaux produits ou des produits qui lui sont propres, est une réflexion stratégique qui décide de la nécessité d'innover. Si cette décision est entérinée, l'organisme se préoccupe ensuite d'affecter les ressources nécessaires à mettre en œuvre les activités qui lui permettront d'atteindre les buts souhaités.

Le secrétariat est-il un processus ?

Cela dépend des activités qui sont réalisées par cette fonction ou ce service. Bien entendu, la question se pose uniquement dans le cas où cette activité est regroupée au sein d'un service. Lorsque le secrétariat se compose d'une ou deux personnes dans un service commercial par exemple, il n'y a pas de processus spécifique. Dans le premier cas, les activités de secrétariat sont bien souvent très diverses. L'on confie à ce service des tâches de facturation, de mise au propre de devis, de recherche documentaire, etc. qui n'ont souvent en commun que le fait qu'elles soient réalisées par des personnes éminemment polyvalentes et débrouillardes. La finalité de telles activités diversifiées n'est pas facile à définir et, en conséquence, un processus de secrétariat est difficile à positionner sur une cartographie. La solution la plus simple est de considérer qu'il n'existe pas en tant que tel et que ses ressources sont affectées provisoirement aux processus pour lesquels ce service de secrétariat travaille. C'est un exemple qui montre que, parfois, il y a des différences entre organigramme hiérarchique et cartographie générale des processus.

Histoire vraie

Un processus «laboratoire» d'un centre technique établit un rapport d'analyse. Ce rapport est enregistré sur une base de données par le personnel du laboratoire. Deux à trois fois par jour, un autre processus (administratif) édite les rapports à l'usage des clients. Les retards d'édition ne posaient pas de problème au laboratoire puisque celui-ci n'était pas responsable de cette tâche. De son coté, le processus administratif avait beaucoup d'autres activités de type «secrétariat», comme évoqué au paragraphe précédent. Cette situation n'étant pas satisfaisante pour les clients, la question s'est donc posée sur la valeur ajoutée de l'administratif. Il n'y en avait pas, la mise au propre n'étant pas réellement considérée comme telle. Il a donc été décidé que le travail de mise au propre devenait une activité du processus «laboratoire» même si la personne qui réalisait cette tâche appartenait au service administratif. Il a été considéré que cette ressource était allouée provisoirement au laboratoire. Ainsi, le rapport édité devenait une donnée de sortie du laboratoire et celui-ci prenait donc la responsabilité de sa diffusion et des retards éventuels.

A quels processus attribuer des données de sortie issues de bases de données informatiques ?

Voir plus loin réponse concernant les systèmes ERP

Y a-t-il un nombre de processus maximum à ne pas dépasser ?

Nous entendons parfois, à l'occasion d'audits tierce partie par exemple, des auditeurs qui affirment que le nombre de processus identifiés dans l'entreprise est trop élevé et qu'il convient de simplifier l'organisation en réduisant ce nombre à trois ou quatre seulement. Leur intention est certes louable, mais je pense qu'il existe des pistes de simplification plus pertinentes et plus intelligentes. Le nombre de processus ne se décrète pas de façon péremptoire. Il dépend de l'organisme, de sa taille, de la nature de ses prestations, etc. Cette remarque est aussi appropriée que si elle concernait par exemple un parc conséquent d'appareils de mesure et que le même auditeur s'exclame qu'il y en a trop et qu'il faut en réduire le nombre pour simplifier l'organisation. Le nombre d'appareils de mesure est ce qu'il doit être, comme le nombre de processus. Si nous souhaitons améliorer les interrelations entre toutes les fonctions (processus) de l'organisme nous devons prendre en considération l'ensemble des sous-systèmes qui composent l'organisation.

Peut-on regrouper des processus pour en réduire le nombre et disposer d'une cartographie plus claire ?

C'est possible quand des processus ont des finalités très proches et quand les pilotes sont les mêmes personnes (dans les TPE par exemple). Si les pilotes sont des personnes différentes, il vaut mieux conserver l'identification de processus distincts. L'approche processus et les contrats d'interfaces ont pour but d'améliorer les interrelations entre les fonctions. Si nous les groupons inconsidérément, nous pouvons ignorer de réels problèmes de communication et passer à côté de pistes intéressantes d'amélioration. Si nous groupons des processus qui ont des finalités différentes, il sera difficile d'en tirer une raison d'être pertinente et cohérente. Par exemple, il est logique de trouver chez des commerçants et chez des artisans des bouchers/charcutiers ou des boulangers/pâtissiers mais il est moins courant de rencontrer des cordonniers/charcutiers ou des restaurateurs/maçons.

Un processus externe (sous-traitant par exemple) doit-il figurer sur la cartographie générale?

A priori ce n'est pas utile. Nous pouvons cependant indiquer les sous-traitants sur la cartographie en les positionnant à l'extérieur du périmètre comme nous l'avons fait sur certains schémas montrés précédemment. Si le sous-traitant fait partie d'une chaîne de processus, il toujours possible également de le faire figurer dans le périmètre avec un symbole graphique (couleur) montrant qu'il n'appartient pas à l'organisme.

Est-il possible de procéder à la création d'un nouveau processus ?

Oui. La procédure (la manière de faire) n'est pas compliquée. Il suffit d'abord d'identifier la finalité du processus, puis d'identifier les données de sortie attendues et enfin d'identifier les utilisateurs. En toute logique, nous devrions commencer par là car un processus ne peut être créé que pour répondre à une demande ou à des besoins identifiés. Ce genre d'exercice est intéressant car il montre concrètement ce qui doit être produit (la valeur ajoutée) d'un processus. Cela peut éviter de créer des entités qui ne servent pas à grand-chose. Dans une entreprise, il a été décidé de créer un processus «satisfaction client» à la suite d'une démarche de mise en œuvre d'un système de management de la qualité ISO 9001. Il a fallu d'abord savoir qui serait utilisateurs des informations relatives à la satisfaction des clients et ce que ces processus en feraient (quelles actions conduiraient-ils ?). Puis il a fallu préciser sous quelle forme ces informations sortiraient de ce nouveau processus.

Un processus peut-il être toujours client d'un autre processus ?

Non, la relation client/fournisseur en interne ne définit pas la relation d'un processus par rapport à un autre processus de manière globale ou absolue. La relation client/fournisseur en interne ne se conçoit que pour une donnée de sortie déterminée. Un processus peut être fournisseur pour une relation et client pour une autre. C'est pour cette raison que les systèmes de relation client/fournisseur en interne qui essaient d'être mis en œuvre de façon globale dans une organisation ne marchent pas très bien car tout le monde est à la fois client et fournisseur de tout le monde ce qui fait que la relation ne change pas.

Par exemple, la maintenance n'est pas le fournisseur de la production ni l'inverse. Le cahier des charges est fourni par la production (fournisseur) à la maintenance (client) et l'intervention est du ressort de la maintenance (fournisseur) pour la production (client).

QUESTIONS RELATIVES AUX INTERRELATIONS ENTRE LES PROCESSUS

Une procédure interne à un processus peut-elle demander une action à un autre processus ?

Il faut éviter cette situation. Par exemple, nous pourrions envisager qu'une procédure de revue de projet, élaborée par un bureau d'études, demande au service qualité de faire un rapport d'échantillons initiaux ou demande à la production de réaliser des prototypes, etc. Cette situation est un cas classique des anciennes procédures des systèmes d'assurance qualité ou des anciens systèmes de management. Lorsqu'un processus élabore une procédure, il doit limiter les champs de cette procédure à ses ressources internes et ne doit en aucun cas impliquer d'autre processus. L'implication des autres processus se fera par le biais de demandes formulées comme des données de sortie de ce processus et adressées aux processus concernés. Dans l'exemple évoqué ci-dessus, le bureau d'étude adressera au service qualité une demande d'échantillons initiaux, cette demande étant formalisée ou non. Ce même bureau adressera à la production une demande de prototype. Cette demande se fera soit au coup par coup, soit sera intégrée dans un planning.

Seules les procédures générales considérées comme des règles de management, et donc issues des processus de management (élaborées par l'équipe dirigeante), peuvent concerner plusieurs processus. Elles sont, comme dans le cas évoqué pour les achats dans le paragraphe précédent, des données de sortie de ces processus de management.

Faut-il supprimer les logigrammes qui montrent les processus transversaux et qui sont bien utiles pour faire comprendre la mécanique de l'entreprise aux nouveaux embauchés ?

Nous avons expliqué qu'il est illusoire de vouloir représenter sur un seul et même document le fonctionnement complet d'un processus transversal en raison des changements fréquents qui affectent de plus en plus les activités de nos organismes et qui de ce fait obligent à des mises à jour permanentes de ces documents (qui sont des procédures générales de fonctionnement). Il s'ensuit généralement que ces documents ne sont pas représentatifs de la réalité (ils ont toujours une mise à jour de retard) ou bien qu'ils demandent des ressources importantes pour la mise à jour (travail sans aucune valeur ajoutée). Dans tous les cas, ces représentations de processus transverses n'apportent rien en terme d'efficacité aux organismes qui pratiquent ce type de cartographie.

Par contre, il est vrai que la lecture de ces documents apporte (quand ils ne sont pas trop complexes) un éclairage sur le fonctionnement de l'organisme. Il est donc possible de les conserver mais comme une information sans valeur de procédure. Il convient de rappeler qu'une procédure doit être comme une recette de cuisine ou comme un règlement, c'est-à-dire une loi absolue que nous devons appliquer et respecter sous peine de problèmes graves. Si une procédure dit que nous devons procéder à la stérilisation du matériel chirurgical avant toute opération, il n'est pas admissible de passer outre cette recommandation. Ce principe est donc valable pour toutes procédures (avec des niveaux de risques différents). Aujourd'hui, nous avons pris l'habitude d'avoir des procédures qui ne sont pas respectées parce qu'elles ne sont pas à jour sans que cela ne nous dérange outre mesure. Ce n'est absolument pas normal. Il vaut mieux réduire le nombre de procédures et le limiter à celles qui sont absolument nécessaires et faire en sorte que ces procédures soient strictement respectées.

Pour en revenir aux descriptifs de processus transverses (logigrammes ou procédures générales), ils peuvent être déclarés purement informatifs. Ils peuvent jouer le même rôle qu'une vidéo de présentation d'un organisme par exemple, dans laquelle une erreur n'a pas d'importance. Si cette vidéo précise que notre effectif est de cent trois personnes et que, depuis sa création, nous sommes passés à cent dix personnes, cela ne nuit en rien à la compréhension du spectateur qui s'informe de nos activités.

Un processus peut-il être caractérisé par plusieurs contrats d'interfaces ?

Oui, cela peut arriver bien que ce soit assez rare. Par exemple, dans une école privée, la direction à mis en place un processus nouveau qu'elle a intitulé « développeurs ». Ce processus compte dix personnes, tous responsables de projets pédagogiques divers et qui correspondent à des formations en alternances diverses comme par exemple dans l'immobilier, dans le commercial ou dans l'assistanat de direction. Ce processus est unique sur la cartographie générale car le principe de fonctionnement d'un développeur (sa finalité, sa mission, ses indicateurs, etc.) est unique mais chaque développeur dispose de son propre contrat car ses données de sortie sont parfois différentes selon que son projet de formation concerne l'immobilier ou le commercial. Les utilisateurs peuvent être également différents d'un type de formation à un autre.

Dans un atelier de fabrication, doit-on distinguer les différents types de produits fabriqués comme autant de données de sortie à préciser dans le contrat d'interfaces ?

Cela dépend de la complexité et des diverses typologies de produits qui peuvent être fabriqués dans un atelier. La solution la plus simple consiste à identifier une seule donnée de sortie qui sera intitulée « pièce fabriquée » ou « produit fabriqué », sans distinguer le type de pièce ou de produit. Cela présente l'inconvénient de ne pas pouvoir remplir la colonne « qui sait faire ? » car la compétence dépend souvent de la complexité des produits fabriqués et plusieurs niveaux de compétences sont parfois nécessaires pour produire toutes les catégories de prestations d'un atelier. Si cette solution est choisie, il conviendra de compléter les contrats d'interfaces par des matrices de compétences qui identifient ces niveaux de compétences par catégorie de produits ou de pièces fabriqués. Je préfère cette seconde solution afin de ne pas alourdir les contrats d'interfaces. Nous les utilisons parce qu'ils sont pratiques pour identifier en même temps les compétences et les habilitations mais cela n'est pas leur rôle principal (qui demeure l'amélioration des interrelations). Lorsque ces éléments annexes deviennent trop importants et encombrent les contrats d'interfaces, il faut les traiter à part dans des documents séparés et spécifiques.

Un processus de service (support) est-il toujours déclenché par un processus d'opération (réalisation) ?

Non. Pour la plupart d'entre eux, la théorie voudrait que cela soit vrai. Par exemple, un processus «informatique» intervient sur demande d'un utilisateur. Un processus qualité intervient sur demande d'un utilisateur qui souhaite mettre en place une technique de résolution de problème. Dans la réalité, il y a plusieurs autres types de relations. D'abord parce que les processus ne fonctionnent pas encore systématiquement avec un mode de relation client/fournisseur en interne et qu'ils réalisent des tâches qui ne sont pas demandées par les processus de réalisation. Ensuite, et c'est un cas plus normal, parce que les interventions des processus de service sont assujetties à des règles de management décidées par les directions. Par exemple, un processus de contrôle de gestion ou administratif interviendra sans que cela soit demandé par un processus de réalisation. Sur la cartographie générale, il est difficile de montrer ces subtilités et de ce fait, il est plus simple de préciser que tous les processus de services sont déclenchés par ceux de réalisation. Cette cartographie ne peut, je le répète, prendre en considération tous les cas de figures possibles et imaginables. Ce n'est pas important car le détail des vraies relations sera réellement déterminé dans les contrats d'interfaces.

Peut-on faire plus de contrats d'interfaces que de processus identifiés sur la cartographie générale ?

Oui. Il faut qu'il y ait au moins le même nombre de contrats d'interfaces que de processus mais il peut y avoir plus de contrats d'interfaces que de processus. Nous avons déjà évoqué un cas où cette situation apparaît, celui du travail en plusieurs équipes ou celui du processus «développeurs» dans l'école privée. Il est d'autres cas qui abondent dans ce sens. Par exemple, dans le cas ou un processus de production se découpe en plusieurs ateliers (sous-processus) qu'il est difficile d'ordonner selon une relation déclencheur/déclenché car tous travaillent indifféremment les uns avec les autres dans n'importe quel ordre. Dans ce cas, il peut être plus simple de ne faire figurer sur la cartographie générale que le processus principal (la production) et de faire autant de contrats d'interfaces qu'il y a de sous-processus dans ce processus principal.

Le service qualité est-il responsable de la mise à jour des contrats d'interfaces ?

Non, sauf du sien. Les contrats d'interfaces sont en quelque sorte les catalogues des processus et doivent être mis à jour régulièrement au fur et à mesure que des demandes nouvelles sont souhaitées par des utilisateurs. Chaque pilote a donc la charge de cette mise à jour. Les documents peuvent être audités lors des audits de processus.

La cartographie doit-elle montrer toutes les relations entre tous les processus ?

Non, cela est rigoureusement impossible car le nombre d'interrelations entre processus est quasiment infini. Une cartographie qui aurait cette ambition serait illisible. Dans notre approche, la cartographie ne propose qu'un type de relation, celui de déclencheur à déclenché. C'est une convention qui met l'accent sur l'importance des liens entre processus et qui signale de manière plutôt symbolique le caractère particulier de cette relation privilégiée. Il convient d'expliquer que les interrelations seront précisées sur les contrats d'interfaces.

Comment établir la cohérence et la correspondance entre données d'entrée et données de sortie ?

Cette correspondance n'est assurée que si la liste des processus est finie (exhaustive) ce qui n'est pas le cas de nombreuses approches dites «transversales». En effet, dans ces derniers cas, comme nous sélectionnons les processus «clefs», il se peut que certaines données de sortie ne trouvent pas de processus utilisateurs dans la liste proposée. À l'inverse, il est possible que des données d'entrée n'aient pas de parents identifiés (celui-ci ne figure pas dans la liste établie) et qu'elles soient oubliées.

Comme il est important de vérifier que nous n'avons pas oublié de lien entre les processus, nous suggérons d'établir un tableau de correspondance entre les processus, du type de celui qui nous a été soumis par un client. Il est reproduit avec l'aimable autorisation de Philippe Garcia de MICRO MEGA.

Processus

- Client
- Transporteur
- Expédition
- Facturation
- Stock
- Contrôle métrologie
- Production S8
- Production S4
- Production S10/S11
- Production S3
- Production S3A
- Maintenance S1
- Ordonnancement
- Méthodes
- Bureau d'études
- Achats
- Fournisseurs
- Qualité
- RH
- Management

Données d'entrée et de sortie

- Références de matières premières
- Références d'outillages dans les nomenclatures
- Dossiers de qualification de procédés spéciaux
- Calques de contrôle
- Plans d'outillages
- Gammes d'usinage
- Hot line (télé-dépannage)
- Planning de maintenance préventive.
- Palettes
- Déchets d'emballage recyclables
- BL
- Demandes de main-d'œuvre
- OF Renseignés
- Fiche suiveuse renseignée/Plans
- Demandes d'actions correctives/préventives
- Demandes de prix d'outillages
- Demandes de maintenance
- Demandes d'achats
- Demandes de fabrication ou de maintenance d'outillages
- Demandes de modifs de gammes
- Chutes de matières et copeaux
- Pièces fabriquées

- Pièces fabriquées
- Chutes de matières et copeaux
- Demandes de modifs de gammes
- Demandes de fabrication ou de maintenance d'outillages
- Demandes d'achats
- Demandes de maintenance
- Demandes de prix d'outillages
- Demandes d'actions correctives/préventives
- Fiche suiveuse renseignée/Plans
- OF Renseignés
- Demandes de main d'œuvre
- BL
- Déchets d'emballage recyclables
- Palettes
- Planning de maintenance préventive
- Hot line (télé-dépannage)
- Gammes d'usinage
- Plans d'outillages
- Calques de contrôle
- Dossiers de qualification de procédés spéciaux
- Références d'outillages dans les nomenclatures
- Références de matières premières

A gauche se trouvent deux listes identiques d'interrelations qui sont appelée d'une part «données d'entrée» puis ensuite «donnée de sortie». Les processus figurent dans la partie centrale. Les coches sont en forme de flèche et cela signifie que les élément listés dans la première partie entrent dans les processus identifiés et que les éléments situés en partie basse sortent de ces mêmes processus. Chaque processus voit ainsi ses données d'entrée et ses données de sortie identifiées. Cela permet de ne pas oublier qu'une sortie d'un processus est toujours une entrée dans un autre.

Comment modifier une cartographie lorsqu'un processus est supprimé ?

L'existence de contrats d'interfaces est intéressante dans ce cas comme d'ailleurs dans toute forme de réorganisation en général. En effet, les risques inhérents à ce genre de situation sont de supprimer indûment des activités qui ont une utilité mais qui ne peuvent plus être effectuées par manque de moyens ou plus simplement parce qu'elles ont été oubliées dans la réorganisation. Il suffit de distribuer les données de sortie du processus supprimé dans les autres processus en activité.

L'approche processus peut-elle être une base de travail pour la mise en œuvre d'un système de type ERP ?

Les ERP sont essentiellement des systèmes de traitement de l'information. Le principe est de disposer d'une base de données unique dans laquelle nous avons rassemblé toutes les informations qui sont nécessaires au fonctionnement efficace de l'entreprise et d'un calculateur qui transforme les éléments de la base en informations élaborées. Un des problèmes que l'informatique a généré dans les entreprises est l'anonymat de l'information. Souvent, quand nous nous renseignons sur l'origine d'une information, nous nous entendons répondre qu'elle vient du système, de la GPAO, de l'informatique ou plus couramment de la bécane. La notion de responsabilité est un des principes immuables de toute organisation performante. Etre responsable c'est avoir le souci de l'élément dont on assume la responsabilité, c'est en garantir la qualité. En ce sens, chaque processus est responsable de ses données de sortie. Une information est une donnée de sortie. Il faut donc impérativement l'attribuer à un processus du système, autrement dit à un territoire. Mais pour qu'une information puisse être considérée comme une donnée de sortie, il faut d'abord et au préalable qu'elle soit une donnée d'entrée d'un processus utilisateur, c'est-à-dire un besoin exprimé par un autre territoire de l'organisme. Les territoires exprimant leurs besoins le font en fonction des attentes des clients externes et aussi en fonction de la stratégie de développement de la société et de sa politique marketing.

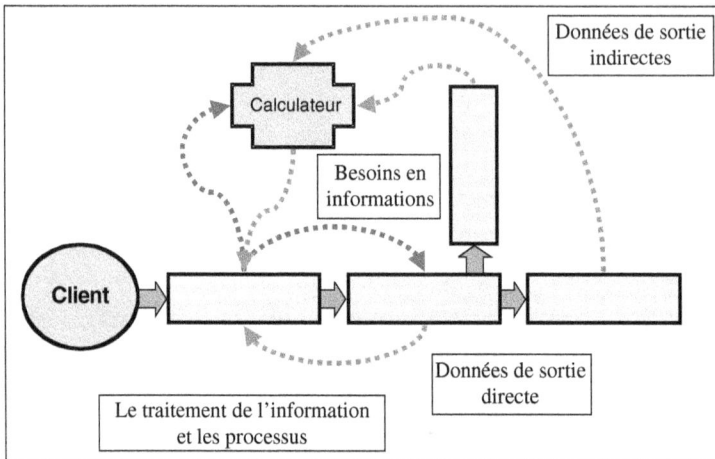

Le schéma des étapes de l'analyse peut être le suivant :
- Quels sont les partenaires extérieurs qui attendent des prestations de notre part (par exemple les clients, les fournisseurs, l'État, le siège de la société, etc.) ?
- Quels sont les processus de premier niveau qui sont au contact de ces partenaires extérieurs ?
- Quelles sont les attentes de ces partenaires extérieurs à qui nous fournirons de l'information ou des prestations ?
- Quelles sont les attentes des processus de premier niveau ? De quoi ont-ils besoin pour répondre aux attentes des partenaires extérieurs et satisfaire la politique du management ?
- Quels processus (territoires) doivent fournir ces données d'entrées ?
- Y a-t-il un traitement de l'information entre la sortie des territoires fournisseurs et l'entrée des territoires clients ?

L'informatique (le calculateur) est en fait, dans ce contexte, une interface sans responsabilité entre un fournisseur et un utilisateur d'informations. C'est cet interfaçage qui rend anonyme l'information sortant de la machine. Par exemple, un calcul de besoins (données de sortie de machine) ne peut être attribué à aucun territoire. Il est le résultat d'un savant calcul effectué à partir d'informations disponibles dans la base et qui ont été renseignées par plusieurs processus territoires. L'un d'eux a donné le stock, un autre a fourni les prévisions de ventes, un troisième la charge des machines, un quatrième encore autre chose, etc.

Pour la mise en place d'un ERP ou de tout autre système complexe informatique, l'approche processus peut être une base de travail. La démarche présentée ci-dessus peut être entreprise lorsque la cartographie est terminée.

Chaque processus chargé de répondre aux besoins extérieurs identifie ses propres besoins et établit son cahier des charges exprimé simplement en données d'entrées.

Ces données d'entrées sont ensuite, soit des données de sorties directes de processus amont (fournisseurs), soit des données de sortie calculées par la machine. Dans ce dernier cas, une analyse peut être faite pour déterminer l'algorithme de calcul ou, dans le cas où l'algorithme est déjà établi, pour déterminer les informations nécessaires à entrer dans la base. Celles-ci doivent alors être demandées aux processus adéquats et compétents et devenir ainsi des données de sorties répertoriées et maîtrisées. Les interfaces entre processus sont des éléments à géométrie variable et il conviendra que chaque fournisseur développe, avec ses utilisateurs, des contacts fréquents pour ajuster sa production à la demande, comme un commerçant revoit son catalogue chaque année.

QUESTIONS RELATIVES À LA MAÎTRISE DES PROCESSUS

Comment lier les divers documents du nouveau système de management de la qualité dans une structure générale documentaire ?

Dans notre approche processus, le document à la base de l'organisation est la cartographie générale des processus. C'est le sommet de notre structure documentaire. Nous pouvons, soit partir de ce document en tant que tel, soit partir du manuel qualité dans lequel la cartographie est en principe intégrée.

Sous la cartographie, à l'étage inférieur, nous trouvons les contrats d'interfaces. La cartographie générale nous apprend précédemment que chaque processus identifié et montré dans la cartographie est caractérisé par un document intitulé contrat d'interfaces.

Sous les contrats d'interfaces, nous trouvons les procédures. Celles-ci sont mentionnées sur les contrats d'interfaces dans la rubrique «documents attachés».

Nous y trouvons aussi les enregistrements qui sont pour la plupart des données de sortie du processus en question.

Et enfin sous les procédures, nous trouvons tous les autres documents divers qui complètent le cas échéant lesdites procédures.

Un petit schéma pour imager cette structure :

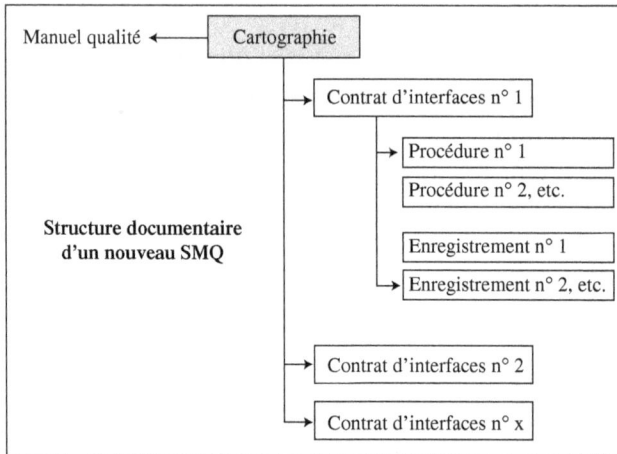

Faut-il lier chaque donnée de sortie à une éventuelle procédure expliquant les pratiques de travail ?

Non. Une donnée de sortie est le résultat d'une activité et en conséquence, il est possible de décrire et de formaliser les bonnes pratiques nécessaires à réaliser une donnée de sortie conforme aux attentes des utilisateurs. Mais il faut se rappeler que l'écriture des bonnes pratiques nécessite ensuite une mise à jour permanente en fonction de l'évolution de ces pratiques, que nous avons le droit de nous appuyer sur les compétences des personnels pour éviter de tout écrire. L'écriture de procédures n'évite pas forcément les erreurs.

Si le pilote d'un processus le juge nécessaire, une procédure peut donc être écrite pour documenter la fabrication d'une donnée de sortie et dans ce cas, la procédure en question sera mentionnée dans la colonne «document attaché» du contrat d'interfaces. Il se peut qu'une procédure interne à un processus ne puisse être attachée à une donnée de sortie. C'est le cas par exemple d'une procédure de gestion des ressources internes du processus. Il conviendra alors de signaler ce document dans une liste générale située dans une nouvelle rubrique à ajouter dans les contrats d'interfaces. Il est même possible, comme nous l'avons déjà suggéré précédemment pour simplifier la présentation des contrats d'interfaces, de supprimer la colonne «documents attachés» et de faire figurer tous les documents en question dans cette rubrique générale située, par exemple, en bas de page des contrats d'interfaces.

Comment lier les compétences aux données de sortie des processus ?

Pour aborder le sujet de la maîtrise des compétences dans cette approche processus, nous avons proposé d'identifier pour chacune des données de sortie les noms des personnes habilitées à valider chacune des données de sortie. Ces noms figurent dans une colonne intitulée « qui sait faire ? ». Le principe de remplissage de cette colonne est d'y préciser l'identité de toutes les personnes qui sont capables de produire les données de sortie de manière autonome. Par exemple, pour une donnée de sortie « facture », nous indiquerons les noms des personnels capables de faire une facture et qui ont, bien entendu, l'autorisation de le faire. Autre exemple, pour une donnée de sortie « rapport de contrôle » nous indiquerons les personnes qui effectuent la tâche et qui rédigent le rapport. Si une tierce personne ne fait que la mise au propre du rapport, il est évident que le nom qui figurera dans la colonne «qui sait faire ?» est celui du responsable qui valide le rapport. Pour les processus qui disposent de ressources nombreuses et importantes, il est possible de décider d'élaborer un document à part, de la forme d'un tableau à double entrée, une matrice de compétences par exemple, qui associera les données de sortie du processus et les noms des personnels du processus.

Ci-dessous un exemple de matrice de compétences d'un processus :

Données de sortie	Alex	Robin	Isabelle	Marcel	Lenny	Tara	Zazie	Mélodie	Aurélie
Priorité de livraison	X								
Faisabilité nouveaux produits	X				X		X		
CR de revue de projets					X		X		X
Rapports d'essais		X		X		X	X	X	
Demandes de prototypes	X	X	X		X		X		X
Facturation clients			X			X			
Demandes d'achats	X								
Fiches techniques		X		X	X		X		X
Spécifications d'essais	X		X	X				X	

Dans les matrices de compétences, plusieurs personnes peuvent-elles être habilitées à prendre des décisions ?

Si les décisions concernent des sujets différents, pourquoi pas! Mais il convient de montrer une seule donnée de sortie par type de décision. De nombreux problèmes sont constatés très souvent suite à des décisions contradictoires prises par plusieurs personnes. Il ne peut y avoir qu'un seul chef sous peine de confusion. Les matrices de compétences et le contrat d'interfaces servent à détecter parfois ce genre de problème. Par exemple, dans un processus commercial, une donnée de sortie intitulée «priorité au client» était attribuée à tous les responsables commerciaux de secteurs. Cela paraissait logique car chacun d'eux devait avoir le droit de décider quels clients seraient servis en priorité selon les urgences et les accords passés. Or, après réflexion et sur la base du principe du commandement unique, il s'avérait que cela engendrait des conflits entre les commerciaux car chacun souhaitait bien entendu privilégier ses propres clients, parfois au détriment de ceux des autres responsables commerciaux des autres secteurs.

De plus, ce genre de décision ne doit pas appartenir au processus commercial mais bien au processus logistique qui connaît tous les accords passés avec les clients et dont la finalité est de les respecter. En cas de problème particulier ou d'urgence, le responsable commercial qui souhaite modifier un planning ou un délai de livraison doit prendre contact avec le pilote du processus logistique pour décider d'autres priorités. Mais en tout état de cause, c'est bien le processus logistique qui génère cette donnée de sortie décisionnelle.

Est-il nécessaire de définir les ressources afférentes à un processus ?

Il est bien sûr nécessaire que le responsable d'un processus définisse les ressources dont il a besoin pour réaliser l'activité qu'on lui a confiée ou pour atteindre les objectifs qu'on lui a assignés. Ces ressources doivent même se discuter et se négocier avant de démarrer l'activité. Mais, est-il besoin de décrire ces ressources dans un document de type «contrats d'interfaces» qui caractérise un processus? Personnellement, je pense que cela est inutile. Il convient que le pilote d'un processus discute de l'attribution de ses ressources mais il doit disposer d'une certaine latitude pour les agrandir ou les réduire sans autorisation. Il s'agit d'une question de confiance entre la hiérarchie (la direction) et le responsable de processus. Aujourd'hui, l'environnement est souvent variable, il faut savoir répondre à des situations imprévues et à des impondérables et il est souvent nécessaire que le responsable de processus ajuste ses ressources en fonction des demandes de ses clients et en fonction des contraintes de son environnement. Un inventaire documenté permanent et mis à jour ne sert à rien. Il n'y a pas lieu de décrire les ressources sur les contrats d'interfaces ou sur des documents similaires.

Doit-on identifier les résultats d'activités internes qui ne sont pas transmises à d'autres processus ?

Non. Les contrats d'interfaces ont pour finalité d'améliorer les relations entre les processus d'un organisme. Il ne faut pas les charger d'autres missions et d'autres rôles sous peine d'alourdir et de complexifier l'organisation. Par exemple, dans un processus de livraison, le pilote organise des séances de formation de ses chauffeurs. Il est le formateur. Le résultat de cette activité n'est pas une donnée de sortie. Le résultat est une compétence de ses chauffeurs. L'enregistrement de ces compétences sera formalisé, soit dans le contrat d'interfaces (colonne «qui sait faire?»), soit dans une matrice de compétences du processus en question. Dans ce cas, il serait possible de considérer que la compétence nouvelle est malgré tout une donnée de sortie. Mais s'il s'agit d'une remise à niveau, le résultat, dans ce cas, n'en est pas une.

Est-ce important de définir et de préciser la finalité d'un processus avant d'identifier ses données de sortie ?

Oui. La finalité est la raison d'être d'un processus. Il ne faut pas oublier qu'un processus est un ensemble de ressources et que, à ce titre, un processus est avant tout, aussi et en même temps, un centre de dépenses (ou de coûts). Il est donc logique de déterminer sa mission, sa finalité afin de savoir à quoi seront utilisés les fonds qui lui seront consacrés. La connaissance de la finalité est utile aussi pour évaluer les performances d'un processus. Dans l'école privée dont j'ai parlé précédemment, le processus de «développeur» n'existait pas. Il a été créé pour améliorer le fonctionnement des unités pédagogiques en attribuant à une personne la responsabilité d'un projet. Le besoin de résultats et la finalité ont été identifiés avant la création du processus.

Qui est responsable ou pilote d'un processus qui travaille en plusieurs équipes ?

Pour les travaux postés, il y aura un seul processus identifié bien entendu. Mais il y aura (si cela est jugé nécessaire) un contrat d'interfaces par équipe, chaque responsable d'équipe étant pilote du processus pour la durée de son poste. Ces contrats pour chacune des équipes peuvent s'avérer nécessaires si des consignes doivent être transmises par exemple d'un poste à l'autre ou si des outillages doivent être préparés pour l'équipe qui suit ou bien encore si des réglages ou des activités sont à cheval sur deux ou trois équipes consécutives.

L'approche processus par la méthode de l'aval peut-elle être utilisée pour la mise en œuvre d'autres systèmes de management tel que l'environnement ou la sécurité par exemple ?

Bien entendu. Dans ce cas, des données de sortie nouvelles apparaissent qui sont directement identifiées par rapport aux référentiels concernés. Par exemple, les rejets ou les consommations d'énergie seront identifiés comme données de sortie dans chaque processus. Chaque responsable devient donc comptable de ces données de sortie et aura à cœur de les maîtriser et au besoin d'en réduire l'importance. Pour la sécurité, il est possible de procéder de la même manière. Nous pouvons imaginer des processus de management qui présentent les consignes, principes et règles à appliquer pour réduire les risques liés à la sécurité des personnes et nous pouvons imaginer des données de sortie comme par exemple «pièces ébavurées» ou bien encore «rapport d'analyse de risque».

L'approche processus peut-elle s'appliquer en ingénierie simultanée ?

Bien sûr. L'ingénierie simultanée met en présence dans une même zone (ce qu'on appelle souvent un « plateau ») des représentants de plusieurs fonctions travaillant sur un même projet (le plus souvent en R & D). Cela permet une meilleure communication, les personnes étant proches les unes des autres et cela réduit également les cycles de développement des nouveaux produits. Le fait que les processus opèrent dans des territoires communs ne nuit en rien à la mise en place d'une cartographie et de contrats d'interfaces. Chaque processus sait ce qu'il doit fournir, ce que les autres attendent de lui pour travailler efficacement et cette organisation réduit fortement les délais de transmission des informations et améliore la communication informelle. Toutes les informations qui passent d'un processus à un autre ne peuvent être identifiées de manière exhaustive. Nous identifions les plus importantes mais une foule de petites informations sont échangées chaque jour sans qu'elles figurent sur un document quelconque. De plus, et ce n'est pas un des moindres avantages de ce type d'organisation, les relations entre les personnes, de par un contact proche, sont plus amicales et un esprit de groupe se forme plus facilement autour d'un projet traité sur un plateau en ingénierie simultané.

Pourquoi faire simple...

Nous avons rencontré un jour des processus qui arborent fièrement à la fois un pilote et un propriétaire. Le propriétaire s'occupe des revues de processus, il est responsable du bon fonctionnement du processus et de la pertinence des indicateurs. Le pilote, quant à lui, est responsable de la performance du processus. Les processus sont bien entendu transversaux et les ressources mises en œuvre ne sont ni sous la responsabilité du propriétaire ni sous celle du pilote. Elles dépendent des fonctions auxquelles elles appartiennent hiérarchiquement.

L'approche processus a fourni beaucoup d'occupations à des cadres qui, certainement, recherchaient un nouvel élan !

Un pilote peut-il justifier une mauvaise performance en l'attribuant à une donnée d'entrée d'un fournisseur ?

Non, il convient de faire respecter la règle de la responsabilité en chaîne. Chaque processus devient responsable de ses données d'entrée dès l'instant où il en est l'utilisateur. Par exemple, un retard de livraison ne peut pas s'expliquer par le retard de livraison du fournisseur. Chacun est responsable de ses propres données de sortie et doit avoir le souci de la conformité des données d'entrée qui leur correspondent. Si un fournisseur est en retard, le client doit faire pression ou avoir le souci de ce retard et le prendre en charge comme un problème à résoudre.

CHAPITRE 6

LA CARTOGRAPHIE ET L'AMÉLIORATION PERMANENTE

LE RÉAMÉNAGEMENT DES PROCESSUS L'EFFICACITÉ PAR L'AVAL

La méthode d'analyse par l'aval est le fil conducteur qui permet d'identifier les processus nécessaires à la réalisation des prestations attendues par le client. Dans la chaîne de processus, il arrive souvent que cette voix du client soit déformée et que, par souci de bien faire, nous développions des activités inutiles. Ces activités, qui ne servent à rien puisqu'elles ne sont pas demandées par le client, requièrent des ressources en temps et en matériels et ce gaspillage sera évité en réfléchissant à chaque étape de notre voyage d'aval en amont et en veillant à supprimer toutes données de sortie qui ne correspondent pas à une demande du processus client.

Le client, qu'il soit externe ou interne, est l'élément majeur d'une relation client/fournisseur. Il doit s'exprimer librement sur ce qui est important pour lui.

Conclusion et introduction à l'amélioration

La cartographie de la voix du client ne prétend pas être la solution unique et universelle à l'approche processus d'un organisme. Elle est une solution parmi d'autres qui a pour avantage de montrer les interactions entre sous-systèmes qui traitent de la demande des clients et des usagers.

De nombreux problèmes de communication peuvent être résolus avec l'établissement d'une cartographie selon la méthode de la voix du client. Les habitudes prises dans les entreprises et les organismes ont donné comme modèle de relation des principes de rapport de forces entre les personnes. La méthode de la voix du client apporte une logique, un fil conducteur qui guide la communication. En l'absence de ce fil conducteur, chacun essaie de faire son travail de son mieux et d'exister dans un environnement difficile et complexe. Chacun met en œuvre ses compétences dans une perspective de carrière où nous devons nous battre pour avancer et pour progresser sur un plan personnel. En l'absence de règle, c'est la force de l'individu qui domine. La méthode de la voix du client nous rappelle simplement que nous existons dans une logique de service pour les autres. Cela donne un sens à notre travail et par là même, un sens à nos relations dans notre travail.

Comme nous l'avons défini au début, la cartographie des processus et la maîtrise des interfaces est une des étapes de la performance des organisations. Elle permet d'asseoir des structures de progrès qui apporteront l'amélioration permanente. Le progrès n'est pas possible s'il ne repose pas sur une base solide de management. Une mécanique claire, des possibilités de mesure des performances de chaque sous-système faciliteront, dans des étapes ultérieures, une recherche continue de performance et de progrès. Dans le chapitre qui suit, nous proposons une piste de réflexion à ce sujet.

Il s'agit d'améliorer l'organisme en éliminant les tâches inutiles, c'est-à-dire celles qui ne sont pas achetées par les processus donneurs d'ordres ou utilisateurs.

Les tâches inutiles

> La routine et le manque de communication avec les autres processus nous conduisent parfois à réaliser des travaux qui n'ont pas une utilité reconnue par nos clients internes. De ce fait, nous continuons à les réaliser sans nous poser de questions.

Un auditeur, lors de ses missions, remarque des éléments intéressants et forge en partie son expérience sur l'observation et la comparaison de situations et d'entreprises.

Par exemple, il y a matière à réflexion lorsque deux entreprises identiques, de même taille et produisant les mêmes objets ont des structures assez différentes. La question qui se pose alors est de savoir quelle est celle qui est la mieux organisée ? Quelle est celle qui travaille avec le plus d'efficacité ? Quelle est celle qui a su tirer le meilleur profit de ses processus de services ?

Le cas s'est présenté dans lequel nous avons pu observer deux services qualité différents. Les entreprises en question avaient un effectif d'une centaine de personnes et produisaient les mêmes objets. Dans la première, la taille du service qualité était de cinq personnes et dans l'autre, le service qualité comptait un seul membre, le responsable.

Il n'y avait absolument aucune raison apparente pour justifier cette différence. Il n'y avait pas plus de réclamations de la part des clients dans l'une ou l'autre et le cahier de non-conformités affichait à peu près la même quantité de dysfonctionnements. La PME dans laquelle le service qualité était le plus étoffé produisait bien entendu beaucoup de travail. Nulle part, les techniciens ne restaient assis à leurs bureaux à bayer aux corneilles. Ils effectuaient des analyses, des rapports, des statistiques sur l'évolution des non-conformités, des indicateurs de COQ (les Coûts d'Obtention de la Qualité) etc. Les résultats de ces tâches étaient-ils utilisés ? Je ne sais pas. Il aurait fallu le demander aux processus donneurs d'ordres et utilisateurs du service qualité. Toujours est-il que la différence de coût de fonctionnement entre les deux PMI était de l'ordre de cent mille euros par an. Est-ce que les informations produites valaient ce prix ? Est-ce qu'un processus donneur d'ordres ou utilisateur aurait payé ce prix-là si le service qualité avait facturé ses prestations ?

Je pense qu'au moins une partie des prestations de ce grand service qualité était inutile. Elles étaient produites en l'absence de demande puisque la relation client/fournisseur et la chaîne des processus n'existaient pas. Elles étaient fabriquées parce que cela semblait intéressant. Une information intéressante qui ne fait pas l'objet d'action par la suite présente-t-elle vraiment de l'intérêt ? Dans notre mode de fonctionnement en client/fournisseur interne, il n'y a pas de paiement pour les achats et les ventes de prestations entre les processus. Pour cette raison, nous n'avons pas de sens critique vis-à-vis de ce que nous recevons des autres services. Si leurs interventions ou les travaux qu'ils exécutent pour nous ne servent à rien, cela n'a pas d'importance puisque nous ne les payons pas.

De plus, les relations entre processus n'ont pas une qualité telle que nous soyons capables de détecter les travaux qui ne servent à rien. Parfois, certaines tâches se sont avérées nécessaires à un certain moment. Elles ont peut-être été demandées par un service voisin. Mais avec le temps, elles ne se justifiaient plus et personne n'a songé à informer notre collègue chef de service qu'il devait arrêter de faire ce travail. De plus, la personne qui l'exécutait y trouvait de l'intérêt et de ce fait a continué sa routine tranquillement sans se douter de son inutilité.

Le besoin du réaménagement

Dans une approche d'organisation qui ne considère pas les interactions entre les processus, chacun d'eux travaille parfois en produisant des données de sortie inutiles. L'éloignement de certains processus de la voix du client, de la connaissance de ses attentes est à l'origine de ce phénomène.

Un des principes de base de la méthode d'analyse par l'aval est celui qui affirme que tout individu qui travaille dans un organisme quelconque doit effectuer des tâches qui participent à la réalisation des exigences spécifiées, des attentes du client. Toute attente du client qui n'est pas satisfaite à travers la réalisation d'une tâche engendre de la non-qualité. Tout travail qui ne correspond pas à une attente ou à une exigence engendre de la sur-qualité. Le client le paye mais il ne l'a pas demandé. Dans la plupart des cas ce travail est donc inutile. Or, dans la réalité, que se passe-t-il ? Comme nous sommes très souvent éloignés de la voix du client, nous effectuons des tâches que nous pensons être indispensables. Soit parce que nous voulons nous rendre utiles et que nous donnons plus que ce que notre hiérarchie nous demande, soit parce que le rapport utilité/coût de ce que nous réalisons nous échappe un petit peu. Effectivement, dans la chaîne de processus dans laquelle nous nous situons, il n'y a pas de question d'argent. Sauf dans certaines entreprises où les fonctions ou les services sont considérés comme des centres de profit, il n'y a pas de facturation interne entre processus. Cela alourdirait beaucoup trop le mode de fonctionnement de l'entreprise et le coût de ce système de facturation interne risquerait d'être plus élevé que le gain engendré. Cette situation, hélas, ne nous permet donc pas d'évaluer le coût réel de notre travail, d'une tâche ou d'une mission. Et comme nos processus donneurs d'ordres ou utilisateurs ne payent pas ce que nous leur fournissons, ils n'ont pas de regard critique sur ce que cela coûte à l'entreprise. Combien de rapports, d'analyses, de réunions, de contrôles sont effectués sans que cela n'intéresse jamais personne. Il est fréquent que des techniciens cessent de faire un état quelconque et cessent de le diffuser sans que cela entraîne de réaction de la part des destinataires de ce document parce qu'ils ne se sont aperçus de rien. Ils ne le lisaient certainement pas. Voici un bel exemple vécu de ce type de situation :

Dans une entreprise de production d'outillage, il existait un poste occupé à plein temps par une personne travaillant sur une GPAO. Elle devait, entre autres, élaborer un planning quotidien de production. Ce planning ne convenait pas au responsable de production car le logiciel réalisé par un informaticien extérieur présentait quelques défauts. Ce responsable de production fabriquait lui-même son propre planning sur un mode lui convenant mieux. De ce fait, les informations nécessaires à la mise à jour permanente du planning officiel n'étaient pas fournies de manière régulière et fiable et ce planning, au fil du temps, donnait des informations complètement erronées, ce qui justifiait la pratique du responsable de production de préparer lui-même son planning officieux, mais utile. Cette situation durait depuis deux ans et une personne travaillait à plein temps sur la production d'un planning inutile qui ne servait à rien. Le coût de cette situation se montait à trente mille euros par an. Comme cette dépense n'était pas imputée sur le budget de la production, le responsable ne s'en était pas inquiété. De plus, la responsable du planning officiel faisait son travail quotidien consciencieusement et transmettait le planning aux intéressés sans se douter qu'il partait directement à la poubelle.

Dans nos organismes, il n'existe pas d'élément régulateur naturel de la quantité de travail effectué par le personnel.

Cela est surtout vrai pour les tâches sans valeur ajoutée c'est-à-dire celles qui ne sont pas directement liées à la réalisation du produit ou de la prestation effectuée par l'entreprise ou l'organisme dans lesquels nous travaillons. Pour être plus clair, prenons l'exemple d'un coiffeur, activité qui est familière à tout un chacun.

Il y a toujours deux catégories de travaux dans une entreprise. La première catégorie est composée de celles qui ajoutent de la valeur à la prestation réalisée, autrement dit les activités « métier », celles que le client achète. Ce sont par exemple la pose d'un radiateur par le chauffagiste, la constitution d'un dossier de prêt par le banquier, la conduite du bus de ville ou du taxi, le travail sur la machine à commande numérique dans l'usine, le traitement du remboursement de nos frais de médecin par l'employé de la caisse maladie, etc. Pour notre coiffeur, les activités à valeur ajoutée sont en général la coupe de cheveux, le shampoing, la coloration, etc. Ce type d'activité a une tendance naturelle à l'autorégulation car les travaux effectués ont une finalité précise. Lorsque le radiateur est posé, le travail est fini. Lorsque les cheveux sont coupés, le travail est fini. Même si la personne effectue la tâche avec une extrême lenteur, elle s'arrêtera naturellement au bout d'un certain temps.

La deuxième catégorie est celle des activités sans valeur ajoutée. Ce sont les tâches indispensables qui complètent les travaux de type « métier ». Il y a la vente par exemple, la comptabilité, le classement, le rangement, le stockage, l'informatique et la gestion, la qualité, la formation, etc. En ce qui concerne notre coiffeur, il devra nettoyer ses instruments, balayer son salon, effectuer sa comptabilité générale et analytique s'il souhaite gérer correctement son affaire, etc. Pour ce type d'activité, il n'y a pas de régulation. Il peut nettoyer le sol de sa boutique cent fois par jour s'il le désire. Il peut faire des analyses de ses dépenses dans tous les sens, montrer des ratios de tous ordres et de tous genres. Ses travaux peuvent n'avoir aucune fin. Seul le bon sens nous en montre la limite raisonnable. Pour le coiffeur, cette limite est perceptible car il ne rentre pas de chiffre d'affaires avec ces travaux et il le sait. Par contre, dans une entreprise moyenne ou grande, celui (ou celle) qui est payé pour faire de l'analyse, au service gestion, au service informatique ou au service qualité ne connaît pas ses limites. Il (ou elle) peut multiplier son travail à l'infini. Ce type d'activité a une tendance à se développer dans nos organismes. Le travail « direct » ou « productif » comme nous l'appelions il y a quelques années par opposition au travail « indirect » ou encore « improductif » diminue de par l'automatisation des tâches et le développement des services. Aussi, si nous voulons continuer à maîtriser nos coûts de réalisation de nos presta-tions, nous devons agir pour réguler la profusion des activités inutiles.

Parmi les phénomènes qui engendrent les activités sans utilité, nous pouvons évoquer aussi certains types de relations entre les personnes. Nous avons évoqué les relations fondées sur le savoir, lorsque l'ingénieur ou le docteur en sciences nous affirme que tel ou tel travail nous est très profitable, lorsque le responsable qualité nous affirme que cette procédure est obligatoire pour que nous puissions faire un bon travail. Dans le but de réduire la production de travaux inutiles, nous devons nous appuyer sur la logique de base de notre méthode, celle qui unit chaque processus de la chaîne par une relation de client à fournisseur. Sera considérée comme inutile une tâche qui n'est pas demandée par un donneur d'ordres ou par un utilisateur.

La méthode de réaménagement

Elle repose sur la comparaison entre les travaux effectués dans chaque pro-cessus et qui se traduisent par des données de sortie destinées à d'autres processus et les travaux réellement demandés par des processus utilisateurs ou donneurs d'ordres.

La base de la méthode est le contrat que nous avons établi entre les utilisa-teurs et les fournisseurs. Lorsque le propriétaire d'un processus établit un contrat d'interfaces avec ses fournisseurs, il dresse la liste des données de sortie qu'il fabrique. Plutôt que d'aller rencontrer ses utilisateurs pour valider cette liste, il peut leur demander leurs besoins en terme de données d'entrée et ensuite comparer ces données d'entrée souhaitées et nécessaires au fournisseur pour accomplir un travail efficace avec son processus. Les différences entre ce qui est fabriqué par le processus fournisseur et ce qui est attendu par les processus utilisateurs sont des tâches qui peuvent être réputées inutiles et par conséquent supprimées. Par exemple, pour le processus « méthodes », nous trouverons à gauche la liste des travaux habituellement réalisés par ce service. Nous préciserons en seconde colonne, pour chaque donnée de sortie, si celle-ci est demandée ou non (autrement dit, si elle devra figurer quelque part sur un contrat d'inter-faces), nous indiquerons ensuite l'origine de la demande, le cas échéant, ainsi que le destinataire de la donnée de sortie (celui-ci pouvant être diffé-rent du demandeur).

En principe, les travaux générant des données de sortie non demandées sont inutiles et, en conséquence, devront être supprimés. Cependant, il conviendra malgré tout de s'en assurer auprès du destinataire afin que celui-ci confirme l'inutilité ou au contraire s'aperçoive qu'il a oublié de le mentionner sur le contrat. Cette technique permet déjà de réduire un certain nombre de tâches mais elle ne peut mettre en évidence les travaux qui sont réalisés pour le propre compte d'un processus. Par exemple dans le cas évoqué ci-dessus, le planning élaboré par le responsable de production pour pallier la défaillance du planning officiel n'apparaîtra pas dans la liste des données de sortie de son processus puisqu'il est à usage interne. Cette question devrait être traitée lorsque viendra le temps de l'optimisation des processus.

Bureau des méthodes				
Travaux réalisés	Travaux demandés	Origine	Destinataire	À supprimer ou modifier
Plans d'outillage	Oui	Mécanique	Mécanique	
Gammes opératoires	Oui	Production	Production	
Instructions de travail	Non		Production	Sur demande formelle de la production
Études de faisabilité	Oui	Commercial	Commercial	
Fiches de réglage machines	Non		Production	À supprimer
Temps théoriques de fabrication	Oui	Commercial	Commercial Production	
Rapport d'efficience machines	Non		Production	À faire par la production (indicateur de performances)

Celle-ci ne pourra être abordée, elle aussi, que dans le cadre d'une approche systémique, en travaillant sur les interactions entre processus pour justement éviter les tâches redondantes dans des processus différents.

GLOSSAIRE

Cartographie	Représentation graphique de l'organisation d'une chaîne de processus destinée à fournir une prestation à un usager.
Donneur d'ordres	En interne, c'est un processus qui déclenche une activité conséquente dans un autre processus qui devient fournisseur.
EFQM	*European Fundation for Quality Management.* Association regroupant des entreprises et des instances européennes et assurant la promotion d'un modèle de management défini par un référentiel. Celui-ci est utilisé pour décerner un prix annuel récompensant une entreprise en recherche de l'excellence.
Fournisseur	Processus dont l'activité est déclenchée par les ordres d'un processus aval.
Indicateur de performance	Paramètre permanent d'évaluation permettant de juger de l'efficacité d'un processus à atteindre ses objectifs et sa finalité.
Interfaces	Point de contact entre deux processus et par lequel doit se transmettre les attentes des clients.
Macro-processus	Processus produisant des données de sortie spécialisées. Un macro-processus peut être par exemple une fonction commerciale ou R&D.

Management par les processus	Système de management fondé sur une approche systémique de l'entreprise. Celle-ci se compose d'un ensemble de sous-systèmes appelés processus qui interagissent entre eux pour réaliser un produit matériel ou immatériel destiné à des usagers.
Procédure	Manière spécifiée d'exercer une activité.
Processus	Ensemble de ressources et d'activités liées qui transforment des éléments entrants en éléments sortants.
Processus d'opérations	Services, ateliers, bureaux, fonctions qui participent à la réalisation de la prestation livrée au client. Les processus d'opération exercent leurs activités dans des territoires déterminés.
Processus de services	Services, bureaux, fonctions dont la finalité est d'aider les processus d'opérations ou d'autres processus de services à améliorer leurs performances ou leurs prestations.
Propriétaire de processus	C'est la personne qui a la responsabilité de conduire un processus. C'est son manager. Il est responsable de la production de données de sortie conformes aux exigences des processus donneurs d'ordres et utilisateurs.
Processus de management (Règles et valeurs)	Principes, règles et méthodes, bonnes pratiques de travail ou de comportements à mettre en œuvre dans tout ou partie des processus d'opérations ou de services.
Ressources	Ce sont les moyens dont dispose un processus pour fabriquer ses données de sortie. Nous distinguons les ressources internes qui appartiennent au territoire et les ressources externes que le processus doit approvisionner à l'extérieur et qui sont aussi appelées les données d'entrée.
Territoire	Lieu de fonctionnement d'un processus d'opération ou de service. Il abrite les ressources internes d'un processus.
TQM	*Total Quality Management* : Système de management visant à satisfaire l'ensemble des parties concernées par un échange ou une transaction. Ces parties peuvent être les clients, les dirigeants, les actionnaires, l'environnement, le personnel.
Utilisateur	Processus bénéficiant des données de sortie d'un processus fournisseur.
Voie du client	Chemin de communication qui permet de transmettre les attentes des clients dans l'ensemble des processus d'une organisation.
Voix du client	Expression actuelle et future des attentes du client.

BIBLIOGRAPHIE

L'analyse modulaire des systèmes de gestion.
Jacques MÉLÉSE. Éditions Hommes et Techniques.

Qu'est-ce que l'analyse par les systèmes ?
C.W. CHURCHMAN. Éditions Dunod.

Manager dans la complexité.
Dominique GENELOT. INSEP Éditions.

La modélisation des systèmes complexes.
Jean Louis LE MOIGNE. Éditions Dunod.

Maîtriser les processus de l'entreprise.
Michel CATTAN, Nathalie IDRISSI, Patrick KNOCKAERT. Éditions d'Organisation, Paris, 2e éd., 1999.

Le tableau de bord prospectif.
Robert S. KAPLAN, David P. NORTON. Éditions d'Organisation, Paris, 1998.

Le lean management.
D. BOSENBERG, H. METZEN. Éditions d'Organisation, Paris, 1994.

Communication et réseaux de communication.
Roger MUCHIELLI. Entreprise moderne d'édition.

Influencer avec intégrité (la programmation neuro linguistique dans l'entreprise).
Génie LABORDE. Interéditions.

Les nouvelles règles de la production.
Pierre BERANGER. Dunod.

Le manager et son équipe.
Alain CARDON. Éditions d'Organisation.

La logique de l'honneur.
Philippe d'IRIBANE. Seuil.

L'usine s'affiche.
Michel GREIF. Éditions d'Organisation, Paris, 1998.

La production par les flux.
Hervé GRUA, Jean Michel SEGONZAC. Dunod.

Propos de O.-L. BARENTON, Confiseur.
Auguste DETŒUF. Éditions d'Organisation, Paris, 1982.

Le client au cœur de l'organisation. Le management par les processus.
DIRIDOLLOU, C. VINCENT. Éditions d'Organisation, Paris, 1997.

Les cahiers qualité du management.
Ouvrage collectif. IQM/MFQ.

www.ingramcontent.com/pod-product-compliance
Lightning Source LLC
Chambersburg PA
CBHW081049220326

41598CB00038B/7032

* 9 7 8 2 7 0 8 1 3 1 0 6 4 *